품질한국(Q-Korea)

희망 프로젝트를 말한다

윤덕균

현재 한양대학교 산업공학과 교수로서 공학대학원장 직을 역임한 바 있다. 서울대학교 공과대학을 졸업하고 한국과학기술원(KAIST)에서 박사(산업공학 박사)학위를 수여 받았다. 화학공장 설계 기술사자격을 갖고 있으며, 현재 한국 TOC 협회장, 한국 經營工學會長을 맡고 있으며, 원광학원 개방이사, 한국 능률협회 경영위원 직을 겸하고 있다. 미국 버클리 대학 객원교수, 천진 사범대학 경제 및 관리학원 객원교수, 천진 이공대학 경제 및 관리학원 석좌교수로 산업자원부 산업기술정책평가위원, 남북 산업 경쟁력 강화 전국 교수 자원봉사단 대표, 한국고객만족학회 이사, 한국표준협회 품질경영 상임자문교수, 한국 능률협회 컨설팅 자문교수, 전경련 국제경영원 지도교수, 국가경영전략 연구원 자문교수, 삼성전관·삼성 기계 소그룹·대우 중공업·대덕산업·대덕전자 자문교수, 한국전력(주) 자문교수, 기아정기 사외이사, 한국 로지스틱학회 부회장, 대한산업공학회·대한인간공학회·한국 품질경영학회 이사, 한국생산성본부·한국능률협회 컨설팅 바로 우리 TPM 자문교수, 공진청 공산품 심의위원, 기술 품질원 자문교수를 역임한 바 있다.

품질한국(Q-Korea) 희망 프로젝트를 말한다

윤덕균 지음

초판 1쇄 인쇄 2012년 5월 29일 | **초판 1쇄 발행** 2012년 6월 5일
발행인 임덕호 | **발행처** 한양대학교 출판부
주소 133-791 서울 성동구 왕십리로 222
전화 02)2220-1432~4 | **팩스** 02)2220-1435
홈페이지 www.press.hanyang.ac.kr | **전자우편** presshy@hanyang.ac.kr
출판등록 제4-7호(1972년 2월 29일) | **인쇄처** 네오프린텍

ISBN 978-89-7218-406-5 93300

품질한국

희망 프로젝트를 말한다

| 윤덕균 |

한양대학교출판부

서언

세계적인 역사학자인 예일 대학교 교수「폴 케네디」는 21세기에는 아시아태평양시대가 열린다고 예언하고 있다. 그가 말한 바로는 지난 15세기에서 17세기까지의 300년은 로마, 스페인, 포르투갈 등 지중해 연변 국가들이 세계를 주도해온 이른바 지중해의 시대였다. 그리고 18세기에서 20세기의 300년은 영국과 미국을 중심으로 한 대서양 시대였다고 하였다. 그러나 앞으로 21세기 세계 역사는 일본과 중국 그리고 한국이 주도하는 이른바 아시아 태평양시대가 될 것으로 예언하고 있다. 그리고 이 시대를 이끌어갈 중심 국가가 곧 한국이 될 것으로 내다보았다. 본 저서는 그러면 무엇이 폴 케네디로 하여금 한국을 21세기 세계 중심국가로 발전하게 될 것이라고 예언하였는가에 대한 해답을 제시하고 싶다는 것에서 출발하였다.

21세기 세계 중심국가로 발전하는 한국의 글로벌 전략을 전개하기 위해서 먼저, 세계 속의 동북아, 동북아 속의 한국의 위상을 정립하며, 한국의 글로벌 전략으로서의 태한민국(더 큰 대한민국) 희망프로젝트를 기술하였다. 중국은 한국보다 100배의 국토면적,

25배의 인구수, 5배의 GDP(국민총생산)를, 일본은 한국보다 4배의 국토면적, 2.5배의 인구수, 5배의 GDP를 갖고 있는 나라들이다. 폴 케네디 교수의 지적대로 한국은 중국, 일본, 러시아, 미국, 등의 4마리의 코끼리에 둘러싸인 개미에 비유될 수도 있다. 한중일은 겉으로는 상호호혜 원칙을 표방하지만, 내적으로는 경제전쟁의 소용돌이에 빠져 있는 나라들이다. 그러므로 한국은 이러한 국제 역학 구도하에서 경제전쟁을 승리로 이끌기 위한 아젠다가 절대적으로 필요한 시점이다. 그러한 대한민국의 아젠다로서 제시된 "가격의 중국, 기술의 일본에 대항할 품질한국(Q-Korea)"을 성공시켜야 할 역사적 소명이 지금 우리에게 있는 것이다.

한국의 희망프로젝트로 제시된 "세계 제일의 품질 국가라는 품질한국(Q-Korea)" 아젠다가 과연 실현될 수 있을 것인가에 대한 의문을 제기하는 사람들이 많이 있다. 이러한 품질한국에 대한 국민의 불신감을 해소하기 위해서 본 저서는 국내외 역사적 관점에서 한국인의 품질 역량을 고찰하고자 하였다.

먼저 현재 세계 품질국가로서의 명성을 갖고 있는 일본의 품질 기저에 한국인의 장인 정신이 깃들어 있음을 입증하고자 하였다. 일본 국보 1호인 법륭사의 미륵보살 반가사유상, 일본 제일의 동대사의 대탑을 비롯한 일본 국보가 한국인 또는 전승자에 의해서 만들어졌던 사실을 통해서 일본 품질의 기저에 한국민족의 품질 역량이 숨겨져 있음을 알 수 있다. 또한 유네스코에 등록된 종묘의 정전, 합천 해인사의 장경각, 그리고 대장경 등을 통해서 우리 문화재에서 찾는 한민족의 품질자신감을 기술하였다. 유네스코 문화유산으로 지정된 합천해인사의 팔만대장경은 12년간 1,000여 명의 각수가 5,200만 자의 글씨를 81,340경의 경판에 각인을 한 것으로 영국이 자랑하는 브리태니커 사전의 5배의 분량에 해당되는 거대한 작품이다. 이를 만든 각수들이 6시그마를 알았을 리 없고 ISO9000 품질 인증이 그 당시에 있었던 것도 아니다. 그런데 이 대장경은 오자 탈자가 거의 없는 완벽에 가까운 절대 품질을 갖고 있다. 이는 1자 삼배라고 하는 3중 정성의 산물이다. 이를 통해서 품질한국(Q-Korea)의 성공 가능성과 성공 해법을 제시하고자 하였다.

이제 우리나라는 제조업의 품질에 관한한 세계 최고의 품질 국가이다. 미국은 이미 제조업을 포기한지 오래이다. 미국의 제조업은 비용을 고려하지 않는 인공위성이나, 항공기, 군수 제품 이외에는 경쟁력을 잃은지 이미 오래다. 일본은 도요타 사태를 기점으로 사양길에 이르고 있다. 세계 최강의 미국의 제조업이 쇠퇴한 원인과 일본 제조업의 품질이 낙후된 원인을 우리기업들은 타산지석으로 삼을 수 있도록 많은 것을 배울 수 있을 것이다.

여기서 대두되는 문제가 바로 품질한국 건설에 전 국민의 핵심역량을 동원하는 국가적 체제가 필요하다는 것이다. 호남과 영남의 분열, TK와 PK의 분열 등과 같이 지역적으로 갈라지고 노사분열, 정규직과 비정규직의 노노갈등, 대기업과 중소기업의 갈등 등 분열의 시대에서 미래를 기약하기는 어렵다. 그러한 의미에서 본 저서에서는 국가 역량을 모아 품질한국건설에 매진하는 품질국가 시스템 전략을 제시하였다.

품질한국이 성공하기 위해서는 제조업의 품질뿐만 아니라 정치, 행정, 경제, 문화 등 사회 전반적인 질적 성장이 동반되지 않으면 사상누각에 불과하다. 시스템은 문화를 이길 수 없다. 아무리 훌륭한 품질시스템이 구축되었다고 해도 그것이 범국가적 품질문화로서 체질화되지 못하면 그 결과는 참담할 것이다. 새로운 태한민국(더 큰 대한민국)의 희망프로젝트를 성공시키기 위해서는 전 국민의 일체화된 시너지를 필요로 한다. 어느 재벌 그룹 총수가 말했던 대로 '기업인은 2류, 공무원은 3류, 정치인은 4류'로는 절대로 불가능하다. 기업인, 공무원, 정치인을 일류로 끌어올리지 않고는 불가능하다. 그러한 이유로 본 저서에서는 품질정치, 품질행정, 품질경영을 3각축으로 하는 품질한국의 희망프로젝트를 기술하였다.

또한 우리가 진실로 선진국이 되기 위해서는 품질한국 건설의 노하우를 개발도상국에 지식공여함으로써 실질적인 남남협력을 완성하고 한국의 국가 이미지를 제고하여야 한다. 일본을 2차 세계 대전의 피해에서 구제한 것은 미국이 일본에 제공한 물질적 무상공여가 아니었다. 데밍과 주란이라고 하는 미국의 품질경영 전문가를 일본에 파견하여 일본 제품의 품질을 획기적으로 개선하도록 한 지식공여 사업이 일본의 경제부흥에 일조하였다. 이러한 성공사례를 통해서 한국이 품질한국 건설의 노하우를 남남협력에 활용하는 길을 제시하였다.

본 저서의 내용은 필자가 30여 년간 전 세계의 100여 개 신문과 방송을 스크랩한 내용을 정리하여 집필한 것이다. 신문이나 방송 내용 하나하나는 뉴스지만 모으면 역사가 된다. 그런데 그러한 역사가 모이면 예지의 도구가 될 수 있다. 여기서 모아진 예지의 내용을 국가 최고인재를 양성하는 중앙공무원교육원을 비롯한 각 대학 및 연구소의 CEO과정 등에서 많은 사람들을 대상으로 강의하였다. 그 결과 중앙공무원교육원에서 출강한 600여 명의 교수 중에서 '2010 베스트 강사상'을 수상하였고, 동 교육원의 고위정책과정에서 400여 명의 고위공무원들로부터 100%의 고객만족도를 보인 결과를 낳기도 했다. 또한 이러한 평가는 바로 이 시점에서 태한민국(더 큰 대한민국)을 이루어야 하고 이루고 싶다는 많은 사람들의 기대와 소망이 절실함의 표현이라고 생각한다. 따라서 본 저서가 이러한 동북아 중심 국가로서의 품질한국(Q-Korea)의 성공 자신감을 고취하고 총체적 국가 차원에서의 협력이 필요하다는 국가적 사명을 전 국민에게 인식시키는데 일조할 수 있기를 진심으로 기원한다.

저자 윤 덕 균

차 례

Q-KOREA

1. 왜 **품질한국**(Q-Korea) 인가?

지난 20년은 한국으로서는 격변의 시기였다. 한강의 기적이라고 했고 다른 한편으로는 기적은 끝났다고도 했다. IMF 구제 금융을 받아야 하기도 했고 세계에서 최단 시일 내에 극복하는 기록을 세우기도 했다. 이런 과정에서 넛 크랙커 위기론이 제시되기도 했고 샌드위치 위기론이 제시되기도 했다. 이러한 위기론에 대응해서 역샌드위치론이 나오기도 했다. 그러나 결론은 가격의 중국과 기술의 일본과의 고경쟁 하에서 우리한국 기업이 지속적 경쟁력을 갖기 위한 유일한 해답이 품질한국(Q-Korea)이라는 데는 이론의 여지가 없다.

(1) 샌드위치 경제론

1997년 10월 31일 세계적 컨설팅 그룹인 부즈 앨런은 “21세기를 향한 한국경제의 재도약”이라는 보고서에서 “기적은 끝났다.”(The End of the Miracle)고 단언한다. 부즈 앨런이 한국경제의 비극적 시나리오를 작성한 근거는 무엇인가? 그동안 한국 경제의 문제점으로 파악된 “고비용 저효율” 구조를 타파하는 것이 현실적으로 어렵다는 것이다. 이러한 결론은 1996년 12월 6일자 미국의 유에스 뉴스 앤드 월드 스트리트지가 “불과 한 세대 만에 개발도상국의 모델로 떠오른 한국경제가 파열음을 내고 있다.”고 지적하고 “한강의 기적은 끝났는가?”라고 반문한 1년 후에 나온 결론이다. 부즈 앨런의 한국 보고서에서 한국에 IMF사태가 올 수밖에 없는 이유로서 가격으로는 우리나라에 비해서 인건비가

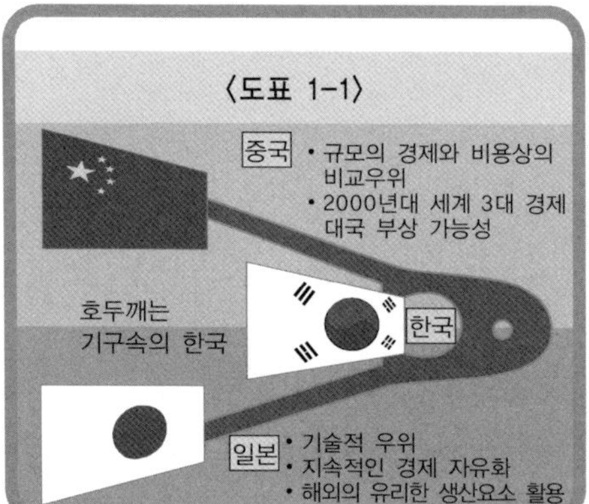

1/10에도 미치지 못하는 13억 명의 인구를 가진 중국을 당할 수 없고 기술로는 우리의 15배에 달하는 연구비를 투자하는 일본을 당할 수가 없다는 것을 지적하고 있

다. 그래서 우리나라를 〈도표 1-1〉과 같이 호두 깨는 기계(넛 크랙커 Nut cracker) 속의 호두 신세로 한국 경제를 표현하고 있다.

1997년 IMF사태가 터졌을 때 자주 인용되었던 이러한 넛 크랙커(Nut cracker)위기론이 지금은 샌드위치론으로, 그리고 최근에는 4가지 샌드위치 론으로까지 확산되고 있다. 일본의 노무라 종합 연구소는 〈도표 1-2〉와 같이 한국 경제를 기술 장벽, 이익 장벽, 시장 지배, 첨단 산업의 4가지 장벽에 갇혀서 더 이상 나갈 길을 찾지 못하는 것으로 진단하고 있다. 일본 노무라 종합연구소 오노 히사시(小野尙) 서울지점장은 최근의 대한상공회의소 주최로 열린 '샌드위치 한국경제 진단과 해법' 세미나에서 한국경제가 처한 상황을 ▲기술 장벽 샌드위치 ▲이익장벽 샌드위치 ▲시장지배 샌드위치 ▲첨단산업 샌드위치 등 '4대 샌드위치'로 분석했다. 그는 "한국의 자동차·부품소재 업체는 일본 기업의 기술력을 따라잡지 못하면서 중국의 가격경쟁력에 추격당하는 '기술 장벽 샌드위치' 상황에 놓여 있다"며 "이를

〈도표 1-2〉 4대 샌드위치론

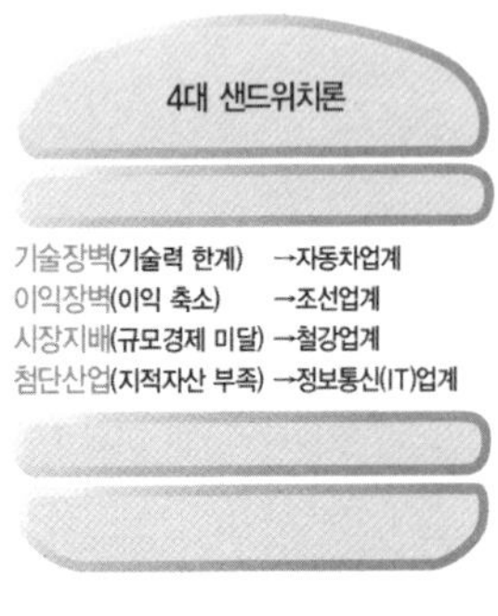

극복하기 위해서는 기술 차별화 전략이 필요하다"고 주장했다. 한국의 평판디스플레이 · 조선업 등은 시장지배력이 높지만 이익이 줄어드는 '이익장벽 샌드위치'에 직면해 있는 만큼 단일 품목의 사업구조 한계를 극복하고 다양한 이익 확보를 위한 노력이 필요하다고 지적했다. 오노 지점장은 "미국 · EU · 중국 · 인도 사이에 놓인 한국의 철강 · 제약업은 규모의 경제에서 시장 지배력 유지가 쉽지 않은 '시장지배 샌드위치' 상태"라며 "글로벌 규모로의 성장이 필요하다"고 지적했다. 그는 한국의 IT(정보통신) · 소프트웨어 · 서비스 산업이 축적된 지적 자산이나 브랜드력 부족으로 하청 구조에서 벗어나지 못하는 '첨단산업 샌드위치' 상황에 놓였다고 진단했다. 이후 이건희 전 삼성그룹 회장(2007년 1월 25일)이 "일본은 달아나고 중국은 쫓아와서 한반도는 일본과 중국 사이에 낀 '샌드위치' 신세가 됐다"고 동의하면서 우리 경제의 위기상황을 표현하는 수단으로 샌드위치 경제론이 대두되었다.

(2) 역샌드위치론

이러한 샌드위치 경제론의 근저에는 '글로벌화'가 있다. '세상은 평평하다(The World is Flat)'라는 책을 쓴 프리드먼(Thomas Friedman)이 "전 세계 모든 지역이 경제 개발에 참여하고, 아웃소싱(outsourcing)

과 오프쇼어링(off-shoring)을 통해 다른 지역 사람 파트너들과 수평적으로 협업하거나 경쟁하는 세상"이라고 규정하는 세계적인 경쟁을 일컫는 말이다. 프리드먼은 이러한 글로벌 경쟁이 1989년 11월 9일 베를린 장벽이 무너지면서 시작되었다고 보고 있다. 냉전체제가 무너지면서 공산주의 장벽 속에 가두어졌던 중국과 인도, 러시아의 풍부한 인력자원이 세계 경쟁 시장에 합류하게 되었으며 2000년의 인터넷 거품붕괴가 이를 뒷받침하게 되었다는 것이다. 언제 어디서나 연결된 인터넷을 통해 제품과 인력에 대한 정보가 흐르고 이를 찾고 있는 공급자와 소비자가 연결되면서 이제 전 세계는 "완전경쟁이 가능한 열린 시장"으로 변해가고 있다는 것이다. 프리드먼에 따르면 이러한 글로벌화는 이미 세계 곳곳에서 새로운 부를 창출하고 있으며 수직적이고 비효율적인 조직을 와해시키는가 하면, 수평적인 협업과 효율, 경쟁력 제고를 향해 움직이고 있다고 보고 있다. 그래서 우리 한국이 중국과 일본 사이에 낀 샌드위치론이 모든 경제인의 공감을 샀다. 중국이 무섭게 치고 올라오고 있었고 일본은 한국에 대한 경계가 더 심해졌기 때문이다.

이건희 회장이 샌드위치론을 제기한 지 1년 10개월 후(2008년 11월 27일)에 조환익 KOTRA 사장은 현재의 한국의 경제 상황을 '위기'보다는 '기회'로 평가하는 역샌드위치론을 제기하고 있다.

전자신문과 KOTRA가 해외 이동통신 업계 바이어를 대상으로 조사한 결과는 역샌드위치론이 충분히 가능하다는 것을 입증한 중요한 사례라고 할 수 있다. 해외 바이어들은 한국 제품의 가격 수준(이하 10점 만점)은 중국(7.48)보다는 비싸고 일본(6.19)보다는 저렴한 6.98로 평했다. 가격과 함께 구매의 중요한 고려 요소인 품질(7.78), AS(7.17), 제품차별성(7.19)은 중국(품질 5.25, AS 5.1, 차별성 5.17)보다는 뛰어나지만 일본(품질 8.45, AS 7.42, 차별성 7.37)보다 못했다. 아직까지 중국과 일본 제품에 낀 상태지만 최근 상황이 달라졌다. 일본 전자업체들은 엔화 강세가 지속되면서 자국은 물론이고 유럽·미국시장에서 우리나라 제품에 비해 가격경쟁력을 잃고 있다. 품질 차이가 크지 않은 상태에서 가격 차이가 벌어지면 바이어로선 일본 제품보다 우리 제품을 선택할 가능성이 커진다. 중국 제품 역시 위안화 강세로 인해 가격 경쟁력을 잃고 있다. 중국과 한국 제품의 품질 격차는 한국과 일본 제품의 그것과 비교하기 힘들 정도로 크다. 개인이든 기업이든 앞날이 불투명해지면 투자나 소비 방식에 변화가 나타난다. 상대적으로 기술력이 뛰어나지만 저렴한 제품을 찾게 된다는 것이다. 여기서 품질한국의 필요성이 대두되는 것이다.

(3) 품질한국(Q-Korea)으로 가격의 중국, 기술의 일본을 돌파하자

여기서 부즈 앨런의 그림을 잘 보면 우리 기업의 돌파구를 발견하게 되는데 가격으로는 중국을 당하지 못하고 기술로는 일본을 당하지 못한다는 샌드위치 위기론에서 역으로 생각하면 가격은 일본에 비해서 싸고 기술은 중국에 비해서 높은 틈새 전략의 가능성을 발견하게 된다. 이것이 바로 "가격의 중국", "기술의 일본"에 대항할 우리의 유일한 선택은 "품질한국"밖에 없다는 논리가 탄생하는 것이다. 세계에서 가장 싼 물건을 찾으려면 중국으로 가고 가장 최신의 제품을 찾으려면 일본으로 가는 대신에 세계에서 가장 신뢰할 수 있는 품질의 제품을 찾으려면 한국을 찾으라는 논리를 전개할 수가 있는 것이다. 여기에서 〈도표 1-3〉과 같은 21세기 세계를 주도할 동북아 삼국의 경제 분업의 삼각구도가 성립

〈도표 1-3〉 동북아 삼국의 경제 삼각구도

되는 것이다.

품질경영으로 이를 해결한 사례를 지금 우리의 경제상황과 똑같은 경험을 했던 일본의 산업에서 찾을 수 있다. 중국을 비롯한 후발국의 저임 공세와 선진국의 개방화 물결 아래 고전하는 지금 우리의 경제상황이 1970년대 일본의 경제 상황과 매우 유사하기 때문이다. 그 당시 일본 경제는 1964년 동경 올림픽을 치루고 난후 1969년에는 동경대학을 문을 닫을 정도로 노사 분규는 심해지면서 임금은 올라가고 한국과 같은 저개발 국가의 저임 공세 하에서 가격경쟁력을 상실하던 시절이었다. 그 때 일본기업들이 선택한 돌파구가 품질 입국이었던 것이다. 그 당시 일본이 기술로는 미국을 당할 수 없고 가격으로는 대만이나 한국등의 후발국을 당할 수 없으니 가격 경쟁력을 포기하고 품질로서 승부를 걸 수밖에 없었다. 그래서 일본각의에서 품질입국을 선언하고 전 산업을 품질경영체제로 전환하였던 것이다. 즉 연구 개발보다는 모방을 하면서 원조(元祖)보다 좋은 품질로서 대응했던 것이었다.

〈도표 1-4〉에서 보는 바와 같이 품질한국은 기업인이 품질경영을 선언해야 한다면 정치인은 저질 정치를 청산하고 품질정치를 선언해야 하고 공무원은 부정부패를 청산하고 품질행정을 선언해야 한다. 최근의 한 여론조사에 의하면 응답자의 82.2%가

〈도표 1-4〉 품질한국(Q-Korea)의 조건

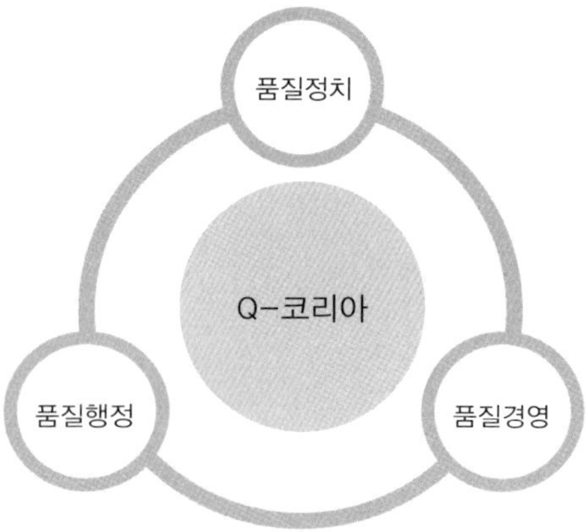

국가경쟁력을 약화시키는 집단으로 "정치인"을 꼽았으며, 92.8%가 "정치가 경제의 발목을 잡고 있다"고 응답했다. 상당수 국책건설 사업이 졸속기획, 부실설계, 부실시공이라는 오명을 받고 있다. 품질정치 선언으로 부정과 부패, 비리, 유착, 전횡, 대립, 갈등 등 한국 사회를 운명처럼 규정해 온 이들 저주의 언어들로부터 진정한 해방과 광복을 선언해야 한다.

부정-부패-부실-불신-국가경쟁력 상실은 역사의 법칙이다. 하버드대의 웨이샹진 교수에 의하면 국가 청렴도가 싱가포르 수준에서 말레이시아 수준으로 떨어지면 한계조세율이 20% 이상

오른 것과 같은 효과를 내며, 한계조세율 1% 증가는 외국인 직접투자를 5%나 감소시킨다는 통계도 제시됐다. 정부는 최대의 서비스 조직이자 가장 오래 된 산업이다. 그러나 '품질' '고객지향' '지속적 개선' 등과 같은 말은 정부가 하고 있는 일과는 동떨어진 것이라고 생각한다. 그러나 미국에서는 1988년 경영개선 대통령자문위원회에 의한 연방품질원(FQI: Federal Quality Institute)을 설립하고 연방정부기관의 3분의 2 이상이 품질행정 활동에 참여하고 있다. 미국의 클린턴 전 대통령은 1988년 아칸소 주지사 시절부터 "우리가 필요로 하는 것은 더 큰 정부나 더 작은 정부가 아니라, 더 좋은 정부다"라는 국민의 요구에 가장 충실한 정치인이었고 국민은 그의 품질정치에 대통령 당선이라는 보답을 보냈던 것이다. 이제 우리 국민도 정경유착과 저질의 정치 문화를 청산하고 새로운 정치패러다임으로 생산적인 정부를 구축하는 품질정치 체제를 구축해야 한다.

(4) 품질한국의 성공사례 기업들

1) 삼성그룹 이건희 회장의 프랑크푸루트 선언: 1993년 취임 6년을 맞아 '마누라와 자식만 빼고 다 바꾸자' '나부터 변하자'며, 프랑크프루트에서 질 경영을 선언하였다. 라인 스톱제로 대변되

는 프랑크푸르트 선언은 삼성그룹의 경영패러다임을 품질경영으로 바꾸는 혁신적 사고의 전환을 가져왔다. 그 후 1995년 3월 삼성 구미사업장 앞마당. 2000여 명의 직원들의 눈앞에서 산더미처럼 쌓여있던 휴대전화와 팩시밀리가 한순간에 불덩이로 변했다. 이건희 회장이 품질에 문제가 있었던 제품들을 모두 모아 불태우라는 지시 때문이었다. 이들 제품은 당시 500억 원 상당에 달했다. 이 회장은 "이제 1.5류, 2류는 필요 없다. 오로지 1류만이 살아남는다."며 품질경영을 강조했다. 이 사건은 삼성전자가 세계 1류 전자 기업으로 성장하는 동력이 됐다. 피땀 흘려 만든 제품들이 순식간에 잿더미로 변하는 모습을 지켜본 직원들은 더욱 품질 개선에 역점을 뒀다. '아직까지 양을 포기할 수 없지 않겠느냐'는 사장단의 공감을 간곡하게 직언한 비서실장의 건의에 극도로 흥분하여 손에 들고 있던 티스푼을 던져 버렸다. 유명한 '스푼사건'이다. 결국 그룹의 핵심인 비서실장까지 갈아 치우며 돌파하였다. 이후 일관되게 양이 아닌 질 위주로 개혁을 한 방향으로 이끌었다. 10년 동안 강력하고 탁월한 리더십과 끝없는 집념과 열정으로 숨 쉴 틈없이 강력하게 개혁 변화하는 신경영을 추진하였다. 세전이익은 2,300억 원에서 15조원(한 해 동안 지난 60년간의 2배가 넘는 이익 실현)으로, 부채비율은 336%에서 65%로, 시가 총액은 3조 6천억 원에서 75조 원으로, 같은 기간 전체

상장 기업이 이익의 61%를 차지하고, 108억불의 브랜드 가치를 달성하고, D램, S램, 평면TV, 애니콜, TFT-LCD, 전자레인지, VCR, 컬러브라운관 등 18개 제품이 세계 제일이 되었다. IMF를 무사히 넘긴 한국 유일의 재벌, 외국 투자가들이 가장 선호하는 세계 일류의 글로벌 기업을 이루었다.

2) 현대자동차의 정몽구 회장의 품질경영: 정몽구 회장의 제1경영 철학은 품질경영이다. 정 회장은 현대정공 시절부터 신차 출시 때마다 직접 차량을 점검, 문제점을 조목조목 지적한다. 품질경영회의를 직접 주도하고, 신차와 관련해서는 자신이 직접 꼼꼼히 품질을 체크한다. 품질 관련 문제가 터질 경우 해당 책임자는 자리를 내놓을 각오를 해야 한다. 또 지난 2003년 오피러스 수출을 앞둔 품질점검 회의에서 정 회장은 직접 남양연구소를 방문해 미세한 소음(whine noise; 모기 소음)을 확인하고 수출 계획을 늦추고 저소음 엔진을 장착토록 한 일화도 전해진다. 특히 2008년 12월 정 회장은 특별지시를 통해 '실질품질 3년 내 세계 3위, 인지품질 5년 내 세계 5위'를 의미하는 'GQ(Global Quality)-3 · 3 · 5 · 5'를 목표로 '창조적 품질경영(Creative Quality Management)'을 선포하였다. 정 회장의 품질경영 평가는 시장조사기관 조사에서 객관적으로 증명됐다. 현대차는 지난 2006년 미국 시장조사기관

인 JD파워가 실시한 신차 품질조사에서 3위를 차지하는 놀라운 성과를 거뒀다. 2001년 37개 업체 중 32위를 차지한 것과 크게 달라졌다. 또한 제네시스가 2009년 디트로이트 모터쇼에서 '2009 북미 올해 최고의 차'에 선정된 것이다. 또 제네시스와 에쿠스에 탑재되는 타우엔진이 워즈오토의 '10대 엔진'에 뽑히는 쾌거를 이룬 것이다. 미국만이 아니라 현대차는 최근 독일의 아우토빌트 지에서 실시한 '2010 품질조사'에서도 독일 내 20개 메이커 중 1위에 오르는 기염을 토했다. 정 회장은 이 같은 업적으로 인해 올 초 한국인으로는 처음으로 자동차업계의 노벨상으로 불리는 '자동차산업 공헌상'도 받았다. 〈도표 1-5〉에서 보는 바와 같이 2000년 8월 31일 공정거래위원회가 당시 현대차 소그룹에 대해 계열분리를 승인했을 때 계열사는 10개였지만 지난해 말 기준 38개로 3배 이상 늘었다. 재계 서열도 분리 당시 5위에서 10년이 지난 지금은 2위로 올라서는 등 우리나라 대표 기업

〈도표 1-5〉 현대차그룹의 10년간의 변화

(단위: 원)

구 분	2000년		현 재
계 열 사 수	10개	→	38개
자 산 총 액	34조	→	67조(2010년 말 기준)
재 계 순 위	5위	→	2위
매 출	36조 4,460억	→	96조 3,040억 (2010년 말 기준)

〈도표 1-6〉 현대차와 기아차의 12년간 실적 변화

(단위: 억원)

현대차그룹 완성차 부문 실적 추이						
	기아차			현대차		
	매출	영업이익	영업이익률	매출	영업이익	영업이익률
1999	79,306	488	0.6	142,445	9,061	6.3
2000	108,060	3,531	3.2	182,309	13,132	7.2
2001	123,563	5,222	4.2	225,050	20,965	9.3
2002	121,581	6,584	5.4	263,369	16,061	6.0
2003	128,398	8,124	6.3	249,672	22,357	8.9
2004	152,577	5,130	3.3	274,724	19,814	7.2
2005	159,993	740	0.4	273,837	13,841	5.0
2006	174,399	−1,252	−	273,353	12,344	4.5
2007	159,485	−554	−	306,196	19,455	6.3
2008	163,822	3,085	1.9	321,897	18,772	5.8
2009	184,157	11,444	6.2	318,593	22,349	7.0
2010	232,229	18,058	7.7	367,694	32,266	8.7
2011	277,422	19,070	6.8	427,740	47,771	11.3

〈자료: 금융감독원 감사보고서(개별기준)〉

으로 자리매김했다. 대표기업인 현대자동차는 계열분리 이듬해인 2001년 매출액이 22조 5,050억 원에서 2011년에는 42조 7,740억 원으로 상승했다. 〈도표 1-7〉에서 보는 현대차가 2011년 올린 영업이익률 11.3%는 업계 최고수준이다. 10년 만에 현대차를 품질을 갖춘 세계 5대 자동차 회사 대열에 합류시켰다. '품질경영'을 초지일관으로 우직하게 밀어붙인 결과였다.

〈도표 1-7〉 주요 자동차 업체의 2012년 영업 이익률

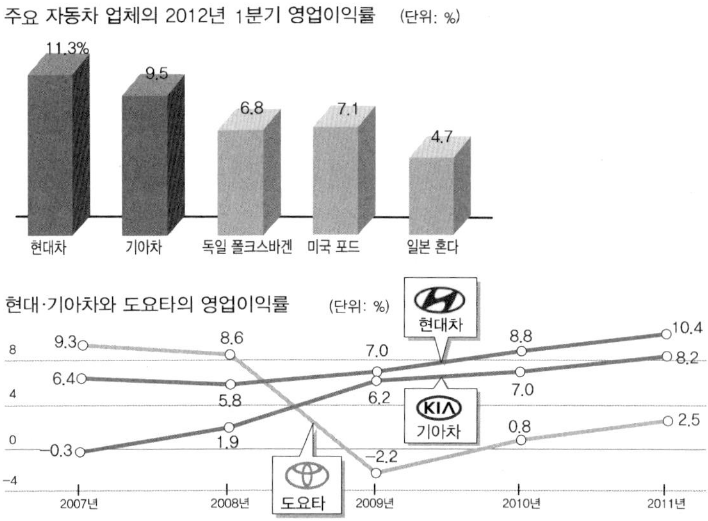

〈자료: 조선닷컴〉

2. 세계의 미래에 동북아가 있다

지난 1941년 미국 타임스의 창립자인 헨리 루스는 "유럽시대는 가고 미국의 세기가 왔다"고 선언하였다. 그런데 21세기에 들어와서 지금 많은 사람들은 미국의 세기는 가고 아시아의 시대가 열린다고 말하고 있다. 세계은행, 국제 통화 기금에 의하면 지난 70년 전 세계의 14.7%에 불과하였던 아시아의 총생산(GDP)은 오는 2020년에는 전 세계의 37.1%로서 미주의 31%와 유럽의 25.8%를 제치고 세계 제1위로 부상하리라고 본다. 아시아는 27개국 3,176만㎢의 면적과 37억 인구로서 각각 전 세계의 1/4과 2/3를 점하고 있는 거대 대륙이다. 1984년 미국 대통령 레이건은 외교연설에서 "美國은 태평양 국가이다."라고 선언하였다. 또한 OECD의 세계경제의 장기전망에서 "세계경제의 중심은 유럽과 북미에서 아시아태평양 지역으로 옮겨가고 있으며, 이것은 거역할 수 없는 흐름"이라고 선언하고 있다. 미국의 타임지(誌)는 "5백년 만에 처음으로 세계경제의 중심이 동아시아로 돌아가게 됐다."고 쓰고 있으며, 미국의 크리스토퍼 국무장관도 "정책 입안자들은 유럽 중심적 태도를 버려라! 유럽은 더 이상 세계에 군림하는 유력한 지역이 아니다."라고 선언하고 있다. 통일독일의 콜 수상은 "아시아가 21세기에는 주도적인 대륙이 될 수 있을 것"이라고 선언하고 있고 유럽개발은행총재 자크 이탈리는 "21세기 세계시장의 중심지는 대서양에서 아시아로 옮겨갈 것"이라고 예측하고 있다. 이와 같이 세계인은 아시아의 시대를 예고하고 있다.

(1) 21세기는 아시아 · 태평양시대의 개막

〈도표 2-1〉

한국은행 금융경제연구원은 "아시아경제의 장래" 보고서에서 아시아 경제의 어제와 오늘, 향후 세계경제의 환경 변화, 21세기 아시아 경제의 위상과 역할을 살펴보았다. 최근에 대전에서 개최된 국제통화기금(IMF)과 기획재정부가 공동주최하는 '아시아21: 미래경제의 선도적 주체'(Asia 21: Leading the Way Forward) 콘퍼런스에서 도미니크 스트로스 칸 IMF 총재는 개막연설에서 "아시아의 시대가 왔다"며 "아시아의 경제실적이 의미 있는 성장을 지속할 것이라는데 그 누구도 이의를 제기할 수 없을 것"이라고 말했다. 스트로스 칸 총재는 "아시아가 글로벌 경제위기를 극복하는 과정에서 세계경제의 새로운 동력으로 급부상했다"고 주장했다.

아시아경제는 반세기 전까지만 해도 장기간 정체된 모습을 보였으나 2차 세계대전 이후 급성장한 일본과 한국에 이어 최근

〈도표 2-2〉 동북아 주요 국가들의 세계경제에서의 비중 추이

(단위: %)

	한국은행						글로벌 인사이트	
	2005년	2010년	2020년	2030년	2040년	2050년	2006 ~ 2010년 평균	2016년 ~ 2020년 평균
중국	4.6	5.8	9.8	14.8	19.6	19.0	5.0	8.4
미국	30.8	29.0	25.3	21.7	18.2	14.9	26.6	25.7
일본	12.5	11.0	8.8	6.8	5.1	3.7	10.9	9.4
한국	1.8	2.0	2.2	2.3	2.0	1.7	1.8	1.9

※ 이 자료는 한국은행 금융경제연구원의 보고서 〈아시아경제의 장래, 2005년〉에서 인용한 것임.

인구대국인 중국, 인도 등이 급속한 산업화를 이루면서 세계경제 성장을 견인하였다. 아시아 경제는 이미 1970년대부터 경제 성장률과 수출증가율이 세계평균을 훨씬 상회하는 등 역동성을 보이기 시작하여 세계경제 내 비중이 1960년 12.2%에서 1980년 17.3%, 2003년 22.5%로 꾸준히 높아져 왔다. 기획재정부는 최근에 세계경제의 중심지로 부상하고 있는 아시아의 미래에 대한 두 가지 시각을 분석하고 이에 대한 아시아의 대응방향을 모색하기 위해 이 같은 내용의 '아시아 경제를 바라보는 두 가지 시각' 보고서를 발표했다. 보고서는 글로벌 금융위기 이후 세계경제의 중심이 아시아로 이동하고 있다고 설명했다. 특히 한국, 중국, 인도 등을 중심으로 빠른 성장세를 보이는 등 20년 후인 2030년께는 아시아의 GDP가 G7을 능가하고 세계경제에서 아시

아 GDP가 차지하는 비중도 올해 24%, 2020년 32%, 2030년 41% 등으로 점점 높아질 것으로 분석했다. 또 경기 부양책의 효과가 일시적인 선진국과는 달리 아시아권 국가들은 생산가능 인구 증가로 인한 생산성 향상을 기반으로 경제 성장세가 지속될 것으로 내다봤다. 중국, 인도 등 인구대국의 급속한 성장에 따라 환경 및 에너지 문제, 빈부격차 확대, 지정학적 위험 등이 심화되어 향후 아시아경제의 지속성장을 저해할 수도 있으나, 아시아경제는 저임노동력에 기반을 둔 성장모형의 적용여력이 아직 많은데다 이 지역 국가들이 보유한 우수한 과학기술인력을 바탕으로 한 높은 환경적응력으로 인해 앞으로도 세계경제 내 비중을 높여갈 수 있을 것으로 전망되었다.

〈도표 2-3〉 외환보유액 10대 국가

(2010년 10월 말 기준, 중국은 9월 말 기준, 단위: 억달러)

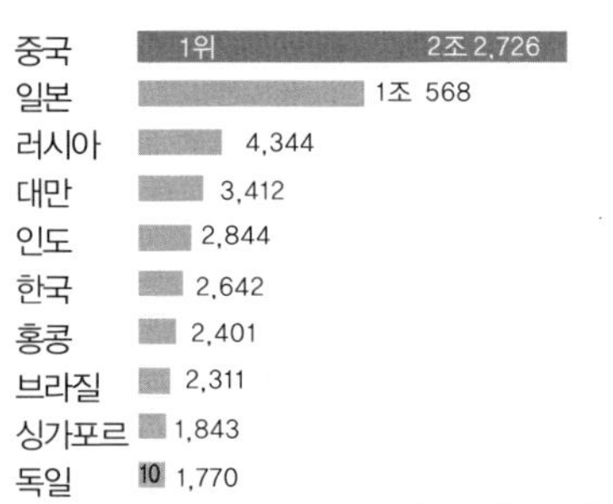

〈자료: 한국은행〉

2010년 10월 말 현재 외환 보유액 10대 국가를 보면 브라질 독일을 제외한 8개국이 포진하고 있으며 이러한 자본을 바탕으로 아시아의 경제는 새로운 도약을 모색할 수 있을 것으로 판단된다.

2040년까지 아시아의 경

제규모, 세계경제 내 비중, 소득수준을 전망한 결과, 아시아의 경제규모는 2010년대 후반에는 유럽(EU 15개국)과, 2020년대 초반에는 북미(미국, 캐나다, 멕시코)와 비슷해지고 2040년경에는 세계 GDP에서 차지하는 비중이 42%로 북미의 23%나 유럽의 16%를 크게 앞설 것으로 전망되었다. 국가별로는 중국이 2020년경 일본을 앞서기 시작하여 2040년경이면 미국과 대등해져 세계 GDP의 1/5 정도를 차지하고 인도는 2030년경 일본을 추월, 2050년경에는 유럽의 비중과 비슷해질 것으로 예상되었다. 한국의 세계 경제 내 비중은 2003년 현재 1.7%에서 2040년경 2%로 다소 높아지고, 일본은 상대적으로 성장속도가 낮아 그 비중이 현재의 12%에서 2040년경에는 절반 정도로 낮아질 것으로 파악되었다. 한국의 1인당 GDP는 2003년 현재 미국 및 일본의 약 1/3 수준에 그치고 있으나 2040년경에는 2003년 미 달러기준으로 약 4만 5천 달러에 달해 미국 및 일본의 약 2/3 수준으로 그 격차가 줄어들 것으로 전망되었다.

〈도표 2-4〉 세계 부자들의 재산증가 전망

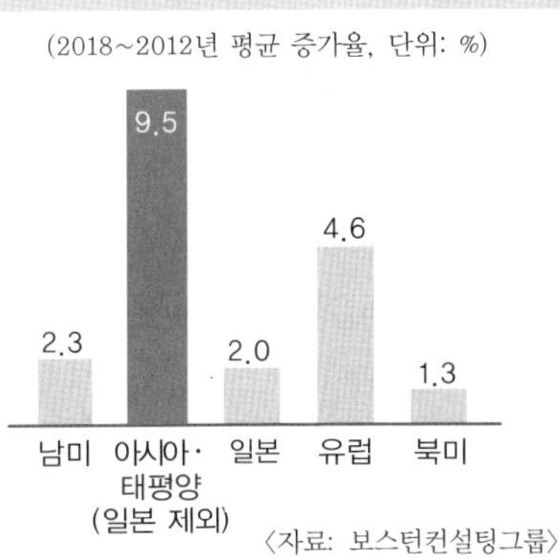

〈자료: 보스턴컨설팅그룹〉

아시아 부자들의 재산 증가 전망도 보스턴 컨설팅 그룹 전망에 의하면 2008 – 2012년 평균 증가율 9.5%로서 타 지역에 비하여 두 배에 이르고 있는 실정이다. 이는 아시아 경제가 국가적으로나 개인적으로 세계 경제의 중심으로 가고 있음을 예언하는 자료인 것이다.

(2) 아시아에서의 동북아의 위치

2005년 한국은행 금융경제연구원에서 발표한 "아시아경제의 장래"라는 보고서가 있다. 아시아에는 한국, 일본, 중국, 홍콩, 대만, 몽골, 북한, 시베리아로 구성되는 동북아시아가 포함되는데, 동북아의 경제적 비중이 압도적으로 크다는 것에 주목할 필요가 있다. 우선 먼저 최근에 중국의 광저우에서 끝난 아시아 올림픽에서 중국, 한국 일본의 3개국이 차지한 메달의 비율은 전체의 80%에 육박하고 있는 실정이다. 아직은 아시아의 시대는 바로 동북아의 시대를 의미하는 것으로 해석해도 지나친 것이 아니라는 것을 입증하는 사례이다. 또한 GDP를 보더라도, 2008년에 아시아 GDP의 68%가 동북아 국가들(동부 시베리아 제외)에서 발생하고 있다. 무역에 있어서도 아시아의 수출 총액 81%, 수입 총액의 76%가 동북아에서 발생하고 있다. 장기전망에 있어서도 동북아에 속하지 않은 인도가 2050년에 가서 세계 제3위의 경제 대국이 된다고 하나, 그 GDP 규모는 중국의 절반 정도이고, 1인당 소득도 중국은 미국의 절반 정도가 되나, 인도의 1인당 소득은 미국의 1/4 정도에 불과할 것이라는 예측이 있다. 인도와 중국 주변의 경제규모가 작은 나라들의 장기전망을 고려해 넣더라도 세계경제의 중심축이 아시아가 아니라 동북아로 이동한다고 할 수 있을 것 같다.

과거에도 그랬지만, 동아시아 특히 동북아시아는 미래에 더

〈도표 2-5〉 국가별 메달 순위(최종)

순위	국가			
1	중국	199	119	98
2	대한민국	76	65	91
3	일본	48	74	94
4	이란	20	14	25
5	카자흐스탄	18	23	38
6	인도	14	17	33
7	대만	13	16	38
8	우즈베키스탄	11	22	23
9	태국	11	9	32
10	말레이시아	9	18	14
11	홍콩	8	15	17
12	북한	6	10	20

큰 번영과 성공을 이룰 지역으로 꼽힌다. 이러한 전망은 무엇보다 이 지역에 속한 국가들이 지닌 막강한 경제력을 바탕으로 한 것이다. 기존의 선진경제국인 미국, 일본에 신흥경제부국의 대표주자로 꼽히는 브릭스(BRICs) 4개국 중 2개 국가(중국 · 러시아)가 포진한 현실을 감안할 때, 이러한 기대는 결코 무리가 아니다. 2004년 8월 동북아시대위원회가 작성한 '평화와 번영의 동북아 시대 구상' 보고서는 이러한 동북아의 잠재력이 미래 '동북아 시대'의 도래를 불러올 것이라고 제시한 바 있다. 동북아시대위원회의 보고서는 동북아 시대의 도래가 가능한 이유로 다음과 같은 점을 들고 있다. 첫째, 지리적으로 이 지역에 뿌리를 두고 있는 국가, 즉 한국 · 중국 · 일본 · 러시아 등의 막강한 경제성장 잠재력을 바탕으로 이 지역에 있어서의 경제활동은 세계 경제에 있어 핵심적 지위를 차지한다. 둘째, 이러한 동북아의 경제적 가치는 지역 국가 외적인 행위자 즉, 미국이나 동남아시아국가연합(ASEAN) 그리고 유럽연합(EU) 등과의 협력을 통해 더욱 그 생명력을 보장받는다. 셋째, 동북아 시대를 구성하는 지역 행위자와 기능 행위자 간의 경제적 상호의존 관계는 정치적 신뢰에 의해 더욱 강화된다. 넷째, 정치 · 경제적 신뢰 및 협조의 강화와 함께 안보 분야에서도 공통의 위협에 대응하기 위한 제도적 장치가 마련된다. 다섯째, 이러한 안정성을 바탕으로 구성 행위자

간의 사회·문화적 교류 역시 보다 확산되며, 이는 결국 정치·경제·안보 분야의 안정을 강화하는 기반이 된다. 한국은행 금융경제연구원이 2005년 발간한 '아시아 경제의 장래' 보고서에 따르면, 약 30년이 경과한 2040년경 동북아 국가 중 미국, 중국, 일본, 한국을 합한 세계 경제에서의 비중은 약 45%에 육박한다. 러시아가 이 시기에는 적어도 일본의 70% 정도 경제력을 갖춘다고 전망할 경우 세계 경제의 절반가량을 동북아가 떠맡게 되는 것이다. 2039년 동북아의 인구는 골드만삭스의 'Dreaming with BRICs: The Path to 2050(2003년)' 보고서를 중심으로 국내총생산(GDP) 및 1인당 GDP로 추산할 때 중국이 14억 5,000만 명, 미국이 4억 900만 명, 러시아가 1억 2,000만 명, 일본이 1억 900만 명일 것으로 예상된다. 한국 역시 약 4,600만 명에 이를 것으로 판단된다(한국은행 통계). 이 시기 세계 인구가 약 87억 명 가량일 것으로 추산되는 만큼, 세계 인구의 3분의 1이 채 안 되는 지역이 세계 경제의 절반을 차지하는 구도가 이뤄질 것이다. 이렇듯 욱일승천의 기세를 보이고 있는 동북아 국력 신장의 선봉에는 중국이 위치하고 있다. 골드만삭스의 보고서에 따르면, 중국은 2020년경(2016년) 일본을 앞서기 시작하고 미국과는 2040년경(2041년) 경제규모가 대등해져 세계 GDP의 5분의 1 정도를 차지하게 될 것이다. 이에 더해, 골드만삭스의 애널리스트들은 브릭스의 경제력이 세계 경기 침체에도 불구하고 당초 예상보다 10년 정도 빠른 오는 2027년께 미국을 비롯한 G7을 따라잡을 것으로 보인다는 전망을 제기한 바 있다. 특히, 중국은 바로 이 시기에 세계 최대 경제국의 위상을 차지하게 될 것이라고 예상했다. 그러나 이러한 기대에는 상당한 거품이 존재하고 있다는 점 역시 지적하지 않을 수 없다. 일단, 많은 경제 분석가들의 예측대로 20년 혹은 30년 내에 중국이 세계 최대의 경제대국으로 떠오른다고 하더라도 이것은 어디까지나 외형적 성장을 기준으로 한 것이다. 또 이러한 전망들은 중국 및 러시아 등 브릭스 국가들이 현재와 같은 경제적 활력을 지속적으로 발휘한다는 것을 전제로 한다. 이는 주로 경제적 추세의 고려에 치중했을 뿐 한 국가의 경제성장에 있어 주요 변수가 되는 국내적 통합성의 잠재적 문제점은 고려하지 않았다. 이에 더해, 2039년 혹은 2040년에 대한 전망에 있어 한국에 중요한 것은 동북아의 총량적 부(富)보다 이러한 구도가 과연 한국에 경제적으로나 외교적으로 모두 유리하기만 한 것인가의 여부라는 점을 유념할 필요가 있다. 유감스럽게도 최소한 안보·전략적 차원에서 미래의 동북아는 많은 기회와 위험을 동시에 내포하고 있다.

(3) 동북아 시대일 수밖에 없는 이유: 역사는 시계방향으로 돈다

역사는 시계방향으로 돈다. 세계 최초 문명의 중심지는 중국, 인도, 메소포타미아 그리고 이집트였다. 그 다음에 그리스로 갔다. 그 다음에는 로마, 스페인, 프랑스, 영국 그리고 지금 미국에 와 있다. 한 번도 그 흐름이 역회전한 적이 없다. 항상 같은 방향으로만 갔다. 그 이유는 명확하다. 지피지기는 백전백승이라는 가장 보편적인 이유에서 근거한다. 동쪽나라 말을 서쪽나라 사

〈도표 2-6〉 역사는 시계방향으로 돈다

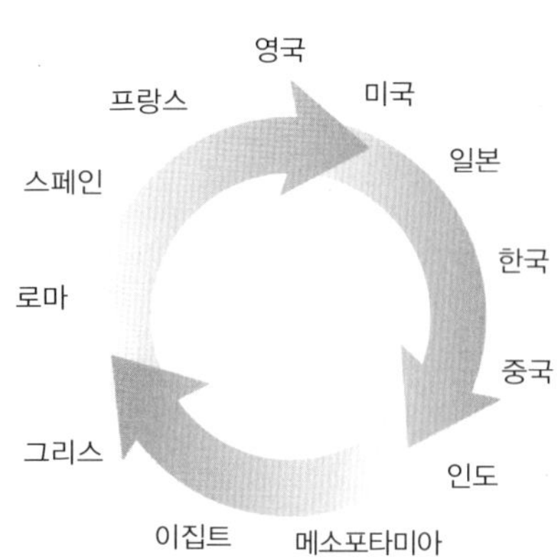

람은 아는데 서쪽나라 말을 동쪽나라 사람은 모른다. 그러니까 영국 사람은 프랑스어를 아는데, 프랑스 사람은 영어를 잘 모른다. 영국식 영어를 미국 사람들은 아는데 미국식 영어를 영국 사람은 모른다. 미국 말을 일본 사람은 아는데, 미국 사람은 일본 말을 모른다. 한국 사람은 일본 말을 아는데 일본 사람은 한국말을 잘 모른다. 이게 왜 그럴까? 과거에는 프랑스가 세계 제일의 나라였다. 그러므로 영국 사람이 행세하려면 불어를 배워야 한다. 그러니까 영국 사람은 불어 모르는 사람이 없었다. 그러다 보니까 프랑스 문물이 영국으로 넘어가게 된다. 그래서 영국이 세계 제일의 나라가 된다. 그럼 그때 가서 프랑스 사람이 영어를 배우면 되는데 안 배운다. 안 배우는 이유는 프랑스 사람의 기저에는 영국을 무시하는 자만이 있기 때문이다. 지금 미국이 세계 제일의 나라인데 영국 사람들이 미국으로 유학을 가지 않는다. 반면에 한국사람, 일본 사람은 미국으로 유학을 간다. 그래서 문화라는 게 이렇게 시계방향으로 돌게 되어 있다. 〈도표 2-7〉에서 보는 바와 같이 2009년 미국의 유학생 상위 10개국을 보면 영국이나 프랑스 등 유럽 국가는 1개국도 없이 전부 인도 중국 한국 등 아시아 국가 밖에는 없는 것이다. 이러한 오만과 편견에 의한 문화의 순환은 우리 주변에서 항상 목격하는 사실과도 부합된다. 시골에 가면 5천만 원밖에 안 가는 집인데도 1억을 주고

〈도표 2-7〉 미국 대학 유학생 상위 10개국 현황

(2008·2009 유학생수 기준, 괄호안은 전년 대비 증가율, 단위: 명)

〈자료: 국제교육연구소〉

사는 사람이 있다. 부동산 투기꾼도 아니고 앞을 내다보는 사람도 아니고 다만 이성을 잃은 사람이다. 그 사람의 이성을 멀게 한 것은 그 집에 머슴 살던 사람의 자식이라는 것이다. 그 사람의 어릴 때의 꿈은 그 아버지가 머슴을 살던 부자 집에서 한번 살아보는 것이었기 때문이다. 그래서 서울 가서 돈벌어오면 그 집을 사겠다고 결심한다. 그럼 그 부잣집 아들은 망했어도 자존심이 있으니까, 머슴 아들한테는 안 판다고 한다. 그래서 1억까지 올라가게 된 것이다. 그래도 꼭 사는 사람이 이런 부류의 사람이다. 이와 유사하게 항상 서쪽나라 사람은 동쪽나라에 콤플렉스를 가지고 있다. 그러니까 미국은 영국에 콤플렉스를 갖고 있다. 그래서 영국 기사 자격이 종이 한 장인데, 비싼 돈을 주고 산다. 일본은 미국에, 한국은 미국이나 일본에 콤플렉스를 갖고 있다. 그래서 이 콤플렉스라는 게 발전의 원동력이긴 한데 한편으로는 꼭 비이성적인 행동을 하게 하는 것이다. 이것이 바로 역사가 시계방향으로 도는 이치인 것이다.

(4) 품질 제일 국가도 시계방향을 따라 순환한다

국가경쟁력 그것도 제조업의 경쟁력은 한마디로 값싸고 좋은 물건을 필요한 양만큼 제시간에 조달할 수 있느냐로 결정된다. 또한 이러한 경쟁력 중에서 어느 분야에 중점을 두느냐에 따라서 기업의 전략은 4가지로 요약할 수 있다. 가격에 중점을 두는 것을 원가전략이라고 하고 품질에 중점을 두는 것을 품질전략이라고 하며 기술우위에 중점을 두면 기술전략, 브랜드에 중점을 둔다면 그것은 브랜드전략으로 요약할 수 있다.

개발도상국은 초기에 싼 노임을 바탕으로 원가전략을 추구한다. 그 다음 중진국 단계에 들게 되어 확실한 노임경쟁력을 상실하게 되면 생산 기술을 바탕으로 한 품질전략을 추구한다. 선진국가가 되면 제품기술을 바탕으로 한 기술전략을 추구하게 되는 것이다. 그리고 마지막 단계가 명품을 위주로 하는 브랜드전략이 가능하게 되는 것이다.

1950년대 세계 최고의 가격경쟁력을 가진 나라는 일본이었다. 그리고 품질경쟁력은 미국, 기술경쟁력은 독일과 프랑스 영국 등 유럽 국가였다. 1980년대 한국이 가격경쟁력을 갖게 되자 일본은 품질경쟁력으로 대응하였으며 미국은 기술경쟁력으로 대응하였던 것이다. 그리고 유럽 국가들은 브랜드경쟁력으로 버티게 된 것이다. 이제 21세기에 이르러 가격경쟁력이 중국이나 인도에 돌아간 반면 품질경쟁력은 한국, 기술경쟁력은 일본 그리고 브랜드경쟁력은 미국의 경쟁력이 된 것이다. 이상과 같이 순환의 역사라는 도도한 흐름 속에서 우리 대한민국이 Q-KOREA를 선언하는 것은 역사적 소명인 것이다.

〈도표 2-8〉 국가별 경쟁력의 변화

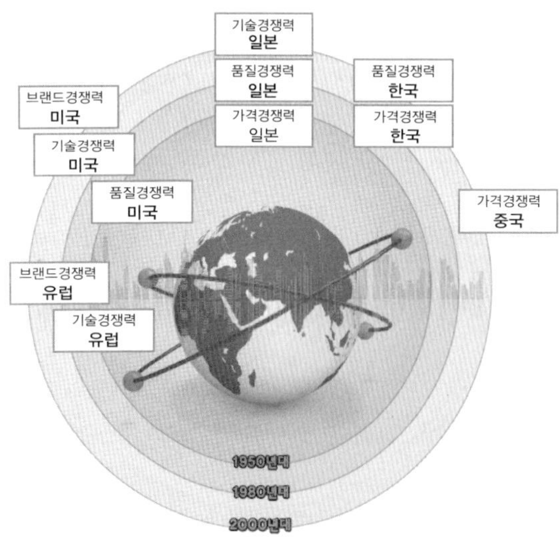

3. 동북아 허브에 품질한국의 미래가 있다

현대경제연구원은 2011년에 발표한 '글로벌 2020 트렌드'보고서에서 '한·중·일 3개국이 2020년까지 경제 통합으로 지역공동체를 만들어 세계 경제성장을 주도하고 3국의 국내총생산을 합치면 유럽과 미국을 제치게 될 것이다.'고 하였다. 또, 경제의 중심이 다극화해 달러화 단일 기축통화 체계는 무너지고 달러화와 유로화는 물론 위안화 또는 다른 형태의 아시아 공동 통화 등이 지역 기축통화로 쓰일 것으로 내다봤다. 이와 함께 상품과 자본에 이어 황색 인종, 아시아인의 이동이 전 세계에 걸쳐 일어나는 '제3의 세계화'가 펼쳐질 것으로 전망했다.

이러한 제3의 세계화 중심에 품질한국을 설계하는 것이 바로 품질한국의 희망프로젝트를 전개하는 것이다, 이는 이미 1997년 부츠앨런은 "한국보고서"에서 이를 제안한 바 있다. 그러나 이는 IMF사태가 일어남으로써 논의 자체가 무산된 바 있다. 우리는 여기서 동북아 허브국가로서 품질한국일 수밖에 없는 당위성을 전개하고자 한다.

(1) 미국 패권주의의 종말을 예고한다

〈도표 3-1〉 미국 vs 중국 국력 비교

미국	항목	중국
3억 875만명	인구	13억 3,861만명
14조 7,451억달러	국내총생산(GDP)	5조 7,000억달러
4만 7,132달러	1인당GDP	7,518달러
-2.6%(2009) 3.0%(2010)	경제성장률	9.1%(2009) 10.0%(2010)
-4,581억달러	무역수지	1,700억달러
6,632억달러	국방비	988억달러

※ 2010년 기준, GDP - 1인당GDP - 성장률은 추정치
※ 무역수지는 2010.1~11월 합산

미국의 패권주의의 종말은 천정부지의 연간 6,000억 달러에 달하는 무역적자와 연간 1조 달러 이상의 쌍둥이 적자와 재정적자디폴트(지불 불능)에 이를 것으로 우려되는 14조 달러의 정부 채무 등 경제적인 측면에서 찾는 사람들이 많으나 미국의 내부 시스템에서 찾는 사람들도 많다. 조지타운대학의 국제관계학 교수인 찰스 A. 쿱찬이 저술한 '미국시대의 종말'에서 미국의 단극체제의 붕괴가 가시화되고 있음을 지적하고 있다. 더불어 미국에 의한 단극체제의 붕괴 이후 다극주의 체제의 등장을 예고하고 있다. 미 시사주간 뉴스위크 최신호에서 미국이 초강대국으로 부상한 덕택에 세계 인구의 약 4%에 불과한 미국인들이 나머지 96%를 지배하고 있다. 그러나 러시아 패망 이후 미국의 이러한 단극체계의 패권주의는 전 세계의 공통된 주적이 되고 있다고 지적한다. 세계인들은 이스라엘-팔레스타인 정책에서부터 세계

적인 빈곤과 지구 온난화 문제 등 여러 가지 정책에 관해서는 반감을 갖고 있다. 전 세계인의 30%가 반감을 갖고 있으며 특히 프랑스인(응답자)의 56%, 한국인의 48%, 인도네시아인의 46%가 이런 생각을 갖고 있다. 2001년 뉴욕 타임스는 세계무역센터 폭파사건을 예로 들면서 영어의 패권주의가 미국의 패권주의의 가장 큰 적으로 등장하고 있다고 지적한다. 영어의 공용화가 자리잡으면서 외국 사람들은 영어를 배우는데 반해서 미국인들은 외국어 전문가가 찾아보기 어려워졌다. 미국 정부 자료에 따르면 2000년에 미국 대학 졸업생 중 아랍어를 전공한 학생은 불과 9명에 불과하고 중국어로 학위를 받은 사람 역시 140명에 불과하다. 쉽게 설명하면 지피지기는 백전백승이라는 것인데 외국인은 미국을 아는데 미국인은 외국을 모른다는 것이다.

(2) 중국 패권주의가 미국을 대치할 수는 없다

그러면 이러한 미국의 패권주의 몰락에 중국은 대체국이 될 수 있을 것인가? 결론부터 말하면 금번 오바마와 후진타오의 정상회담에서 보는 바와 같이 중국은 미국과 견주어 키 차이가 있는 것이다. 이미 언급한 바와 같이 세계는 중국이라는 단극체제가 아니라 다극체제로 갈 수밖에 없다. 2010년 초 워싱턴포스트

〈사진 3-1〉 오바마와 후진타오

는 흥미 있는 조사결과를 발표했다. 상당수 미국인 설문 응답자들이 20세기가 미국의 시대였다면 21세기는 중국의 시대가 될 것이라는 견해를 나타냈다. 21세기 세계경제의 주도권을 누가 쥘 것이냐는 질문에 중국이라는 대답이 41%로 미국(40%)을 앞질렀다. 10년 전 똑같은 질문에서는 65%가 미국을 주도국으로 꼽았다. 2009년 6월 타계한 조반니 아리기도 〈베이징의 애덤 스미스〉라는 책에서 쇠퇴하는 미국의 패권을 누가 거머쥘 것이냐를 두고 조심스럽게 중국을 점찍고 있다.

그러나 중국에는 세계 최고의 패권주의를 실현하는 데 치명적인 약점이 있다. 고도성장이 지속되면서 1,000달러에 불과했던 1인당 GDP가 몇 년 새 4,000달러 수준으로 뛰어올랐다. 베이징(北京)과 상하이(上海) 광저우(廣州) 등 10여 개가 넘는 대도시의 1인당 GDP는 이미 1만 달러 시대에 진입했다. 구매력을 감안할 때 이들 도시의 개인 소득은 웬만한 중진국 수준에 도달했다. 국가 통계국의 한 분석가는 중국이 신 중국 설립 100주년인 2049년에 가면 1인당 GDP 2만 5,000달러의 선진국에 진입하게 될 것이라고 관측했다.

'중국공산당은 사회주의 시장경제와 중화인민공화국의 수호자인 동시에 사회주의 현대화를 완수할 책무를 떠맡은 수권 정당이다. 공산당을 반대하는 것은 역사의 물줄기를 거역하는 것이다.' 그런데 그 공산당이 중국의 패권주의 모험을 실패로 인도할 주요 요인이 된다. 중국 공산당은 지난 1999년 헌법에 사유재산 보호조치를 명문화했다. 또한 자본가의 공산당 입당까지 허용함으로써 세상을 놀라게 했다. 지난 1978년 개혁개방 무렵 일부 사영기업가들이 공개처형 됐음을 감안할 때 천지개벽과 같은 조치다. 그것은 흡사 어떤 종교가 교리를 바꾼 것처럼 혁명적인 변화라고 할 수 있다. 그러나 1인당 1만 달러의 장벽을 벗어나기 위해서는 공산당의 원천적 부정은 필연적이다. 중국은 대전환의 고빗길에 섰다. 가장 해결이 시급한 현안은 중국의 심각한 사회 양극화 현상이다. 이미 빈부 격차에 따른 양극화가 심화하면서 사회가 불공평하다고 인식하는 중국 소외계층의 불만 표출이 위험수위를 넘나들었다. 이미 연간 사회적 소요만 매년 10여만 건에 달하는 것으로 추정되고 있다. 오랫동안 사회 극빈층으로 살아오면서 쌓였던 극도의 불만이 표출되고 있다. 이런 불만이 집단적인 형태로 나타난다면 고속성장에만 치중, 부의 균등분배를 소홀히 했던 중국이 큰 위기를 맞게 될 것이다. 이와 함께 오랜 기간 지속된 소수민족 문제가 있다. 중국에는 공식적으로 55개의 소수민족이 있으며, 이들은 약 1억 3,000만 명으로 중국 인구의 10%를 차지한다. 특히 방대한 영토를 차지하고 있는 티베트와 신장위구르자치구는 '민족 분열의 화약고'라고 불릴 정도로 한족과 갈등의 골이 깊다. 2008년과 2009년 티베트와 신장위구르자치구에서는 수백 명이 목숨을 잃는 대규모 유혈폭동이 일어나기도 했다.

현실주의 국제정치학을 대표하는 미어셰이머(John J. Mearsheimer) 교수는 보다 노골적으로 미국과 중국의 관계를 이야기 한다. "지난 수십 년 경제발전을 이룩한 중국은 앞으로 아시아의 패권국은 물론 세계의 패권국 지위를 추구할 것이다"고 전제하는 그는 그러나 미국은 중국이 패권국이 되는 것을 용납하지 않을 것이라고 단언한다. 〈도표 3-2〉에서 보는 바와 같이 미국의 대 중국 포위 전략은 집요하다. 몽고와 인도는 중국을 견제하는 전략적 요충이 아닐 수 없다. 또한 미국의 대중국 전략에 일본과 한국의 그 중심에 있다. 중국의 위협이 커질수록 한미 동맹과 미일 관계의 친밀도는 높아질 수밖에 없을 것이다. 이와 같은 미국의 중국 포위 전략에 대한 중국의 대안은 중국 단극의 패권주의를 포기하고 한 · 중 · 일의 동북아 지역 패권주의에 동의하는 것이다.

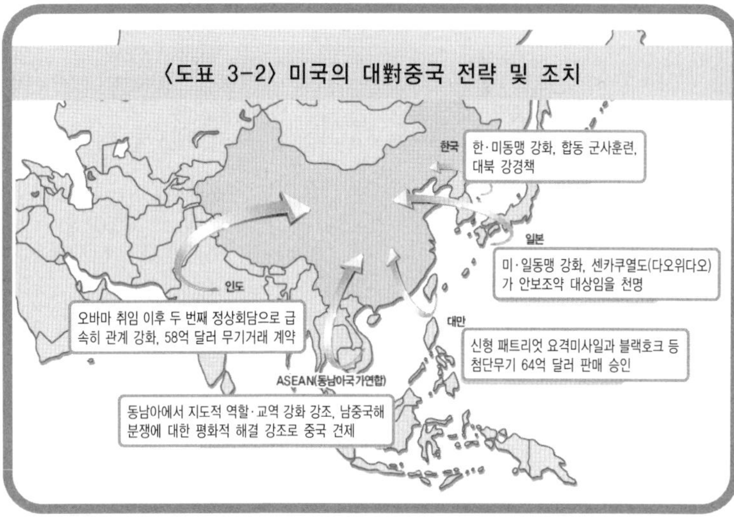

〈도표 3-2〉 미국의 대對중국 전략 및 조치

(3) 동북아 허브는 한국일 수밖에 없다

이와 같이 한중일의 지역 패권주의가 완성될 때 그 중심은 어느 나라가 될 것인가에 대한 질문이 있다. 결론부터 말하면 그 중심에 품질한국이 있는 것이다. 품질한국일 수밖에 없는 소이연을 살펴본다.

1) 한·중·일 지정학적 허브론: 〈도표 3-3〉에서 보는 바와 같이 인천공항에서 비행기로 반나절(3시간 반)에 갈 수 있는 100만 이상의 43개가 있다고 한다. 이는 한국이 지정학적으로 동북아의 중

〈도표 3-3〉 글로벌 네트워크와 연계된 동북아경제의 중심축

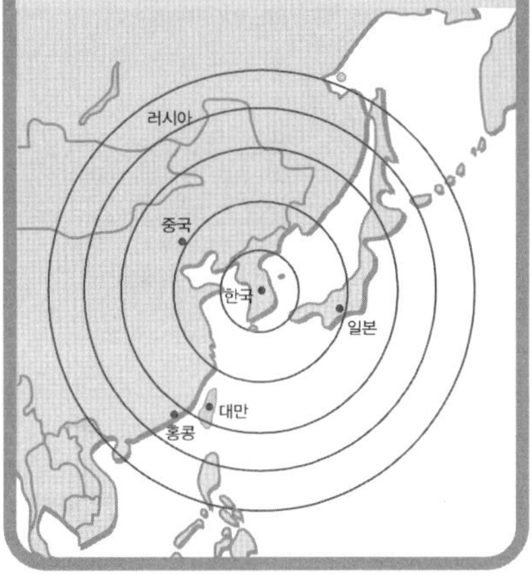

심이 될 수 있음을 보여주는 것이다. 2009년 인천공항을 거쳐 제3국으로 간 환적(換積) 화물은 22만t에 이른다. 또한 인천공항 환승객수는 전년에 비해 18% 증가한 520만 명으로 나리타·푸둥 공항보다 많았다. 환승률(환승객/국제 승객)도 18.5%로 나리타 18.2%, 푸둥 15.4%를 처음으로 앞질렀다. 또한 일본 NHK는 최근 특집방송에서 일본 중부 오카야마에서 런던으로 갈 때 자국 공항과 항공사를 이용하면 평균 15시간 40분에 18만 5,300엔이 들지만 인천공항과 대한항공을 이용하면 13시간 50분과 11만 5,800엔으로 시간과 비용 모두 줄일 수 있다고 보도했다. 취항 도시 수(數)에서도 인천공항은 중국과 일본 60개 도시 등 전 세계 도시 177곳을 연결하고 있다. 푸둥 공항은 연결 도시가 90곳, 나리타 공항은 98곳으로 인천공항의 절반 수준이다.

2) 언어학적 허브론: 세계 190여 개 나라 중 자기나라 고유의

글자를 창안하여 쓰고 있는 나라는 매우 적으며, 그 중에서 한글은 가장 과학적이고 배우기 쉬우며 표현의 다양성이 단연 으뜸가는 훌륭한 글자이다. 1990년 한글날에 유네스코는 국제적으로 글눈을 밝히는데 공을 세운 사람이나 단체에 주는 상인 〈세종대왕상〉을 제정하고, 첫 시상식을 가졌다. 유네스코는 1997년 훈민정음을 인류가 영원히 보전해야 할 문화유산으로 지정하기도 했으며, 최근에는 사라져 가는 미국 인디언들의 언어를 한글로 채록하여 보존하려 하는 〈세종 프로젝트〉를 추진 중이다. 그러나 한자는 규칙적인 체계가 없는데다가 글자가 너무 많아 기계화와는 담을 쌓은 문자이다. 글자 자체를 익히고 기억하고 읽고 쓰는 데도 너무 많은 시간이 걸려 글자 생활에서 막대한 능률 저하를 초래한다. 반대로 한글은 10개의 모음과 14개의 자음을 조합할 수 있기 때문에 배우기 쉽고 24개의 문자로 소리의 표현을 11,000개 이상을 낼 수 있다. 일본어는 약 300개 중국어(한자)는 400여 개에 불과하나 한글은 소리 나는 것은 거의 다 쓸 수 있다. 여기서 동북아 언어 허브가 한국일 수밖에 없는 이유가 있다.

3) 풍수지리학적 허브론: 우리나라가 바로 지구의 혈 자리, 지구의 핵이다. 공자는 자연의 이치를 나타내는 주역周易 계사전에서 괘상을 풀이하면서 '간(艮)은 동북지괘야(東北之卦也)니 만물지

소성종이소성시야(萬物之所成終而所成始也)일새 고(故)로 왈성언호간(日成言乎艮)이라.'고 했다. '간(艮)은 동북방을 가리키는 괘이니, 만물의 끝과 시작이 이루어지는 곳이라. 고로 성인의 말씀이 간방에서 이루어진다.'는 뜻이다. 우리나라 주변의 지리를 보면 일본이 우리나라를 길게 감싸주고 있는 형상인데 그 형상을 내청룡(內青龍)이라고 한다. 쉽게 얘기하면 일본이 혈(穴)인 그리고 아메리카 대륙은 외청룡(外青龍)이고, 중국 대륙에서부터 싱가포르까지가 내백호(內白虎)다. 중국을 보면 아주 첩첩이 에워싼 만첩백호(萬疊白虎)다. 그것이 다 내백호다. 아프리카 대륙은 외백호(外白虎)다 청룡은 비상(飛上)하고 즉 청룡은 나는 것 같이 보이고, 백호는 순복(順服)하고, 순하게 엎드려 있는 것 같아야 지리가 되는 것이다. 그리고 호주 뉴기니 앞쪽은 우리나라의 안산(案山)이다. 지구상에 이렇게 생긴 데가 없다. 풀도 우리나라 땅에서 자란 것이 약효가 가장 좋다. 여기 품질한국의 원천을 보는 것이다. 우선 인삼 하나를 예로 들어봐도, 우리나라 인삼 한 뿌리면 중국 인삼 다섯 뿌리의 약성에 해당한다. 중국 인삼 다섯 근을 먹어도 우리나라 인삼 한 근 턱도 안 되는 것이다. 이에 인도의 시성 타고르는 일찍이 한국의 미래에 대해서 예언한 적이 있다. 타고르는 한국을 동방의 등촉으로 묘사하여 "일찍이 아시아의 황금시기에 빛나던 등불의 하나였던 코리아, 그 등불 다시 한 번 켜지는 날에 너는 동방의 밝은 빛이 되리라."라 하며 한국이 동북아의 허브 국가가 될 것을 예언하고 있다.

4) 한·중·일 역학 관계론: 마케팅 조사기관인 엠브레인의 최근 조사에 의하면 중국인은 4명중 3명(76.7%)이 한국인을 좋아하고 한국인은 2명 중 1명(44.2%)이 중국인을 좋아한다. 그리고 일본인은 3명 중 1명(34.2%)이 한국을 좋아하며, 한국인은 4명 중 1명(23.3%)이 일본을 좋아한다. 반면에 중국인은 6명중 1명(15.1%)이 일본을 좋아하고 일본인은 그보다 더 낮아서 10명중 1명(11.6%)만이 중국을 좋아하는 것으로 나타나고 있다. 이와 같이 중국과 일본인이 서로를 미워하는 이유는 한중관계는 역사적으로 우호선린 관계였던 것에 반해서 중일관계는 대립과 반목의 역사에서 그 유래를 찾을 수 있다. 중국은 일본과의 전쟁에서 그 덩치에 어울리지 않게 거의 매번 패배를 해왔다. 청일 전쟁, 만주사변(1931년)에 이은 중일전쟁(1937년)에서 치욕을 당했다는 측면이 중

〈도표 3-4〉 한·중·일 3국 간 상대국 호감도

(단위: %)

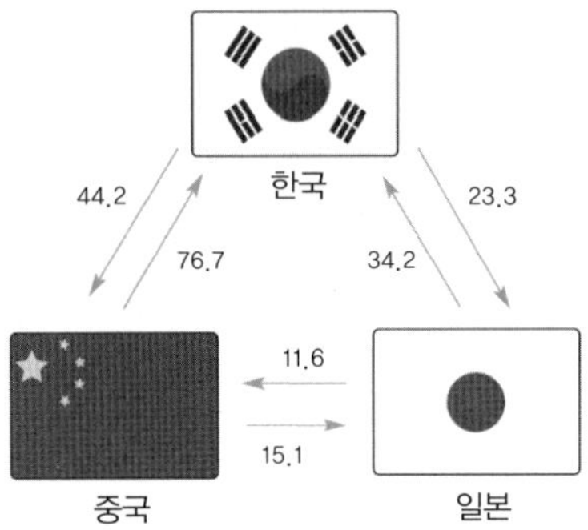

〈자료: 엠브레인(www.embrain.com)〉

일관계에 치명적으로 작용하고 있는 것이다.

(4) 중국의 패권주의의 실패의 돌파구가 한 · 중 · 일 협력일 수밖에 없다

어느 일정기간 중국은 단독으로 미국을 대체하여 단극체계로 세계 패권주의를 추구할 것이다. 그러나 곧이어 그 패권주의가 실패할 것이라는 것은 자명하다. 그 돌파구가 한중일 협력관계에 의한 돌파구일 수밖에 없다는 것은 자명하다. 그러한 증후가 곳곳에서 나타나고 있다. 그것이 바로 동북아 지역 패권주의의 예고이다. 그 하나가 치앙마이 이니셔티브 [Chiang Mai Initiative]이고 또 하나가 2008년 한국과 중국, 일본 등 3국이 한중일 '3국 협력 사무국' 설립협정 서명식을 가졌다는 사실이다. 치앙마이 이니셔티브는 미국 주도의 IMF에 대응하여 동남아시아국가연합(ASEAN, 아세안)과 한국·중국·일본 3국이 외환위기 발생을 방지하기 위하여 체결한 통화교환협정이다. 또한 한중일의 정치적 통합의 시도의 대표적 사례로 한중일 3국 협력 사무국이 서울에 문을 열었다는 것이다. 3국 협력 사무국은 2008년 이후 세 차례의 한중일 정상 간 합의된 성과 중 가장 성공적이라고 평가받고 있는 것으로, 전문가들은 협력 사무국을 통해 낮은 수준의 제도화에 놓여 있는 동북아 경제통합과정에 새로운 변화의 기회를 제공할 것이라고 평가하고 있다. 현재 3국간 협력사업 조정 및 관리로 역할이 제한돼 있는 협력 사무국이 향후 유럽연합(EU) 집행위원회처럼 참여국 정책 권한의 일부를 이양 받는 초국가적 집행기구로 발전되는 출발점으로 예측된다. 한중일 3국은 전 세계 GDP의 약 16.8%, 인구의 22%, 외환보유액의 47% 등을 차지하고 있다. 한중일 협력이 경제·금융 분야를 넘어 외교·안보로 확대될 것이라는 예측이다. 현재 한중일 3국은 외교장관회의와 3자위원회를 포함, 17개 가량의 장관급 협의체 외에 50여개의 정부 간 분야별 협의체를 운용하고 있다.

(5) 동북아 허브로서의 품질한국 설계

동북아 허브로서의 품질한국의 미래 설계의 시작은 한중일 FTA의 체결에서 시작될 것이다. 또는 이를 촉진할 동북아 산업표준의 협력체의 구성이 될 것이다. 3국의 교역량은 세계 교역량의 15%('08년 기준)로 지속적 증가 추세에 있으며, 3국의 대외무역 총액(2조 달러) 중 역내무역 비율이 58%에 이르고 있다 참고로 NAFTA는 55%, EU는 66%이다.

1) 한·중·일 FTA 체결: 동북아 3국의 경제통합은 선택의 문제라기보다 시기의 문제다. 3국간의 무역 구조는 〈도표 3-5〉에서

〈도표 3-5〉 주요 국가별 무역수지 현황(2004년 기준)

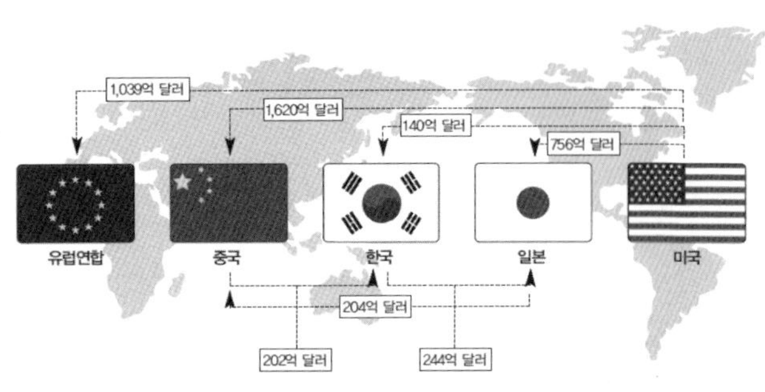

보는 바와 같이 3자간 완전 균형에 있다. 2004년의 무역 구조를 보면 한국은 중국에게서 200억 달러의 무역흑자를 중국은 일본에게서 동일한 규모의 흑자를 일본은 한국에게서 동일한 규모의 흑자를 시현한다. 3국의 무역흑자를 더하면 모두 제로가 된다. 또한 재정부 보고서(〈도표 3-6〉 참조)는 동북아 3국(한중일)의 경제통합으로 우리나라가 가장 큰 경제효과를 볼 것으로 전망한다. 한중일 3국이 자유무역협정(FTA)을 체결하면 국내총생산(GDP) 증가율은 한국이 2.6%, 중국 0.6%, 일본 0.2%로 추산됐다.

〈도표 3-6〉 동아시아 경제통합의 효과

	GDP합계(2008년, 달러)	인구수(명)
한·중	5.3조	13억 7,621만
한·일	5.8조	1억 7,625만
중·일	9.2조	14억 5,535만
한·중·일	10.2조	15억 390만
ASEAN+3 (한·중·일+아세안 10개국)	11.7조	20억 8,659만
ASEAN+6(한·중·일+호주·뉴질랜드·인도+아세안 10개국)	14.0조	32억 9,882만

2) 품질한국의 인프라 한중일 표준협력체 결성: 한중일은 문화적 차이와 산업화 배경이 달라 국가표준체계에 상이한 측면이 있다. 이를 극복하기 위해서 한·중·일 3국 정상이 선언한 표준협력

공동성명의 일환으로 3국간 국장급 표준협의체가 최근에 발족되었다. 한국 주도로 표준협의체가 발족됨으로서 3국 표준협력에 대한 공동성명의 이행을 구체화하여 무역촉진 및 기술 장벽 해소를 위한 발판을 마련하게 되었다. 한중일 3국 표준협력 MOU 주요 내용은 ① 국장급 표준협의체(Standing Committee) 정례화 ② 국제표준의 공동 개발 및 3국 표준의 조화 ③ 민간 전문가 교류 활성화 ④ 동북아표준협력 포럼 확대개편 등이 구체화된다. 세계 3대 경제 축으로 성장한 한중일 3국간 최근 FTA 논의가 급진전되고 동북아 경제공동체 추진에 대비하여 한중일 표준의 조화가 매우 중요하다. 최근 미국, 유럽 등 선진국의 에너지 효율 등급 표시, 공산품에 대한 안전 유해성 강화 등 기술규제 확대에 대하여 한중일 3국은 표준 정책 공조가 필요하다. 특히, 3DTV, 전기자동차 등 미래 세계시장 주도 분야 및 한중일 문화적으로 공통배경을 가진 연관기술 등에 대해서는 국제 표준의 연구부터 제정단계까지 3국 전문가가 긴밀하게 협조해야 한다. 3국의 상호호환이 가능한 표준화가 추진되면 향후 발생할 수 있는 역내 무역 규제 장벽을 완화하고 거래비용을 대폭 감축할 뿐만 아니라, 시장단일화 촉진을 통해 세계시장에서 한중일 3국 기업의 경쟁력이 크게 향상될 것은 물론 품질한국 위상 제고에 일익을 담당할 것으로 전망된다.

3) 동북아 산업허브로서의 품질한국 설계: 〈도표 3-7〉에서 보는 바와 같이 동북아 3국은 상호협력의 산업구조를 가지고 있다. 한국은 중국에 대한 중간재를 수출하고 소비재를 수입한다. 중국은 일본에 소비재를 수출하고 핵심 부품 소재를 수입한다. 일본은 한국에서 소비재를 수입하고 핵심 부품과 자본재를 수출한다. 여기서 다시 한 번 핵심 부품을 기본으로 하는 기술의 일본, 소비재 중심의 가격의 중국, 그리고 중간재 중심의 품질한국의 산업의 역학 구조를 확인하게 되는 것이다. 이는 또 다른 측면에서 한국의 미래에 중간새 위주로 이뤄지는 3국간 교역에서 한국의

〈도표 3-7〉 한·중·일 3국의 상호협력 산업구조

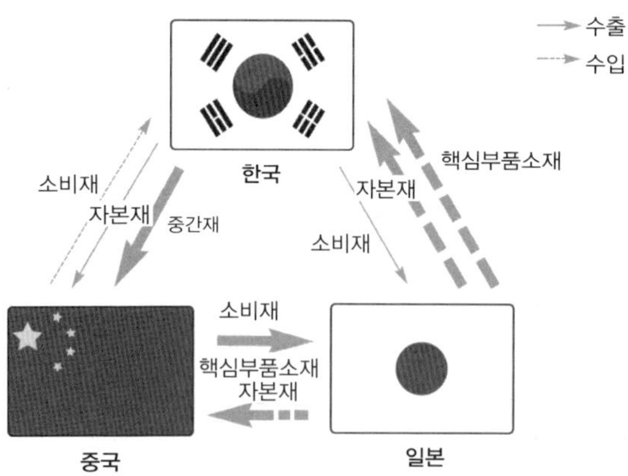

※ 굵은 화살표는 수출입이 많은 경우임.

역할을 핵심 부품 소재와 최종재 위주로 변모시켜야 하는 과제를 제시하기도 하는 것이다.

4) 한상의 역할과 과제: 여기서 우리가 동북아 허브로서의 역할 정립엔 중국 화상과 비교한 한상의 역할 정립이 필요하다. 왜냐하면 한국만이 중국(234만 명), 일본(91만 명), 러시아(54만 명), 미국(210만 명) 등 주변국가에 골고루 교포를 갖고 있다는 것이다. 일본만 해도 중국과 한국에 교포가 거의 없고 중국도 일본이나 한국에 화교가 거의 없는 실정이다. 그러므로 우리는 한상을 이용한 양동 작전이 가능하다. 중국의 화상을 이용한 양동작전을 보면, 개혁개방 30여 년만에 중국은 세계 2대 경제 대국으로 성장했다. 이 성공의 뒤에는 '대만의 첨단기술'에 '홍콩 등 글로벌 화상의 자금과 유통판매망' '제조기지 중국'이라는 3각(角) 네트워크가 큰 역할을 했다. 화상들의 총자산(3조 9,000억 달러, 2009년 세계화상발전보고)은 중국 전체 GDP(국내총생산)에 버금간다. 이에 반해서 전 세계 한인 기업의 자산(1200억 달러)이나 전 세계 한인들의 경제규

〈도표 3-8〉 한인 기업 수

모(100조원, 2009년)는 화상 경제에는 턱없이 못 미치지만 앞으로 개척의 여지는 많다. 1세대 한상들은 하와이 사탕수수 농장의 잡부로, 도심 골목의 청소부로, 탄광과 부두 노동자로 어렵게 살아남았고 2세 · 3세를 키웠다. 하지만 늘 주류에서 벗어난 변두리 삶이었다. 이제는 달라졌다. 매출 수조 원의 제조업체를 소유한 수퍼 기업인에 월(Wall)가를 흔드는 큰 손, 실리콘 밸리의 최첨단 IT업체 최고경영자(CEO), 심지어 국방력을 좌지우지하는 초대형 방산(防産)업체 경영자들이 속속 탄생, 해외 각국의 경제 주역으로 자리 매김 중이다. 현재 한상은 문화적으로도 중요한 역할을

〈도표 3-9〉 재외 한인 지역별 현황

※ 총소득은 재외 한인수×현지 한인 평균소득

〈자료: 전남대 세계 한상문화연구단 재외동포재단(2009년)〉

하고 있다. 동남아와 중국, 일본 등 한류(韓流)의 씨앗은 한상들이 뿌린 것이었다. '대장금' 등을 해외 각국 TV에 주도적으로 소개한 주역은 한국문화를 사랑했던 현지 한인경제인들이었다. 이제 우리가 동북아 연합을 구성하고 동북아의 허브 국가로 발전하기 위해서는 한상의 역할은 아무리 강조하여도 지나침이 없을 것이다. 이를 위해서 해외 한인경제인들을 발굴하는 '한국경제의 글로벌 네트워크 재구축' 작업이 절실히 요구된다. 그것은 중국 경제 개발에 화상들이 하였던 것을 그대로 해외의 한인경제인(韓商)들이 동북아의 허브를 구성하려는 미래 태한민국의 당당한 주역이 되도록 정부의 지원이 있어야 한다.

4. 극일을 위해서 지일이 필요하다

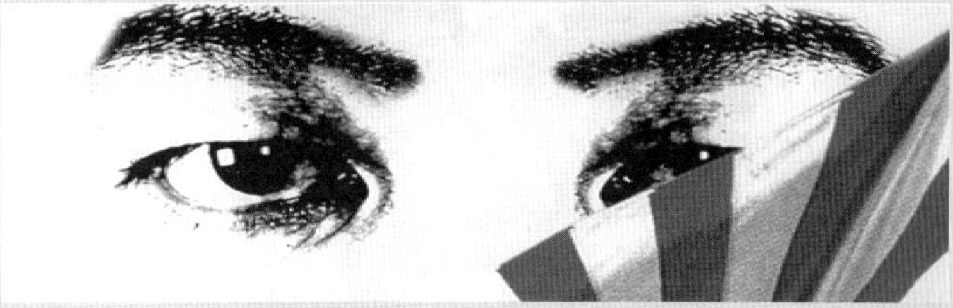

지난해 초 기자와의 간담회에서 삼성 그룹의 이건희 회장은 우리 기업이 일본을 추월하고 있냐는 질문에 대해서 "아직 우리는 일본을 배워야 한다. 겉은 앞섰는데 속을 들여다보면 부품이라든지 아직도 따라가려면 연구할 시간이 필요하다"라고 말했다. 우리가 선진국 대열에 합류하기 위해서는 필히 넘어야 할 산, 그리고 또 그 산을 넘어 가기 위해서는 필히 배워야 할 일본에 대해서 살펴본다. 바꾸어 말하면, 극일을 위해서 지일이 필요한 것이다.

(1) 극일을 위해서 지일이 필요하다

우리가 자동차를 운전할 때 앞차, 뒤차, 왼쪽 차, 오른쪽 차, 그리고 앞차의 앞차 등 5대만 잘 보고 운전하면 된다. 그 중에서도 초보일 때는 앞차만이라도 잘 보면 된다. 그런 의미에서 우리 산업의 미래를 예측하기 위해서는 시간이 있다면 미국, 중국, 대만, 싱가포르, 일본 산업발달사를 연구해야 하겠지만 초보 운전일 때는 급한 대로 우리의 바로 앞차에 해당되는 일본 산업발달사만이라도 잘 읽어서 우리 산업의 미래를 예측하는 것이 중요하다. 우리가 미시령을 넘어갈 때 안개가 자욱하면 앞에 아무 차라도 한 대가 있으면 좋다. 그래서 그 차를 잘 보고 운전하면 안전 운전을 할 수가 있는데 우리는 일본이라는 앞차를 보면서 전혀 운전하고 있지 않다는 것이다. 일본이라는 나라는 어떻게 보면 우리 산업의 장애가 될 수도 있지만 실패를 예방하는 지침이 될 수도 있다. 그러나 우리나라 사람들이 이를 연구하지 않기 때문에 일본에서 실수한 것을 우리가 모두 반복하고 있다.

우리가 세계화를 외치지만 우선 우리가 급한 것은 일본을 어떻게 넘어 서냐는 것이다. 우리나라와 일본의 싸움은 일본 국내나 한국 내에서의 문제가 아니고 유럽에 가도 싸움은 일본과 한국의 싸움이고 미국에 가도 역시 우리 제품의 싸움 상대는 미국

〈도표 4-1〉 갈수록 커지는 대일 무역적자

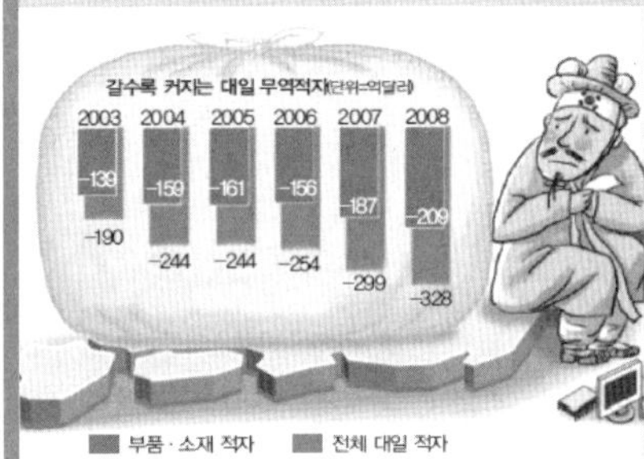

〈자료: 지식경제부〉

제품이 아니고 바로 일본 제품과의 싸움인 것이다. 우리나라가 일본과의 무역에서 2008년의 경우 약 300억 달러의 적자를 기록하고 있는데 그 2/3에 해당하는 200억 달러가 부품 소재에서의 적자를 기록하고 있는 것이다. 이건희 회장이 지적한 대로 겉은 따라 가는데 부품에서는 아직 멀었음을 보여주는 사례이다. 〈도표 4-2〉에서 보는 바와 같이 한·일간 부품·소재산업 수출 경합도는 1998

〈도표 4-2〉 한·중·일의 수출경합도

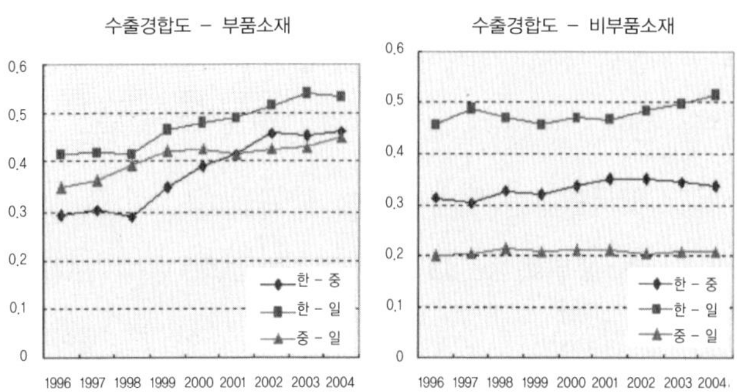

년 이후 꾸준한 증가세 보이고 있으며, 한중간 부품·소재 산업 수출 경합 도는 1998년 이후 매우 높은 증가율을 보이면서 한·일간 경합도에 근접하고 있다. 이는 중국기업 및 제품의 고도·고급화에 따라 한국기업과의 경쟁이 급속히 심화되고 있음을 의미하며 아울러 중국기업의 기술·생산능력 강화로, 기존 '한(중급기술)·중(저급범용)·일(고급원천) 분업구조'가 균열되고 있음을 시사한다. 다시 한 번 반복하면 우리 경제의 열쇠는 극일이 절대적 과제이며 차후 과제가 극중임을 시사하는 대목이다.

(2) 일본을 알면 한국의 미래가 보인다

인간은 누구나 GNP성(性)이라고 해서 소득이 일정수준에 달하게 되면 비슷한 욕구가 나타나게 되는데 이것이 산업의 구조 조정의 원동력이 된다. 예를 들면 대개의 나라가 GNP가 1,000달러가 되면 올림픽을 개최하고 싶어한다. 예를 들면, 일본이 1,000달러 목표를 달성한 해가 1958년인데 올림픽은 1964년에 개최하였고, 한국이 1,000달러 소득 목표를 달성한 것이 1978년인데 1988년에 올림픽을, 그리고 중국이 2003년에 1,000달러를 달성하였는데 2008년에 올림픽을 개최한 것이 그 예에 속한다. 최근의 우리나라의 일인당 국민 소득이 2만 불이 2007년에 달성되었는데 일본은 그보다 19년 전인 1988년에 달성하였다. 그런데 재미있는 것은 2만 불을 달성한 것이 우리나라가 일본에 비해서 25년 격차에 비해서 빠른가 싶더니 금융위기로 다 까먹고 다시 2010년에야 달성됨으로써 22년의 격차를 유지하게 된 것은 아이러니라 할 수 있다.

1988년대의 일본 신문을 보면 지금의 우리나라 신문을 보는 것과 혼동이 일어날 정도로 유사하다. 그 당시의 일본 신문은 지금 우리나라 신문들이 중국 올림픽이 끝난 후에 “중국이 몰려온다.”고 하면서 경제의 어려움을 호소하는 것과 같이 한국 올림픽을 전후해서 “한국이 몰려온다.”라고 하면서 일본 경제의 위기의식을 표현하고 있다.

〈도표 4-3〉 1인당 국민소득 2만 달러 당시 한일 간 경상수지 비교

	한 국		일 본		배
	2007년	평균(A)	1988년	평균(B)	B/A
1인당 GDP(달러)	2만 45	1만 8,286	2만 4,014	2만 96	
총 GDP(억달러)	9,699	8,829	2조 9,385	2조 4,514	2.8
경상수지(만달러)	59억 5,000	87억 7,000	791억 8,000	826억 9,000	9.4
상품수지(만달러)	294억 1,000	300억	922억	911억 8,000	3
서비스수지(만달러)	-205억 8,000	-177억 3,000	-302억 8,000	-211억 5,000	1.2
여행지급(만달러)	208억 9,000	183억 8,000	145억 8,000	87억 7,000	0.5
소득수지(만달러)	7억 7,000	-9,000	206억 3,000	154억	

※ 평균은 1인당 2만 달러 기준 최근 3년(한국 2005~2007년, 일본 1986~1988년)

동경올림픽이 열렸던 1964년 이후 일본에서는 엄청난 노사 분규가 있었고 일본에서는 동경대학에서 학생들의 방화가 일어났는데 한국에서는 1988년 서울 올림픽 이후 노사분규가 격해지고 연세대에서 한총련 사태가 있었다. 일본이 1970년대 이타이이타이병 등 환경문제가 급속도로 악화되면서 마시는 산소가 공급되었는데 최근에 우리나라에서도 마시는 산소가 보급되고 산소방이 생기는 등 유사하다.

우리나라 특허등록 누적건수가 지난해 12월 100만 건을 돌파했다. 이로써 우리나라는 미국(1911년), 캐나다(1976년), 일본(1982년)에 이어 세계에서 4번째로 특허등록 100만 건을 달성한 데다 20세기 이후 특허제도를 시행한 국가로는 유일하게 특허등록 100만 건을 경험한 국가가 됐다. 지난 1948년 첫 특허등록 이후 62년 만의 성과로, 특허등록 100만 건을 달성하기까지 75년이 걸린 미국이나 97년이 소요된 일본보다도 앞선 세계 최단기간 기록이다. 여기서 재미있는 결과는 일본과 한국의 특허 100만 건 돌파 시점이 28년(= 2010년 − 1982년)이라는 것이다. 한일 간 격차 25년 이론에 부합되는 결과이다. 일본에서 1970년 오사카 지하철 공사장에서 도시 가스 폭발이 있었는데 그 25년 후인 1995년 우리나라에서는 일본의 오사카 즉, 대판과 같이 '대'자가 붙는 도시인 대구에서 도시 가스 폭발이 있었다. 우리가 1992년 증권시장을 개방했는데 일본에선 그보다 25년 먼저인 1967년 개방하였다. 1970년대 일본에서 가장 화제가 되었던 것이 바로 학교에서의 고교생의 포르노 영화촬영, 왕따에 따른 퇴학소동, 대학 입시문제 도난이었고 이것은 우리나라에서도 동일하게 문제가 되고 있는 것이다. 1970년 일본의 교통사고로 인한 사망자 수가 2만명을 돌파하였는데 이것은 지금 우리나라의 교통사고 사망자 10,000명과 동일한 수준이다. 교통사고는 어느 나라나 GNP 5,000−10,000불 사이에서 가장 많다. 5,000불 이전에는 자동차가 없어서 사고가 없고 10,000불이 넘어 가면 사회가 안정이 되는데 5,000−10,000사이가 가장 사회적으로 빈부 격차 등 안정되지 못하기 때문이다. 이러한 이유로 해서 일본과 우리나라의 격차를 25년으로 보고 산업 구조를 예측하면 거의 틀림이 없을 것이다. 그러한 의미에서 일본은 언젠가는 우리가 추월을 해야 하는 나라, 그러나 아직은 연구를 해서 따라가야 하는 나라, 그래서 일본의 실수가 우리에게서는 반복되지 않도록 하는 나라가 되어야 할 것이다.

(3) 한일간 유사성의 근원

세계에서 젓가락을 쓰는 나라가 17개국이 있다. 그 중에서 젓가락을 악기로 쓰는 나라는 오직 일본과 우리나라 두 나라밖에 없다. 술집에서 장단 맞추는 것 말이다. 우리가 아무리 부정하고 싶어도 부정할 수 없는 사실이 일본과 우리민족의 유전자의 80% 정도가 유사하다는 사실일 것이다. 최근에 유전자 분석에 의해서 밝혀진 한반도 주변의 인종 분포를 그리면 〈도표 4-4〉와과 같다. 최근 아시아 10개국 과학자 90여명은 개인별 유전자 변이(SNP)를 비교해 73개 민족 집단의 유전자 다양성이 아시아 각지에 어떻게 분포하는지 분석해 〈사이언스〉에 발표했다. 이번

〈도표 4-4〉 혈통의 분포 및 빈도

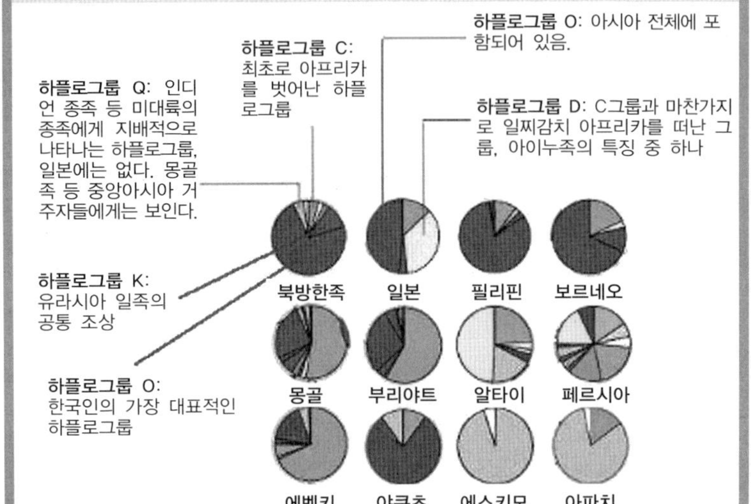

연구에선 유전자 다양성이 동북 아시아인보다는 동남 아시아인한테서 더욱 크게 나타난다는 사실을 확인했다. 이는 아시아인의 이주가 '남쪽에서 북쪽 방향으로' 이뤄졌을 가능성이 높음을 뜻한다. 〈도표 4-4〉에서 알 수 있는 바와 같이 한국인은 남방계에 가깝고 북방계인 몽골, 부리야트, 알타이족과는 거리가 멀다는 것이 나타난다. 심지어 같은 몽골로이드로 알려졌던 에스키모나 인디언과는 전혀 다른 유전자구조를 갖고 있음이 확인된다.

또 한국과 일본의 O형은 중국과 동남아에 없는 O2b형의 비율이 높은데 이것으로 일본의 O형은 한반도에서 기원한 것이라고 추정할 수 있다. 고고학적으로 보면 일본의 조몬인과 야요이인은 신체적 특성이 매우 상이한데 야요이인은 일본의 서부에서 시작해서 조몬인들을 점차 동쪽으로 밀어낸 것으로 나온다. 따라서 이 두 가지의 사실들을 연결 지으면 원래 D형의 조몬인들이 살던 일본열도에 O형의 한반도인들이 이주하여 일본민족을 형성한 것으로 해석할 수 있다. 이러한 사실들을 종합해 보면 다음과 같은 줄거리가 만들어진다. 처음에 C형을 가진 사람들이 동남아에서 한반도까지 이동해 와서 살고 있었다. 그로부터 오랜 세월이 흐른 후 O형을 가진 사람이 생겨나 중국 남부로부터 한반도로 이주해 왔는데 기존의 C형 토착민보다 그 수가 압도적으로 많아졌다. 그 후 한반도인들 중 일부가 D형이 살던 일본열도로 이주하여 일본인의 과반수를 점하게 되었다.

일본의 저명한 DNA분석학자인 타카라키(宝来聰)는 세계의 인종에 대한 DNA를 분석하여 오늘의 일본인이 어디로부터 온 민족인지를 찾고자 했다. 인종별 그리고 지역별로 분석한 결과 집단 간의 유전거리가 매우 극소한 동아시아인들의 5집단을 찾게 되었다. 특히 한국인과 일본 본토인과 유전거리는 제로(0)의 상태로 나타나는 것을 발견하였다. 한국인과 일본인은 혈통적으로 일치하는 민족이라는 것이 증명된 것이다. 일본의 시즈오카(静岡)에 있는 국립 유전자 연구소(National Institute of Genetics)의 연구팀 (Horai S, Murayama K, Hayasaka K, Matsubayashi S, Hattori Y, Fucharoen G,

〈도표 4-5〉

"일본인 절반은 우리와 같은 뿌리"

한반도에서 건너간 야요이族 후손으로 추정

단국대 김욱교수 남성유전자 YAP분석

김창엽 기자

우리나라 사람들과 일본사람들은 생김새나 문화에 많은 공통점을 갖고 있다. 비슷하다는게 말해줄 수도 없지만 양국의 과거 역사를 보면 어쩔 수 없는 측면도 많다.

그렇다면 실제 두 민족은 얼마나 서로를 닮았을까. 최소한 유전학적인 관점에서 본다면 일본인의 반 정도는 우리와 같은 조상을 가졌을 것이라는 연구결과가 나와 흥미를 끌고 있다.

단국대 김욱(金旭·생물학과)교수팀은 최근 일본 역사의 주역중 하나인 야요이족이 우리나라 사람과 유전적으로 매우 비슷하다는 요지의 연구결과를 발표했다. 金교수팀은 이와함께 현재 일본 인구의 절반 이상은 우리와 유전적 근친관계가 먼 다른 곳에서 조상들이 유래했을 것이라고 밝혔다.

金교수팀은 남성 특유의 유전자인 YAP를 이용해 유전형질을 분석한 결과 이같은 결론을 얻었다고 말했다. YAP란 인간의 전염색체에 걸쳐 90만개이상 존재하는 알루인자(Alu element)중 Y염색체의 특정부위에만 존재하는 유전자를 가리키는 말.

YAP는 인류의 조상이 유래한 곳으로 알려진 아프리카의 경우 민족에 따라 대략 50~90%의 보유율을 보이며 유럽인들의 경우 7~10%, 중국·인도등 아시안인들의 경우 지금까지 조사에 따르면 보유자가 나타나지 않은 것으로 알려졌다.

이번 연구결과 우리나라 사람들은 조사대상 3백1명중 3사람(1%)만이 YAP를 보유, 전형적인 아시아인의 유전형에 가까운 양상이었다. 그러나 일본·미국학자들의 연구에 따르면 일본인들은 아시아인이면서도 특이하게 약 40% 이상이 YAP를 가지고 있다는 것이다. YAP유전자를 가진 일본인들은 주로 홋카이도 이북의 아이누족이나 최남단의 오키나와인등으로 이들은 최고 56%안팎의 보유율을 보였다.

하지만 지리적으로 한반도와 가깝고 과거 고대 우리나라와 교류가 활발했던 도쿄 인근의 경우 YAP 보유율은 30% 정도. 金교수는 이 지역 일본인 조상의 상당수가 한반도를 거쳐 일본에 진출한 사람들로 보인다고 말했다.

한편 극소수지만 이번 연구에서 YAP를 가진 것으로 밝혀진 우리나라 사람들은 과거 조상이 일본인과의 혼인관계를 통해 이 유전자를 얻었을 것으로 추정되고 있다. 임진왜란 당시 일본인이었다가 우리나라로 귀화한 사람의 후손의 경우 이번 조사에서 모두 YAP가 없는 것으로 나타난 사실로 미루어 YAP를 가진 한국인들은 임진왜란 훨씬 이전 한반도에서 건너간 야요이족의 후손일 것으로 추정된다.

YAP 유전자를 분석하면 인종간의 근친성을 알 수 있다. 중국에서 비롯된 것으로 보이는 파푸아뉴기니·필리핀·인도네시아인의 모습(왼쪽부터).

Harihara S, Park KS, Omoto K, Pan H.)도 현대 일본인의 형성기라고 하는 야요이 시대부터 일본인은 한국인의 유전인자 65퍼센트 이상이 일치한다고 발표한 바가 있다.

상기의 분석 결과는 실질적인 한일간의 인류학적 협력이 가능하게 되어 2001년 8월에 처음으로 백혈병 치료에 쓰이는 '탯줄혈액'의 교류가 이뤄졌다. 탯줄혈액이란 갓 태어난 아기와 엄마의 태반을 연결하는 탯줄에서 추출한 혈액으로 혈액을 만드는 세포가 풍부해 백혈병 환자 등에게 이식되는데 본인들의 동의를 얻어 병원 측이 보관한다. 가톨릭의대 조혈모세포 정보은행(소장 한훈 교수)은 동경대학 병원에서 백혈병으로 투병중인 일본인 남자 환자에게 쓰일 한국인의 탯줄혈액을 제공한 바가 있다. 한훈 교수는 "한국인과 일본인간의 유전학적 인자가 비슷하기 때문에 탯줄혈액 정보를 서로 공유하고 있다"고 밝혔다. 탯줄혈액 이식은 백혈병 등에 쓰이는 새로운 치료술로 탯줄혈액에는 백혈구, 적혈구 등을 만드는 조혈모(造血母)세포가 풍부하게 있어 기존의 골수이식보다 성공률이 매우 높다. 논술한 바 숙명적인 한일관계는 우연인 것은 아닐 것이 확실하다. 지형적 관계, 역사적 관계, 혈통적 관계가 단순한 우연으로 치부하기엔 곤란할 정도로 일치하는 점이 많다는 것이다.

일본 역사의 무대인 일본열도의 기원은 대부분의 일본 지질학자들의 견해가 대륙과 연결되어 즉 한반도와 연결되어 있었으나 지질학상 제4기 홍적세(洪積世)라고 일컬어지는 대 홍수설, 혹은 빙하기에 의한 지축의 변화로 한반도와 떨어져 오늘의 섬나라 일본을 이루어 온 것이라 한다. 또 하나 역사학자들의 일치하는 것은 일본인들의 루트이다. 본래 일본열도에는 홋카이도(北海道)에 先主했던 아이누족과 오키나와(沖繩)에 先主했던 류큐족이 있었을 뿐 소위 일본 본토에는 여러 루트를 통하여 들어온 자들이 일본인의 조상이 되었다는 것이다. 일반적으로 교과서에도 언급하고 있는 4가지 루트는 아래와 같다.

1) 북방루트: 시베리아와 연해주의 민족과 문화가 들어오는 길이었다고 한다. 홍적세의 최종 빙하기에는 사할린, 홋카이도, 일본 본토 사이에 육지와 같이 연결되어 있어 구석기시대 후기의 인류가 일본에 이주해 왔다고 보는 설이다. 이 설에 대하여 인류가 구대륙에서 신대륙으로 이동하는 큰 루트 사이에 일본이 접촉되어 있었기에 작

〈도표 4-6〉 게놈분석으로 규명된 아시아인의 이동경로

은 가지와 같이 형성되었다고 설명을 부언한다. 그 증거의 하나로 일본 신화에는 시베리아 족속의 신화와 비슷한 점이 많이 있다고 한다.

2) 동지나해 루트: 중국의 양자강 하구에서 동방 해변에 이르는 곳으로부터 바다를 건너오는 길은 중국과 일본을 연결하는 가장 가까운 최단거리가 되며 벼농사를 전달받은 루트가 아니었는가 하는 주장이 있다. 이 주장의 배경에는 일본인이 문신을 즐기는 습관이나 생선류를 좋아하며, 그리고 즐기는 의복이 중국의 福建省의 사람들과 닮았으며 체질적으로 혈액형도 비슷하다는 설이다.

3) 오키나와 루트: 일본의 근해에는 남쪽 바다 오키나와를 지나 동해로 흐르는 대마(對馬) 해류와 일본열도의 동측을 북상하는 일본 해류가 있다. 이 두 해류를 따라 남방의 문화가 일본에 유입되었다는 설이다. 동남아시아와의 관계에 대하여는 여러 가지 반론도 적지 않지만 해양을 무대로 활동하며 일본의 창조 신화의 주인공인 이자나기(伊邪那岐神), 이자나미(伊邪那美神)의 두 신의 이야기라든지 팔백만 신들의 최고의 신으로 일컬어지는 아마데라스오오가미(天照大神)의 신화, 결혼한 후에도 부인과 떨어져 살며 부인의 집을 방문하며 사는 모계사회체제 등이 남방으로부터

의 영향이라고 하며 이 설을 지지한다.

4) 한반도 루트: 이 설은 대륙으로부터 일본에 건너가기에 가장 용이한 루트라 하겠다. 빙하기의 대마도 지역은 구석기 시대의 사람이라 할지라도 자유로이 왕래가 가능했으리라 본다. 물론 고대 중국이나 고대 한국도 바다 건너 일본열도가 있음을 알았을 것이다. 우랄알타이어계와의 관계가 형성된 것도 이 루트이며 天孫降臨神話 등의 영향이 한국과 북아시아의 신화의 영향을 받았으리라 추정을 한다. 심지어 금속문화, 불교문화와 같은 고등문화가 이 루트에 의한 것이며 특히 체질적 인류학상 일본인과 한국인이 매우 유사한 점은 이 루트를 더욱 확정케 한다. 이후 한국의 삼국(고구려, 백제, 신라)과의 왕성한 교류가 오래 동안 지속된 것과 한국인의 일본 귀화가 많은 것도 이 루트를 더욱 지지하고 있다.

(4) 기업에서의 품질한국 선언

우리나라가 수출 1억불을 달성한 것이 1964년으로서 1,000억불을 달성한 것이 31년 후인 1995년인데 일본도 1948년 1억불을 달성하고 31년 후인 1981년 1,000억불을 달성하였던 것이다.

일본이 31년이면 우리도 31년 하는 식으로 1년도 단축되지 않는 것은 일본이 실수하면 우리도 실수하고 일본이 성공을 하면 우리도 성공을 했기 때문이다. 이런 일이 왜 발생할까? 우리나라 사람들이 일본 공부를 안 하고, 미국 공부만 해서 그렇다. 그런데 미국하고 한국은 너무 격차가 크다 보니까 우리한테 별로 도움이 안 된다. 미국의 정책은 우리와는 너무 멀리 있는 것이다. 그런데 일본은 우리가 쫓아갈 수 있는 시야에 있다. 그들이 한 번 성공한 것을 우리한테 하면 성공할 확률이 굉장히 높다. 그런데 미국은 아니다. 바꾸어 말하면 눈높이 경영을 해야 한다.

박정희 대통령은 일본 경제 산업 발달사의 대가이다. 박정희 대통령은 특히 일본 경제 공부만 했다. 일본 경제사라는 딱딱한 책도 읽었고, 일본 신문을 공수 받아서 그때마다 꼼꼼히 읽었다. 그런데 이 양반이 여기까지만 읽으면 되는데, 그 뒤에 있는 메이지 유신까지 읽어가지고 문제가 생긴 것이다. 그 다음으로 가장 일본 공부를 많이 한 사람이 고 이병철 회장이다. 이 사람은 연말이 되면 항상 일본에 가서 일본을 보면서 동경구상이라는 것을 했다. 그래서 실패를 적게 한 기업인으로 분류된다. 이건희 회장도 와세다 대학을 나왔다. 이건희 회장이 돈이 없어서 일본 대학으로 갔겠는가? 아들 이재용 부사장도 하버드 대학에서 경영학을 하기도 했지만 게이오 대학 MBA과정을 나왔다(미국으로

안 보내고 일본으로 보냈다). 일본을 알아야 되니까. 일본을 배워야 한다는 것이 삼성이 갖고 있는 기본적인 생각이다. 그래서 삼성은 컨설팅을 받아도 일본 컨설팅을 받는다. 삼성전자에서는 무라다라는 일본 컨설턴트로부터 25년 동안 컨설팅을 받고 있다. 눈높이가 비슷한 대상으로부터 배우겠다는 의미이다.

기업하는 분들은 일본 산업 발달사를 읽어서 자기가 영위하는 사업이 1980년대에는 일본에 있었는데 1990년대에는 없어졌다면 자기 사업의 진퇴를 심각하게 검토해 보아야 한다는 것을 의미한다. 제당산업 같으면 일본의 아지노모토를 벤치마킹하는 것이 좋다. 잘 아는 바와 같이 사람들은 소득이 늘면 설탕 소비량이 늘지만 어느 수준을 벗어나면 다시 줄도록 되어 있다. 일본의 아지노모토를 보면 1968년부터 설탕 매출이 준다. 그렇다면 우리나라의 제당산업의 경우도 1993년부터는 설탕 소비는 줄 것으로 예측하고 다른 산업 즉 육가공이나 제약 업종 등으로의 전환이 필요한 것이다. 일본의 산업 발달사를 보면 일본이 미국에 자동차를 수출한 것이 1958년으로서 우리나라의 1983년 보다 25년이 앞서고 수출 100만 대를 돌파한 것이 일본이 1970년으로서 우리나라의 1995년과 정확히 25년의 차이가 있다. 모자동차 고위층에 내가 오늘과 같은 자동차 산업의 과잉 투자의 후유증을 예언할 수 있었던 것도 1970년 일본의 마쯔다가 우리나라의 기아와 같이 부도가 나서 포드의 도움을 받았던 사례를 알고 있었기 때문이다. 그 당시 일본도 이유는 조금 다르지만 지금 우리나라가 겪는 것과 똑같은 외환위기를 겪었다. 최근에 한국보고서에서 가격으로는 중국을 당할 수 없고 기술로는 일본을 당할 수 없어서 호두 크래커 속에 들어 있는 호두 신세로 우리 경제를 폄하한 부츠 앨런이 만일 일본을 갔다면 틀림없이 기술로는 미국을 못 당하고 가격으로는 한국을 못 당해서 호두 크래커 속에 갇힌 호두 신세로 일본을 표현했을 것이다. 그 당시 일본은 1차 오일 쇼크 때문에 전 산업이 도산하고 마이너스 성장을 기록하게 된다. 여기서 그들은 자원 빈국으로서 미국과 경쟁하기 위해서는 확실한 비교우위를 점하지 않으면 안 된다는 것을 발견하게 되는데 그것이 바로 품질일본의 화두였다. 우리가 중국과의 경쟁에서 품질 전략을 선택했을 때 필연적으로 부딪치는 것이 일본과의 경제 전쟁이다. 여기서 일본을 이기기 위해서는 두 가지의 선결 과제가 있다. 그 하나는 일본에 대한 무차별 적대감을 없애는 것이고 또 하나는 일본을 절대로 이길 수 없다는 식민지배에 대한 열등감에서 벗어나는 것이다. 이러한 현상이 일본에서도 이미 있었던 현상이다.

일본의 도요타자동차와 한국의 현대자동차의 격차를 보면 25년의 격차가 있음을 실감하게 된다. 창립연도는 약 30년, 미주

〈도표 4-7〉 도요타자동차와 현대자동차 비교

비교항목	도요타자동차(A)	현대자동차(B)	격차
창립연도	1997년	1967년	30년
미주수출	1958년(미국)	1983년(캐나다)	25년
생산100만대	1962년	1986년	24년
수출100만대	1969년	1988년	19년
생산대수(2009년)	781만대	464만대	
매출액(억$)	111조 2,980억 원	31조 8,593억 원	
순이익(억$)	1조 원 예상	2조 2,350억 원	
종업원 수	71,166명	55,984명	

수출은 25년, 생산 100만 대 돌파는 24년, 수출 100만 대 돌파는 19년의 격차로 점점 격차가 줄어들고는 있으나 전체적으로 25년의 격차를 실감하게 된다. 이런 결과를 다르게 해석하면 지금 일본의 도요타가 세계 제일의 자동차 회사라는 것을 감안하면 20년 전후에 우리 현대자동차가 세계 제일의 회사가 될 가능성을 예측하게 된다. 일본의 도요타자동차가 1957년 미국에 자동차를 수출해서 망신을 당한다. 그런데 우리나라의 현대 자동차도 1986년에 미국에 자동차를 수출해 가지고 망신을 당한다. 자동차라는 게 사람 목숨과 직결되는 것이기 때문에 안전해야 되는데 안전을 생각하지 않고 만들어서 망신을 당한 것이다. 한 · 중 · 일이 똑같다. 25년 차이로 가서 당한다. 도요타가 망신당하고 오면, 현대가 가서 망신당하고, 또 현대가 그러고 오면

상하이 자동차가 가서 망신당하고 오는 것이 모두 다 똑같다. 물론 시간상의 격차는 있지만 생긴 모양이 비슷해서인지 동양 삼국의 행태가 비슷하다. 한국의 조선 산업이 잘 나간다고 하지만 나는 10년 내에 한국의 조선 산업이 어려움을 겪게 될 것이라고 본다. 왜 어려움을 겪게 될 것인지는 일본이 왜 어려움을 겪었는가를 보면 안다. 그것은 일본의 조선업계의 노령화 문제였다. 종업원이 왜 문제냐 하면 50대 집단 정년이 문제였다. 당시 일본의 히타치 조선소의 종업원이 41,000명인데, 정년 예정자가 8,600명이었다. 종업원들의 평균 연령이 54세였다. 54세면 돋보기 쓰고 용접을 해야 한다. 그래서 어려움을 겪게 된 것이다. 그런데 우리 H중공업에 가보면 알겠지만, 종업원들이 노사분규를 안 한다. 그 대신에 현 종업원에 대한 종신 고용이 보장된다. 그러다 보니 현 종업원의 평균 연령이 47세나 된다. 그런데 매년 0.5살씩 높아지고 있다. 왜냐하면 신입 사원을 뽑지 못하고 있는 사람을 그대로 가지고 가기 때문이다. 그렇다면 14년 내에 일본 히타치 수준의 평균 54세가 되는 것이다. 그러니까 그냥 피상적인 모습만 보고 H중공업이 호황이네 이런 식으로 보면 안 된다는 것이다. 일본의 중공업 회사들이 어떻게 해서 망했는가를 보면서 우리가 어떻게 해야 할 것인가를 알아야 한다. 또 하나 우리 조선 공업이 부딪칠 가장 중요한 문제가 이공계 기피 현상이다. 갈수록 현금의 H중공업의 임원진 같은 이공계 인재를 더 이상 한국에서 조달하기 어렵다는 것이다. 옛날의 서울 공대 출신이 지금은 아니라는 것이다. 우리 조선 산업이 살려고 한다면 지금 의대나 한의대 가는 실력의 이공계 수험생이 조선공학이나 기계공학을 전공하도록 유도하는 유인책이 없이는 우리 조선 공업의 미래를 보장할 방법이 없다.

일본의 자살문제가 생겼듯이, 우리나라가 자살문제가 생길 것이고, 일본의 대학등록금 투쟁, 우리나라의 등록금 투쟁. 일본 대학의 부채, 한국 대학의 부채. 일본 대학들이 인도학생 유치하러 다녔듯이 우리나라도 유치하러 가야 되고, 국립대학 합병, 산업공동화 이공계 인재 문제 이런 모든 것이 차례로 발생하게 된다.

(5) 극일은 품질한국으로 해야 한다

국제 관계란 영원한 적도 동지도 없다 다만 이해관계에 의해서 이합집산이 있을 뿐이다. 이제 우리는 일본을 원수의 나라로 보기보다는 우리가 그들의 선진 문명을 받아 들여서 제자가 스승을 이기는 것이 은혜를 갚는 것과 같이 극복해야할 경제적 상대에 불과한 것이다. 우리가 진정으로 일본을 이기는 것은 일본국왕의 사죄를 받는 것도 아니고 일본인들이 야스쿠니 신사에 참배하는 것을 반대하는 것도 아니다. 지금과 같은 경제 전쟁 시대에는 우리 제품의 품질이 일본 것을 앞서서 일본 시장에서 한국 제품이 일본 시장을 석권하는 것이 될 것이다. 진정한 극일은 품질한국으로 해야 한다는 것이다.

그런데 최근의 코트라는 '부품소재 대일 수출경쟁력 제고방안' 보고서에 의하면 한국 부품소재기업이 일본 부품소재기업에 비해 가격 대비 품질은 앞서는 반면 애프터서비스에서는 크게 뒤지는 것으로 나타났다. 한국 부품을 수입하는 일본 바이어 429개사를 설문소사한 결과 이같이 나타났다고 한다. 동 보고서에 따르면 제조 기술 수준, 가격 대비 품질, 납기준수, 애프터서비스 등 4가지 기준이 적용된 이번 조사에서 우리 기업이 일본 기업에 앞선 항목은 가격 대비 품질이었으며, 나머지 항목에서는 모두 일본 기업들이 앞선 것으로 나타났다. 그중에서도 애프터서비스에서 한·일 기업 간 격차가 가장 큰 것으로 조사됐다. 항목별 10점 만점인 이번 조사에서 일본 기업은 애프터서비스에서 9.0점을 받아 7.8점에 그친 한국 기업에 1.2점이 앞섰다. 그 다음으로는 제조기술수준과 납기준수가 각각 0.9점의 격차를 보였으며, 가격 대비 품질에서는 0.7점 차이로 한국 기업이 일본 기업에 앞선 것으로 나타났다. 또한 중국, 대만, 미국 등 경쟁국과의 비교에서는 한국 기업이 전 항목에서 앞선 것으로 조사됐는데 애프터서비스에서 1.9점, 제조 기술 수준 1.4점, 납기준수 1.2점, 가격 대비 품질 0.5점의 순으로 경쟁국에 앞섰다.

한국 부품에 대한 만족도 조사에서는 부품의 기능(8.3점), 기업의 신뢰성(8.2점), 부품의 품질(8.1점)이 높은 점수를 받았고, 기업규모(7.4점), 애프터서비스(7.6점), 기술수준(7.7점)에서는 낮은 점수를 받았다. 또한 조사에 응한 일본 바이어들의 30.5%가 앞으로 한국과의 거래를 확대할 것이라고 답했으며, 축소할 것이라고 답한 비율은 1.2%에 그쳐 앞으로 우리 부품의 일본 수출이 확대될 것으로 전망됐다. 한국을 방문한 경험이 있는 351명의 일본 바이어가 밝힌 한국 방문 시 애로사항으로는 커뮤니케이션(언어) 불편이 30.8%로 가장 많았고, 한국 측의 준비 부족(21.9%)과 교통불편(18.8%)을 호소한 경우도 많았다. 초 엔고 시대를 맞아 한국 부품을 찾는 일본 기업이 늘어나고 있지만 우리 기업들이 개선해야 할 점이 많다. 바로 품질한국을 선언하는 일이다.

5. 미국의 제조업에 희망이 없다

버락 오바마 미국 대통령은 2009년 4월14일에 워싱턴 조지타운대학에서 학생들에게 한 연설에서 "내가 보고 싶은 변화는 최고의 똑똑한 인재들이 무언가 만드는 일에 자신을 던지는 것"이라며 이런 일을 하는 직업으로 엔지니어·과학자·혁신가(innovators) 등을 꼽았다. 그는 "매우 오랫동안 최고의 인재들이 숫자를 만지고 복잡한 금융계산을 하는 일에 종사했다"며 "그것도 좋은 일이고 필요한 일"이라고 말했다. 하지만 오바마 대통령은 "우리에게 정말 필요한 것은 물건을 만들어서 외국에 수출할 수 있는 좀 더 많은 과학자와 좀 더 많은 엔지니어"라고 강조했다. 미국 경제를 선도했던 금융이 부패와 방종을 초래한 만큼, 오히려 미래의 엘리트들이 미국 제조업의 경쟁력을 되찾는 일에 뛰어들기를 바란다는 희망을 피력한 것이다. 이것은 버락 오바마 미국 대통령이 미국 제조업의 문제를 정확히 지적한 것이다. 그러나 이러한 대통령의 지적만으로 돌리기에는 미국 제조업의 병은 중증에 가깝다.

(1) 미국 국제 경쟁력의 현주소

2010년 10월 중국 정부의 싱크탱크인 중국 사회과학원이 국가경쟁력을 독자적 기준으로 계측해 공표했다. 이번에 발표된 국가경쟁력 순위에 따르면 미국이 1위에 올랐다. 흥미로운 것은 한국이 종합경쟁력 4위로 평가받았다는 점이다. 중국은 17위에 머물렀지만 2020년엔 5위권, 2050년엔 미국에 이어 경제규모·실력이 2위로 뛰어올라 진정한 주요 2개국(G2)로 부상한다는 예측이다. 이번 국가경쟁력 계측을 주도한 곳은 사회과학원 내 '도시·경쟁력연구센터'다. 세계 100개국 경제, 문화 등을 비교·분석해 1990~2008년 경쟁력을 독자적으로 평가해 순위를 매겼다. 그 결과를 '2010년 국가경쟁력 청서'에 담아 발표했다. 청서는 지난 90년 73위에 머물던 중국이 이번에 17위로 급부상했다고 평가하면서도 "경제규모 면에선 일본을 추월했다 해도 전반적 경쟁력 면에선 아직 못 미친다"고 평가했다. 중국이 경제규모가 크긴 하지만 아직 고급인재지수, 교육·건강지수 등 종합적 경쟁력은 미국 등 선진국과 격차가 크다는 진단이다. 사회과학원 국가경쟁력 계측은 투입과 산출부문으로 나눠 총 199개 항목을 평가하며 설문 없이 세계은행 발표 자료를 비롯한 객관적 데이터만 이용한 게 특징이다. 투입부문은 G20 국가(2004~2008년)만

〈도표 5-1〉 국가경쟁력 순위 비교

순위	WEF(2011년)	IMD(2010년)	中 사회과학원(2010년)
1	스위스	싱가포르	미국
2	스웨덴	홍콩	유럽연합(EU)
3	싱가포르	미국	일본
4	미국	스위스	한국
5	독일	호주	싱가포르
6	일본	스웨덴	독일
7	핀란드	캐나다	영국
8	네덜란드	대만	네달란드
9	덴마크	노르웨이	스위스
10	캐나다	말레이시아	프랑스
기타	한국 22위 중국 27위 홍콩 11위 대만 13위	한국 23위 중국 18위	중국 17위
방식	설문(80개 항목) +통계(31개 항목)	설문(110개 항목) +통계(135개 항목)	투입+산출부문 (199개 항목)
주기	매년 9월	매년 5월	내년부터 매년
대상	39개국	58개국	100개국

평가했고, 산출부문은 100개 국가(1990~2008년)를 망라해 계측했다. 종합순위는 효율성·혁신 등의 평가에 무게를 둔 산출부문을 기준으로 잡았다. 한국이 국가경쟁력 종합 4위에 오른 것은 효율성·혁신 성과에 높은 점수를 받았기 때문이란 게 사회과학원 측 설명이다. EU가 2위에 오르긴 했지만 전체를 통합해서 따

졌을 때이고 개별 소속 국가는 한국보다도 경쟁력이 처지는 것으로 평가됐다. 미국은 IMD에서는 3위, WEF에서는 4위로 중국 사회과학원 수준보다는 낮지만 높은 수준으로 평가되고 있다. 2010년 5월 IMD가 발표한 국가경쟁력 순위는 1위가 싱가포르였고, 미국은 3위, 중국은 18위, 한국은 23위, 일본은 27위였다. WEF가 2011년 9월 발표한 국가경쟁력 평가에선 스위스가 1위를 차지했고, 싱가포르는 3위, 미국은 4위, 일본은 8위, 한국은 22위, 중국은 27위에 올랐다.

〈도표 5-2〉 미국 무역수지 추이

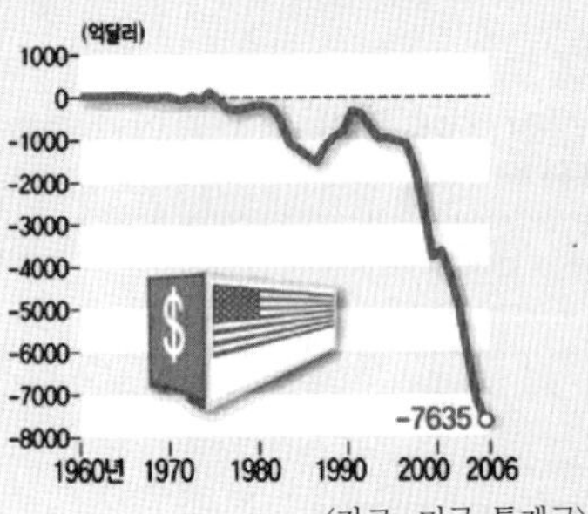

〈자료: 미국 통계국〉

그런데 문제는 〈도표 5-2〉에서 보는 바와 같이 미국의 무역수지 적자가 천문학적인 수치로 증가하고 있다는 것이다. 이것은 몇 가지 측면에서 바라보아야 하는데 하나는 세계적인 국가경쟁력 평가라는 것이 임의적이라는 것을 의미하고 또 하나는 미국의 비제조업의 경쟁력은 막강하나 제조업의 경쟁력에는 문제가 심각하다는 것을 의미하는 것이다.

(2) 미국 제조업의 문제

2010년 미국 제조업 일자리가 13년 만에 처음으로 증가한 것으로 나타났다. 미 정부 통계를 보면 2010년 미국 내 제조업 부문 일자리가 13만 6,000개(1.2%) 늘었다고 한다. 미국의 제조업 일자리가 증가한 것은 1997년 이후 처음이다. 경제전문가들은 제조업의 일자리가 2011년 더욱 확대돼 33만 개(2.5%)의 일자리가 새로 생길 것으로 전망했다. 그러나 1997년 이후 사라진 600만 개의 일자리에 비해 부족한 수준이나. 현재 미국에서 제조업은 전체 비농업부문 일자리의 약 9%를 차지하고 있다. 제조업 근로자의 평균 급여는 시간당 약 22달러로 서비스업 평균의 2배 수준임에도 불구하고 제조업을 기피하는 현상은 계속되고 있는 것이다. 〈도표 5-3〉에서 보는 바와 같이 1955년만 해도 미국 제조업의 경쟁력은 세계 최고로서 전 산업에 차지하는 비중이 30%에 달했다. 그러나 지금은 10%

〈도표 5-3〉 미국 산업구조

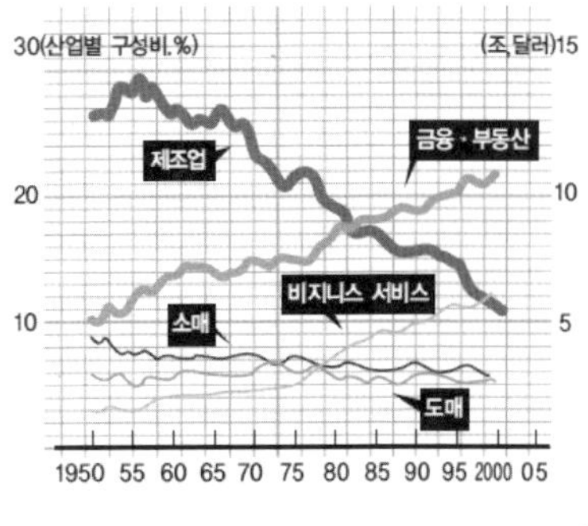

전후로 추락한 것이다.

우리는 미국을 여행하면서 미국에서 미제(Made in USA)를 구경하기가 힘들다는 것을 발견하고 놀란다. 자동차와 자동차 기름 그리고 비행기 이외에 미제를 살 수가 없다. 물론 GE사의 제품은 있으나 거의 모두 메이드 인 아시아가 대부분이다. 물론 미국 제조업에서 다른 나라에 비해서 월등한 경쟁력을 갖는 제품이 없는 것은 아니다. 인공위성 산업, 군수산업, 그리고 항공기의 경쟁력은 아직도 세계적으로 막강하여 타의 추종을 불허한다.

그러나 일반 제품의 경우 거의 바닥 수준이다. 월스트리트 저널에 의하면 〈도표 5-4〉에서 알 수 있듯이 애플사의 아이폰 도매가격 179달러의 원가구성에서 미국의 비중은 6%에 불과하다. 그 나머지는 일본이 34%, 독일 17%, 한국 13%, 중국이 3.6%를 차지한 것으로 조사됐다. 월스트리트저널(WSJ)은 미국은 아이폰 한 품목만으로 연간 19억 달러의 대중(對中) 무역적자가 발생한다. 그러나 최종 조립만 중국에서 이뤄졌을 뿐 개발과 설계(미국), 부품 공급(한국 등) 등이 전 세계적으로 이뤄지고 있다. 통계상으로 19억 달러인 아이폰의 대중 적자도 대일본 적자 5억 6,300만 달러, 독일과 한국에 대한 적자 2억 1,900만 달러와 1억 3,800만 달러로 나뉘게 된다. 대중국 수지는 오히려 4,800만 달러 흑자로 바뀐다.

〈도표 5-4〉 미국 아이폰 무역수지

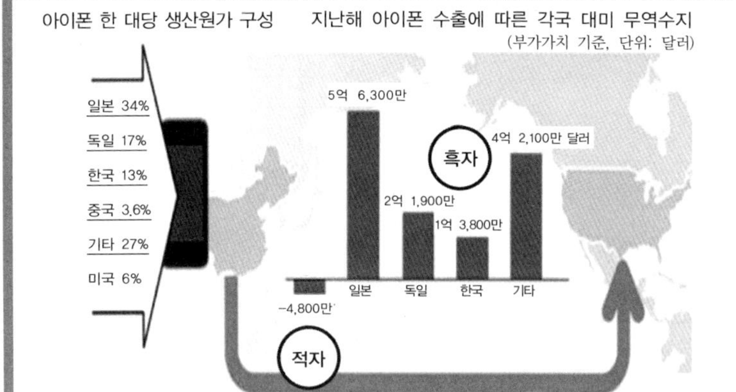

〈자료: 월스트리트 저널〉

(3) 미국의 제조업의 현실을 보여주는 두 가지 뉴스

지난해에 정몽구 현대차그룹 회장(오른쪽)과 아놀드 슈왈제네거 캘리포니아 주지사(왼쪽)가 KTX를 시승하면서 환담을 나누고 있는 장면을 보면서 우리 국민은 감회에 젖었을 것이다. 60년 전만 해도 우리가 바라볼 수도 없었던 미국이 고속철도 하나를 제대로 만들지 못해서 한국으로 사러 와서 시승을 하고 있다는 것은 그 자체만으로도 우리 국민을 들뜨게 하였을 것이다. 현재 캘리포니아 주에서는 고속철도 사업에 대한 환경영향 평가 등 현지 노선 검토가 활발히 진행되고 있으며, 전체 사업 수행 구도를 다

〈사진 5-1〉 아놀드 슈왈제네거 주지사와 정몽구 회장

각적으로 구상하고 있다. 캘리포니아 주정부는 연방정부와 함께 플로리다와 캘리포니아 등 13개 노선에 1만 3,760km 규모의 고속철도를 건설할 계획이다. 총사업규모는 430억 달러(약 49조 9,000억 원)로, 내년에 입찰을 시작해 2020년 전에 공사 완공을 목표로 하고 있다. 현대차그룹의 일원인 현대로템은 철도차량 제작을 전문으로 하는 기업으로 2000년부터 약 10년간 고속철도 차량을 설계, 제작, 납품해 왔다.

또 하나 우리를 감격하게 하는 것은 버락 오바마 미국 대통령이 2010년 7월 LG화학의 미국 전기자동차 공장 기공식에 참석했다는 사실이다. 미국 대통령이 미국 업체도 아닌 한국 기업의

〈사진 5-2〉 오바마 대통령과 구본무 회장

행사에 참석한 것은 매우 이례적인 일이다. 오바마 대통령은 이날 오후 미 미시간 주 홀랜드에서 열린 기공식에 참석, 축사를 통해 "이곳에 전기자동차용 배터리 공장을 건설하는 것은 단지 새 공장 건설 이상의 의미가 있다"면서 "도시와 주(州), 국가를 위해 더 나은 미래를 건설하는 것으로, 미국 경제에 매우 중요하다"고 말했다. 이 정도의 공장 기공식은 우리나라 대통령도 참석하지 않는 규모로 미국 대통령이 직접 참석해서 삽질을 했다는 것만으로 미국의 제조업의 종말을 의미하는 것이다.

(4) 미국 제조업을 어렵게 하는 3가지 이유

1) 우수한 이공계 출신의 MBA 진출

버락 오바마 미국 대통령이 워싱턴 조지타운대학에서 지적한 바와 같이 우수 인력이 이공계 대신 금융 등 '경영' 분야로 과도

〈도표 5-5〉 미국 유명 MBA 스쿨 출신의 평균 기본연봉

순위	MBA 스쿨	점수 (Index)	GMAT 평균점수	평균 기준연봉 (달러)	입학률 (%)	학비 (달러)	수료 시 고용 제의 (Job offer)비율
1	하버드대	100	730	110,000	11%	112,400	87%
2	스탠포드대	99.1	730	120,000	6%	106,236	79%
3	시카고대 부스(Booth)	98.5	720	102,000	22%	99,953	82%
4	펜실베니아대 와튼(Wharton)	98.1	720	110,000	17%	110,361	79%
5	콜롬비아대	94.1	713	100,000	15%	107,824	73%
6	다트머스대 터크(Tuck)	94	720	105,000	20%	104,700	90%
7	노스웨스턴대 캘로그(Kellogg)	93.4	720	105,000	19%	102,990	80%
8	MIT 슬론(Sloan)	92.8	720	110,000	13%	101,250	84%
9	UC버클리 하스(Haas)	90.8	710	110,000	12%	83,360(거주) 99,294(비거주)	72%
10	듀크대 후쿠아(Fukua)	88.7	700	100,000	24%	99,492	71%

하게 집중되며 월가 발 금융위기를 자초했다. 〈도표 5-5〉에서 보는 바와 같이 MBA를 졸업하게 되면 평균 연봉이 하버드 대학 11만 달러에서 스탠포드 대학의 12만 달러, 가장 낮은 연봉의 대학이 10만 달러에 이르고 있다. 이는 이공계 박사학위소유자의 초임에 비해서 30% 이상 높은 수준이다.

여기서 우리가 알아야 할 사항은 미국의 MBA는 경영학 석사과정이라기보다는 우수한 공대생들의 학력 세탁의 장이 되고 있는 것이다. 바꾸어 말하면 MBA의 입학생의 절반 이상이 이공계 출신 학생들인 것이다. 이러한 경향은 서울대 글로벌 MBA에서도 확인할 수 있는 결과이다. 서울대 경영대에 따르면 2008학년도 글로벌 MBA 1학기 입학생 55명의 나이와 직장 경력, 학부 전공 등을 분석한 결과 공대 출신이 경영·경제학과를 모두 더한 것보다 글로벌 MBA 진학자 수가 앞섰다. 학부 전공이 공대(Engineering)인 학생이 27%로 가장 많았고, 경제·경영(Economics·Business) 전공은 26%로 나타났다. 이어 사회과학·법대 20%, 인문대 15%, 자연과학 7%, 기

〈도표 5-6〉 서울대 MBA 진학 학부 전공비율

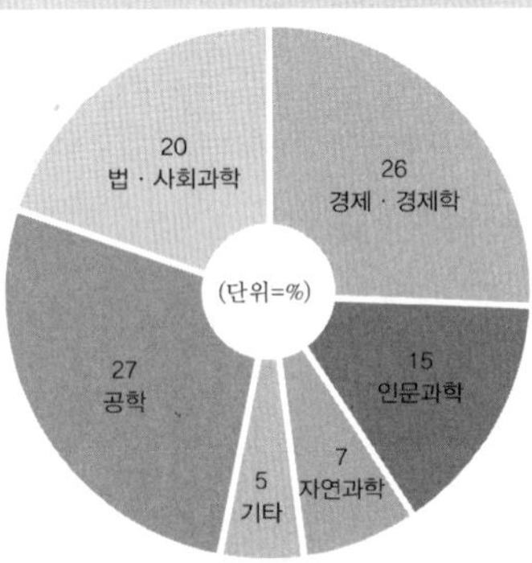

타 5% 순이었다.

2) 이공계 출신의 금융공학 진출

오바마가 지적한 바와 같이 매우 오랫동안 최고의 인재들이 숫자를 만지고 복잡한 금융계산을 하는 일에 종사했다. 물론 그것도 좋은 일이고 필요한 일이다. 그런데 이것이 미국의 종말을 예고하는 지표가 되는 것이다.

$$\mathbf{Pr}[T_A<1, T_B<1] = \Phi_2(\Phi^{-1}(F_A(1)), \Phi^{-1}(F_B(1)), \gamma)$$

고대 비문 같기도, 외계 문자 같기도 한 이 공식의 정체는 '가우시안 코플라 함수(Gaussian Copula Function)'다. 창안자는 '데이비드 리'라는 중국계 금융공학자다. '월가를 무너뜨린 악마의 함수' '지옥에서 온 공식' 등의 수식어로 논의되는 공식이다. 코플라 함수는 얽히고설킨 변수들마다 가격을 매겨, 전체 기댓값을 구하기 위해 고안됐다. 지난 2000년 이 공식이 학술지에 처음 등장하자, 월가는 그 무한한 가능성을 놓치지 않았다. 돈벌이의 귀재들은 즉각 이 공식을 모기지 채권 유동화에 활용했다. 가격산정의 불확실성 때문에 지지부진하던 부채담보부증권(CDO)의 전성기가 열린 것이다. 모기지론은 돈을 빌리는 사람의 신용등급에 따라 높은 순서부터 프라임(prime), 알트에이(Alt-A) 및 서브프라임(subprime)으로 나눈다. 그러니까 서브프라임 모기지는 대체로 신용도가 낮은 저소득층에게 상대적으로 높은 이자를 받고 빌려주는 돈, 우리식 표현으로는 '우량'의 반대인 '비우량' 주택담보대출인 셈이다. 그런데 여기서 코플라 함수는 돈을 빌릴 사람의 인적사항을 넣으면 그 사람에게 돈을 떼일 리스크를 계산해 주는 공식인 것이다. 와이어드매거진에 따르면 이에 힘입어 지난 2000년 2,750억 달러에 불과하던 CDO 시장은 2006년 4조 7,000억 달러로 급팽창했다. 이 시기 CDO는 흥행보증 수표였다. 애초부터 리스크가 커 수익성이 높았던 상품에 판매자의 신용보강이 더해져 높은 신용등급까지 부여됐기 때문이다. 은행들은

이렇게 모기지 채권을 유동화한 자금으로 다시 부동산대출을 남발했다. 신용도가 낮은 사람들에게까지 미끼금리를 내걸어 집을 사도록 꼬드겼다. 집값은 계속 올랐고 모두가 행복해 하는 나날이 이어졌다. 가계는 집값이 오르자 더 많은 빚을 얻어 소비를 즐겼고, 월가의 대형은행과 투자은행 헤지펀드 보험사들도 모기지와 모기지 파생상품으로 목돈을 챙겼다. 그러나 행복은 오래 가지 않았다. 부동산 경기가 거꾸러지자 여기저기 사상자가 속출했다. 리먼브러더스와 메릴린치 등 기라성 같은 투자은행이 문을 닫았다. 수수료를 받고 채권의 부도위험을 떠안았던 신용디폴트스왑(CDS) 투자자들도 뒤통수를 맞았다. 세계 최대 보험사 AIG도 이렇게 망가졌다. 호황기 때 막대한 레버리지(부채)를 일으켜 모기지 파생상품에 투자했던 금융회사들은 부도를 피하기 위해 서둘러 보유 중이던 주식과 채권 상품선물을 팔아대기 시작했다. 거대한 디레버리지(Deleverage)의 물결 앞에 전 세계 금융시장이 일제히 비명을 질러댔다.

여기서 머리가 좋은 이공계 출신들에게 정말 필요한 것은 물건을 만들어서 외국에 수출할 수 있는 과학자와 공학자의 길을 포기하고 금융공학으로 가니까 이들이 금융파생상품을 만들어서 금융사기에 그 재능을 활용하게 된 것이다. 그림은 우리나라에서 가장 큰 문제가 되었던 키코 공식이다.

옛날의 문과 출신들이라면 전혀 문제가 되지도 않을 금융 문제가 머리가 좋은 이공계 출신들이 들어가게 되니까 이것이 키코와 같은 문제가 발생하게 되는 것이다. 최근에 이러한 키코 공식 제안을 이유로 노벨경제학상을 받은 3명의 교수 모두가 이공계 출신으로 MBA로 학문적 지평을 넓혔다. 로버트 엥글(Robert F. Engle) 미국 뉴욕대 스턴경영대학원 석좌교수는 새로운 통계 기법을 이용한 경제 예측과 파생상품의 위험도를 평가한 연구로 2003년 노벨경제학상을 받았다. 엥글 교수는 윌리엄스 대학 물리학과를 졸업힌 뒤 코넬대에서 물리학 석사와 경제학 박사 학위를 차례로 받았다. 로버트 재로(Robert A. Jarrow) 코넬대 교수와

KIKO 통화옵션 가격결정모형

❶ 콜옵션과 풋옵션의 가격

▶콜옵션가격 $(c) = S_0 e^{-qT} N(d_1) - K e^{-rT} N(d_2)$

▶풋옵션가격 $(p) = K e^{-rT} N(-d_2) - S_0 e^{-qT} N(-d_1)$

단, $d_1 = \frac{\ln(S_0/K) + (r - q + \sigma^2/2)T}{\sigma\sqrt{T}}$, $d_2 = \frac{\ln(S_0/K) + (r - q - \sigma^2)T}{\sigma\sqrt{T}} = d_1 - \sigma\sqrt{T}$

❷ KIKO 통화옵션 가격결정모형 $p_{do} = p - p_{di}$

단, $p_{di} = -S_0 N(-x_1) e^{-qT} + K e^{-rT} N(-x_1 + \sigma\sqrt{T}) + S_0 e^{-qT} (H/S_0)^{2\lambda} [N(y) - N(y_1)] - K e^{-rT} (H/S_0)^{2\lambda - 2} [N(y - \sigma\sqrt{T}) - N(y_1 - \sigma\sqrt{T})]$

$\lambda = \frac{r - q + \sigma^2/2}{\sigma^2}$, $y = \frac{\ln[H^2/(S_0 K)]}{\sigma\sqrt{T}} + \lambda\sigma\sqrt{T}$,

$x_1 = \frac{\ln(S_0/H)}{\sigma\sqrt{T}} + \lambda\sigma\sqrt{T}$, $y_1 = \frac{\ln(H/S_0)}{\sigma\sqrt{T}} + \lambda\sigma\sqrt{T}$

그리고, $c_{ui} = S_0 N(x_1) e^{-qT} - K e^{-rT} N(x_1 - \sigma\sqrt{T}) - S_0 e^{-qT} (H/S_0)^{2\lambda} [N(-y) - N(-y_1)] + K e^{-rT} (H/S_0)^{2\lambda - 2} [N(-y + \sigma\sqrt{T}) - N(-y_1 + \sigma\sqrt{T})]$

❸ KIKO 통화옵션 가격 $= p_{do} - k \cdot c_{ui}$ (k가 1보다 큰 것이 일반적임)

도움말 / 삼성경제연구소 유정석 수석연구원

스튜어트 턴불(Stuart M. Turnbull) 휴스턴대 교수는 이자율 파생상품, 신용 파생상품, 신용리스크(위험도) 관리 분야에서 권위자다. 이들은 많은 경제 모형과 이론들을 만들어냈다. 재로 교수가 동료 학자들과 만든 HJM 이자율 모형이 대표적이다. 재로 교수는 듀크대에서 수학을 전공한 뒤 다트머스대에서 경영학 석사(MBA) 과정을 밟으면서 경제 분야에 발을 들였다. 매사추세츠공과대학(MIT)에서 금융 분야 박사 학위를 받았다. 턴불 교수는 영국 런던 공립 과학기술대학인 임페리얼 칼리지에서 물리학을 전공한 뒤 캐나다 브리티시 컬럼비아대에서 금융경제학 박사를 받았다. 이상에서 보는 바와 같이 전부 좋은 머리로 제품을 개발하고 특허를 내야 하는 이공계 출신들이 놀음판에 끼어들면서 미국의 경쟁력을 후퇴시킨 주범이 되고 있는 것이다.

(5) 미국의 변호사 수 증가

미국 대학에서 '황금알을 낳는 거위'로 통하는 로스쿨은 매년 증가세다. 2010년 현재 205개로 지난 10년 동안 24개가 늘었다. 매년 15만여 명이 로스쿨에 등록하고 4만 3,000여 명의 변호사가 배출되고 있다. 변호사 일자리는 줄어들고 변호사 숫자는 증가하는 공급 과잉 현상이 전개되고 있다. 설상가상으로 로스쿨

학비는 증가 일로여서 일자리를 잡지 못한 로스쿨 졸업생들의 학자금 대출 파산이 사회문제화하고 있다.

결과적으로 미국은 변호사의 나라가 되고 있는 것이다. 변호사 1인당 인구수를 보면 한국이 7,633명인데 반해서 미국의 경우는 271명에 불과하다. 결과적으로 한국에 비해서 미국은 변호사가 30배가 많은 것이다. 이는 곧 기업을 장애하는 제조물 소송이 한국에 비해서 미국에 30배 많다는 것을 의미하는 것이다.

〈도표 5-7〉 미국 로스쿨 통계

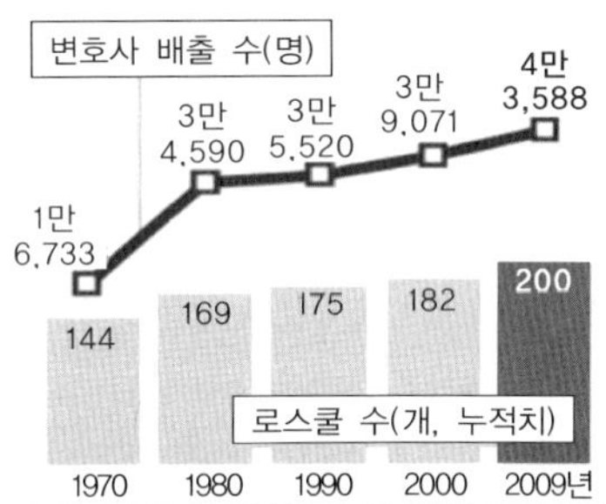

〈자료: 유에스뉴스&월드리포트〉

〈도표 5-8〉

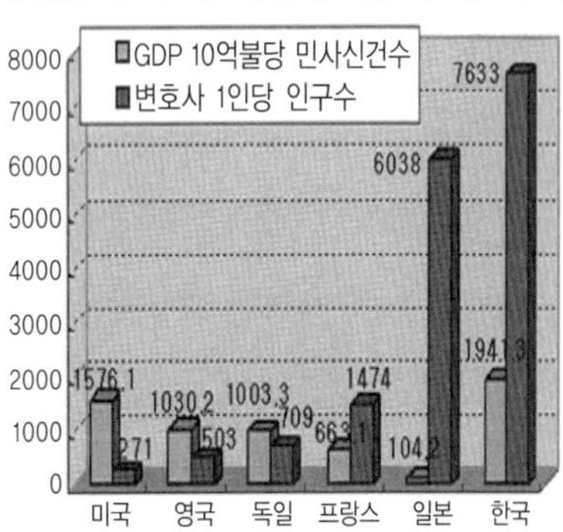

미국에서 기업을 운영하는 데 있어서 가장 어려운 것이 무엇이냐는 질문에 미국 기업들은 PL이 35%, 파업이 25%, 계약 10%, 타 배상책임 6%, 불공정

경쟁 3%, 그리고 주식이 2%로 나타나고 있다. 미국의 제조업의 경쟁력 회복을 위해서 가장 필요한 두 가지 조치를 물으면 그 해답은 바로 미국에서 MBA를 없애는 일이고 둘째는 로스쿨을 없애는 것이라는 농담이 아주 틀린 이야기만은 아니라는 것이 미국의 제조업의 경쟁력 쇠퇴의 변에서 알 수 있는 것이다.

(6) 미국의 제조업 경쟁력을 위한 새로운 도전

최근에 버락 오바마 대통령은 새해 첫 국정연설에서 지금 위기를 '스푸트니크 모멘텀'으로 삼아 '미래의 승리'를 끌어내자고 했다. 스푸트니크 모멘트의 원조는 존 F. 케네디 대통령이다. 1957년 10월 소련이 무인 우주선 '스푸트니크'를 우주궤도에 쏘아올린 것이 계기다. 케네디 대통령은 과학, 교육 투자로 대응했다. 미국항공우주국(NASA)을 만들고, 과학자를 국가 교육 책임자로 올리고, 막대한 예산을 투입했다. 미국의 과학교육은 이때 현대적인 틀이 잡혔고 다른 나라의 모범이 됐다. 1961년 5월 케네디 대통령은 의회연설에서 10년 안에 달나라에 인간을 보내는 프로젝트를 제안하며, 처음 '스푸트니크 모멘트'라고 언급했다. 미국은 1969년 닐 암스트롱과 버즈 올드린이 인류 최초로 달 착륙에 성공, 케네디 대통령의 다짐을 실현했다. 미국이 이공계 교육을 적극 부양하는 것을 골자로 한 차세대 교육제도 개선에 나섰다. 다음 위기를 방지하고 극복 이후에도 미국의 '헤게모니'를 유지하기 위해서는 과학·기술 분야의 영재 육성이 '키워드'라는 게 미국 수뇌부의 판단이다. 특히 100여 명에 가까운 미국 대기업 최고경영자(CEO)들이 정부 지원 하에 이 같은 제도 개선을 사실상 주도하고 있어 이채를 띤다. "글로벌 1위를 유지하기 위해 기업에 필요한 것은 MBA 출신 경영자가 아니라 창의력을 갖춘 공학 인재"라는 게 이들의 아우성이다. 올해 1월 16일(현지시간) 버락 오바마 미 대통령은 백악관에서 안 던칸 교육장관과 주요기업 CEO들이 참석한 가운데 100여 명의 CEO가 주도하는 '방정식을 바꾸자(Change the Equation · CTE)'라는 새 교육 정책을 발표하며 과학·기술·공학·수학 등 4개 과목에 대한 근본적인 개혁을 시도하겠다고 밝혔다. 이 교육정책의 근본적인 목표는 양질의 교사육성 및 교습법 향상을 통해 수준 높은 과학 교육을 제공, 학생들의 흥미를 유발해 이공계 인재를 육성하고 혁신적인 기술 개발을 이끌어 내는 것이다. 정부는 '다음 10년 뒤의 성과'를 목표로 우선 올해 500만 달러를 투자하고 기업들은 각종 민관 협력 프로그램과 자금 지원 등으로 이를 돕게 된다. 오바마 대통령은 "글로벌 1위를 유지하려면 가장 창의적인 제품을 개발하는 게 필수적이지만 그간 이를 무시해 왔다"며 "미국은 국민의 재능과 천재성을 이끌어내 100만 새 직업을 육성하고 우리 상품을 전 세계로 수출해 새 시대를 이끌 것"이라고 말했다. 이 정책에는 크레이그 베럿 전 인텔 회장, 우술라 범즈 전 제록스 회장, 글렌 브리트 타임워너케이블 CEO, 안토니오 페레즈 이스트만 코닥 CEO와 같은 미국 대기업 경영자들과 빌 게이츠재단 및 카네기재단 등 재계의 주요 인사가 고루 참여하고 있다. 미 최초의 여성우주 비행사인 셀리 라이드 등도 적극 가담한다. 이들 인사들은 과학 등 4개 과목 교육정책 입안에 주요한 영향력을 행사하게 된다. 특히 렉스 틸러슨 엑손모빌 회장은 이날 오후 백악관에서 별도의 성명을 발표하며 정부와 CEO들이 힘을 합한 교육제도 개선에 적극 참여하겠다고 밝혔다. 회장이 2012년까지 3년간 과학・수학 분야에 투자하겠다고 밝힌 액수는 1억 2,000만 달러에 달하는 전례 없는 규모다. 실제 미국은 지난 20~25년 동안 과학 교육을 무시한 대가를 톡톡히 치르고 있다는 분석이다. 미국 학생들의 과학성적은 30개 선진국 가운데 21위, 수학은 25위에 불과하다. CNN에 따르면 미국 어린이들이 수학 과학 과목에 대해 떠올리는 이미지는 늙고 병든 과학자와 같이 따분한 것이다. 하지만 미 산업 전문가들은 다음 세기에 등장할 직업의 80%가 수학과 과학 기술을 바탕으로 하게 될 것이라 전망하고 있다. CNN은 "미국의 비즈니스 리더들 역시 이 같은 정책에 고

무돼 있다"며 "그들은 우리의 미래가 새로운 기술 개발을 만드는 데 달려 있음을 잘 알고 있다"고 언급했다. 금융위기 이후 미국은 많은 분야에서 '글로벌 1위'를 빼앗겼지만 혁신적인 정보기술(IT) 제품으로는 기술우위를 바탕으로 독점적 지위를 다름없이 누리고 있기 때문이다. 틸러슨 회장은 "기업 재단을 통해 학생들의 흥미를 유발하는 과학교육을 실시해 보니 AP프로그램(영재 선행학습) 과목 패스율이 전국 평균의 7배가 됐다"며 "기술과 창의력에 의존하는 회사의 리더로서 이 '시대적 미션'에 적극 참여할 것"이라고 말했다. 라이드는 "글로벌 인력과 경쟁하며 미국을 부흥시키려면 차세대에게 영감을 불어넣는 게 필요하다"며 "우리 시대에는 우주 프로그램이 그 역할을 했는데 이제 우리가 학생들에게 휴머니즘을 바탕으로 한 그 같은 대상을 찾아줄 수 있을 것"이라고 말했다.

취임 후 교육개혁을 강조해 온 버락 오바마(Obama) 미 대통령이 최근에 야심찬 계획을 밝혔다. 오바마 대통령은 이날 전국의 우수 수학·과학 교사 100명이 참석한 가운데 열린 '혁신을 위한 교육(Educate to innovate)' 프로그램 2차 모임에서 수학과 과학 실력 증진이 미국의 미래를 좌우한다며 이같이 발표했다. 오바마 대통령은 지난해 11월 23일 미국 학생들의 실력을 증진시키기 위한 '혁신을 위한 교육' 프로그램을 민관(民官)합동으로 출범

〈도표 5-9〉 오바마 대통령이 출범시킨 '혁신을 위한 교육' 프로그램

목표
미국의 뒤처진 수학·과학 교육 증진을 위해 민관(民官)이 협력

방법
5년 내에 수학·과학 교사 10만명을 재교육하고 신규교사 1만명 양성
수학·과학 증진을 위한 각종 프로그램 개발(TV, 게임 등)

재원
정부와 민간이 투자하거나 기부

주요 참여회사
타임워너, 인텔, 빌&멜린다 게이츠 재단, 제록스, 코닥 등

시켰다. 오바마 대통령은 이날 수학·과학교사 대규모 양성 계획을 밝히기 전에 미국 학생들의 학업성취도가 뒤처져 있다고 지적했다고 AP통신이 보도했다. 그는 "외국 학생들과 비교할 때 미국의 15세 학생들은 과학과 수학에서 각각 21위와 25위를 기록하고 있다"며 "이는 도저히 받아들일 수 없다"고 말했다. 오바마 대통령은 이런 상황을 개선하기 위해 "교사들의 역할이 절대적"이라며, "전문적인 식견을 갖춘 열정적인 교사들이 차이를 만들어낸다. 에너지의 대외 의존 탈피와 건강증진, 환경보호, 국가안보 등 21세기의 중요한 도전들에 대응하는 데 양질(良質)의 교육이 중요한 역할을 한다"고 강조했다. 오바마 대통령은 조만간 교육부가 수학 및 과학 분야의 신규 교사를 가르치는 프로그램을 만들기 위해 추가로 1,000만 달러를 투자할 것이라고 밝혔다. 그가 지난해 출범시킨 '혁신을 위한 교육' 프로그램에는 인텔·제록스·타임워너 등 대기업과 빌&멜린다 게이츠 재단 등이 참여했으며, 정부 및 공공기관들도

대거 동원되고 있다. 연방정부에서 근무하는 과학자 약 20만 명은 교육현장에 나가 학생들과 함께 실험을 하며 학생들의 과학 호기심을 증진시키는 역할을 하게 된다. 오바마 대통령은 이날 행사에서도 지난해 11월 방한 당시 이명박 대통령과 교육문제에 대해 나눈 이야기를 소개하며, 한국을 미국의 교육 개혁을 위한 자극제로 사용했다. 그는 한국 학부모들이 초등학교에서 영어를 가르쳐 달라고 요구해 한국 정부가 외국인 교사들을 수입해야 했다며, 미국 학부모들도 교육에 더 적극적으로 관심을 가져 달라고 요청했다.

버락 오바마 미 대통령은 최근에 인터넷 · 라디오를 통한 주례 연설에서 "수학과학은 글로벌 경쟁력 향상에 필수적이다."라고 언급하면서 全부처 예산은 줄이면서도 "교육부문만 45억 달러 증액하겠다."고 말했다. 교육분야, 특히 수학 · 과학에 대한 강조는 최근 오바마의 연설에서 빠지지 않고 등장하는 메뉴다. 최근 미국이 중국 등 아시아 국가들에게 경제 각 분야에서 잇따라 밀리는 현상이 나타나는 원인을 부실한 기초과학 교육에서 찾고 있는 것이라는 분석이다. 또한 오바마 대통령은 오리건 주의 인텔 반도체공장을 방문한 자리에서도 향후 10년 동안 수학 · 과학 교육을 위해 2억 달러를 투자하기로 한 인텔의 결정을 칭찬하면서 "인텔이 숙련된 기술자들을 해외에서 찾을 필요가 없길 바란다면 우리 학교 우리 어린이들에게 수학·과학 교육을 위한 더 많은 투자를 해야 한다"고 했다. 오바마의 이런 수학·과학 강조는 말뿐만이 아니다. 그는 지난달 국정연설에서 "2020년까지 수학·과학 등 분야의 교사 10만 명을 추가로 임용하겠다."고 한 뒤 실제로 지난번에도 교육예산을 전년대비 45억 달러 늘린 예산안을 의회에 제출했다. 연일 최고치를 경신하고 있는 재정적자 문제로 인해 거의 전 부처의 예산을 감축하는 가운데서도, '교육'만큼은 '미래에 대한 투자' 개념으로 증액하는 의지를 보인 것이다.

이는 경제협력개발기구(OECD)가 지난해 12월 발표한 학업성취도(OECD 34개 회원국 등 65개 지역 대상)에서 미국 학생들은 수학 31위, 과학 23위에 그쳤다. 도시 자격으로 출전한

〈도표 5-10〉 수학 시험에서 특정수준 이상 상위권 학생 비율

(단위: %)

순위	지역	비율
1위	대만	28.0
2	홍콩	23.9
3	한국	23.2
4	핀란드	20.4
5	스위스	19.1
⋮		
17	매사추세츠 슬로베니아	11.4
⋮		
20	미네소타	10.8
⋮		
47	뉴욕	6.3
⋮		
49	네브래스카	6.0(미국 평균)
⋮		
90	세르비아	2.1
91	루이지애나	1.7
92	웨스트버지니아 뉴멕시코	1.4
94	미시시피	1.3
95	칠레	1.0

※ 스탠퍼드 연구팀, 전 세계 15세 학생 상대 조사
※ 미국은 50개 주를 각각 1개의 국가로 상정

중국 상하이는 읽기·수학·과학 3개 분야에서 모두 1위를 차지했다. 이 발표 후에 "미국은 지역별 편차가 커서 평균이 떨어진 것"이라는 변명성 반론도 나왔다. 그러나 스탠퍼드대 연구팀이 최근 미국 50개 주(州)를 각각 하나의 나라로 상정하고 세계 50개국과 비교한 학력 조사에서도 결과는 마찬가지였다. 수학 시험에서 일정수준 이상의 상위권이 몇 %인지를 조사한 결과 대만(28%), 홍콩(23.9%), 한국(23.2%), 핀란드(20.4%)가 1~4위를 차지했다.

(7) 미국의 도전은 실패로 끝날 것이다

스푸트니크 모멘트가 미국에서 이번에 처음 제기된 건 아니다. 파이낸셜 타임스(FT)는 대표적으로 4차례의 시기를 언급했다. 미국은 이때의 위기감을 국가 차원에서 대항했다. 1957년 소련의 스푸트니크 인공위성 발사에 따른 모멘트를 1차 모멘트라고 언급했다. 1973년 오일쇼크가 미국에 2차 스푸트니크 모멘트가 됐다. 세 번째 모멘트는 소니의 '워크맨'으로 시작된 '저팬 인베이젼(일본의 침공)'으로 미국 엔터테인먼트 산업과 IT 산업에 충격을 주었고, 이어 80년대에는 도요타가 바통을 넘겨받아 미 경제의 자존심인 '자동차 산업'을 무너뜨렸다. 마지막 4번째 모멘트는

‘차이나 쇼크’ 모멘트이다. 지금까지 3차 모멘트는 미국의 승리였다. 그러나 미국이 과거처럼 이번에도 스푸트니크 모멘트를 제대로 활용할 만큼 저력이 충분한가에 대해서는 의문이다. 오바마 대통령의 연설 이후 논란도 무엇보다 미국 정부의 재정이 이를 뒷받침하지 못하는 데 따른 것이다. 당장 적자에 허덕이는 데 증세는 언급 없이 대대적 투자 방향만 제시했던 것이다. 경제적 인센티브가 충분한지도 의문이다. 1950년대는 소련과의 체제경쟁이 뚜렷이 국민의 가슴을 사로잡았다. 경제적으로도 미국은 이미 세계 최대 채권국에 올라섰고 과학과 교육에 대한 정부 투자로 기업들이 서방시장을 마음껏 공략할 수 있었다.

여기서 이러한 오바마의 노력이 실패로 끝날 것이라는 증거는 최근에 밝혀진 올해 미국 MBA 졸업자 중 ‘연봉왕’의 기록에서 찾을 수 있다. 미 경제전문지 포천(Fortune)은 2011년 1월 27일 올해 최고 MBA 연봉자를 소개했다. 조사 결과 와튼, 스탠포드, 시카고대학 부스(Booth), 콜럼비아대, 노스웨스턴대 켈로그(Kellogg) 5개 학교에서 30만 달러 이상 연봉자가 배출된 것으로 나타났다. 최고 연봉왕은 펜실베이니아대학 와튼(Wharton)스쿨 졸업자로 뉴욕의 사모펀드(Private Equity)에 취업해 35만 달러(약 4억 원)의 연봉을 받는 것으로 조사됐다. 이러한 연봉왕 기록은 제조업에 진출했을 때 받을 수 있는 연봉의 최소한 10배 이

〈도표 5-11〉 2010년 미국 상위 MBA수료자 최대연봉액수

포천 랭킹	MBA 스쿨	2010 최고연봉	진출업계	위치
1	하버드	*$250,000	사모펀드	뉴잉글랜드
2	스탠포드	$330,000	사모펀드	유럽
3	시카고 부스(Booth)	$300,000	사모펀드	-
4	펜실베이니아 와튼(Wharton)	**$350,000**	사모펀드	뉴욕
5	콜롬비아	$300,000	투자운용사	뉴욕
6	다트머스 터크(Tuck)	**$225,000	사모펀드	미국 동부연안
7	노스웨스턴 켈로그(Kellogg)	$300,000	투자전략 컨설팅	시카고
8	MIT 슬론(Sloan)	$180,000	금융	미국 중서부
10	듀크 후쿠아(Fuqua)	$152,000	헬스케어	미국 남부

*추정치, 하버드대 MBA 수료자 중 사모펀드 진출자 75번째 백분위수 18만 5,000달러를 기준 산정

**추정치, 다트머스대 터크 MBA 수료자 중 사모펀드 진출자 90번째 백분위수 20만 1,000달러를 기준 산정

상에 달하는 것이다. 이러한 상황에서 우수한 이공계 출신이 제조업으로 진출하리라는 것은 꿈에 불과하다. 이런 일련의 조치가 미국 제조업의 수명을 연장하는 데는 성공할지는 몰라도 세계 제일의 품질경쟁력을 확보하는 데는 실패하리라는 것은 자명하다. 이것은 뉴욕타임스의 사설에서 "비금융 대기업들이 2조 달러의 현금을 쌓아두고 있으면서도 미국의 실업률은 9%를 넘는 상황"이라며 "기업의 이익이 국가의 이익과 연속선상

에 있지 않음을 대통령이 잊지 말아야 한다."고 지적한 것과 맥을 같이 한다.

(8) GM의 실패에서 배운다

GM은 1908년 미시간 주(州) 디트로이트에서 마차 제조업자인 W.C.듀랜트(1861~1947)에 의하여 창립되었다. 북아메리카 이외의 24개국에 28개의 해외 자회사를 가지고, 169개국에서 자동차를 판매하고 있는 세계적인 다국적기업이다. 주요 생산품은 자동차이지만 그 밖에도 금속제품 · 디젤엔진 · 가전기기 · 국방 · 우주부문에까지 사업범위가 다양하다. 그 후 뷰익 · 캐딜락 · 올즈모빌 등의 자동차 제조회사와 부품회사를 산하에 흡수하였고, 시보레를 추가하여 기업을 확대하였으나, 1920년의 불황으로 듀랜트는 퇴진하고, 대주주인 뒤퐁과 금융왕 J.P.모건의 원조 하에 A.P.슬론 2세(1875~1966)가 회장에 취임하여 회사의 재건과 조직의 개혁을 단행하였다. 슬론에 의한 분권적 사업부 조직은 독창적인 것으로 후에 미국 회사의 모범이 되었다. 1928년 이래 포드자동차를 누르고 업계 수위의 자리를 지키고 있다. 이후 40년간 전 세계 기업 중에서 32번 1위를 차지하는 기염을 토하는 기업으로 성장한 것이다. 그러나 GM은 101년 역사를 자랑하면서 한때 100만 명을 고용한 거대기업으로, 노동자 중산층 시대를 열었다. "국가(미국)에 좋은 것은 GM에도 좋다"는 말이 나올 정도로 미국 경제를 대표했던 기업이다. 그러나 이제 파산보호 절차를 통해 연명하는 신세로 전락했다. 그 파산 신청의 배후에는 누적적자가 원인이 되겠지만 그 근원에는 품질 불량 문제가 깔려 있다. 그것은 1990년대의 미국 자동차의 품질 지표에서 알 수 있다. 1990년 미국 자동차의 10대 리

〈도표 5-12〉 미국에서 안전관련 자동차 10대 리콜 현황(1960-1990년 사이)

(단위: 백만 대)

	회사	년도	리콜대수	모델 연식	문제
1	GM	1971	6.6	1965-70 승용 및 상용	모터 마운트 결함
2	GM	1981	5.8	1978-81 A 승용	컨트롤 암 볼트 결함
3	포드	1972	4.0	1970-71 승용	시트벨트 결함
4	포드	1987	3.8	1986-88 승용 및 상용	주유 라인 결함
5	GM	1973	3.7	1971-72 승용	조정장치 결함
6	폭스바겐	1972	3.7	1949-69 승용	와이퍼 결함
7	GM	1984	3.1	1978-80 승용	후진 기아 결함
8	GM	1969	2.9	1968-69 승용 및 상용	카부레타 화재
9	GM	1969	2.5	1965-69 승용	실내 배기가스 냄새
10	GM	1977	2.2	1976 승용 및 상용	파워브레이크 손실

※ 주: 리콜에 의해서 영향을 받은 자동차 판매대수는 세계적으로 4.1 백만 대에 이름.

〈출처: 자동차 안전센터, 워싱톤〉

〈도표 5-13〉 미국 10대 우수 자동차의 초기품질지수(IQS) 1990년

Model	IQS
TOYOTA CRESSIDA JAPAN	63
MERCEDES BENZ 300 SERIES GERMANY	71
TOYOTA CARMY JAPAN	72
TOYOTA LEXUS LS 400 JAPAN	74
MERCEDES BENZ S-CLASS GERMANY	76
BUICK LESABLE U.S.	82
NISSAN MAXIMA JAPAN	89
NISSAN INFINITI Q45 JAPAN	91
TOYOTA COEOLLA JAPAN	94
MAZDA KIATA JAPAN	99

콜 사례를 보면 10건 중 포드가 2건 폭스바겐 1건을 제외한 7건의 리콜이 GM 자동차 관련이었던 것이다. 또 다른 품질 지표로서 IQS(Initial Quality Survey)가 있다. 이는 자동차를 산 고객 100명이 3개월 동안 몇 번이나 정비 업소에 방문했는가를 나타내는 지표로서 초기 품질을 나타낸다. 여기서 미국에 진출한 360개의 자동차 중 가장 좋은 10개 종의 자동차 중에서 일제차가 7종이고 독일제가 2종 그리고 미제가 1종에 머무르고 있는 것이다. 이와 같이 미국 최고 자동차 GM의 몰락 이면에는 품질 불량이 있었던 것이다.

6. 아직은 **중국 품질**에 **한계**가 있다

월스트리트 저널(WSJ)은 올해 초 미 여론조사기관인 퓨리서치센터의 앤드루 코헛(Andrew Kohut) 소장의 성인 1,503명을 대상으로 '미국인이 바라보는 중국' 이란 주제로 설문조사결과를 보도했다. '세계 최대 경제대국은 어느 나라인가' 란 질문에 중국이라고 답한 사람이 47%였다. 미국을 꼽은 응답자는 31%에 불과했다. 2008년엔 미국이 41%, 중국이 30%였다. 중국은 지난해 일본을 제치고 세계 2위의 경제대국(G2)으로 올라섰다. 일부 학자들은 "Chinese consensus" 라는 용어와 "Chimerica" 라는 용어를 개발하였는가 하면 "G2" 라고 중국을 띄운다. 그러나 중국인들은 "세계에서는 중국이 G2로 부상했다고 하지만 정확히 표현하면 부상이 아니라 귀환" 이라며 "중국은 지난 수천 년간 세계의 중심에 있었다." 고 말한다. 청조 말기 이후 '아주 잠깐' 중심에서 벗어나 있었을 뿐, 다시 제자리로 돌아왔다는 것이다. 세계 경제는 중국에 예속된 지 오래다.

그러나 중국의 실험에서 가장 독소 조항이 바로 중국 경제를 가능케 한 공산주의라는 정치 체제이다. 오늘의 중국 경제를 가능케 한 것이 정치와 경제의 철저한 분리 즉 경제는 자본주의 및 자유무역을 추진하면서, 그 반면 정치는 공산당 1당 독재체제를 유지하는 개념이 바로 Chinese consensus이다. 하지만 인류 역사의 흐름을 보면 중국의 체제는 머지않아 그 한계에 부딪치리라는 것이 공통된 인식이다. 이와 같이 중국은 일정시점에 이르면 정치적 자유화에 대한 국민들의 염원이 터져 나올 것이고, 이는 결국 55개 소수 민족에 의한 중국의 분해라는 비극이 시작될지도 모른다. 그러한 점에서 지금 중국정부가 하나의 통일된 국가라는 개념에 입각한 G2 즉 미국에 버금가는 세계를 지배하는 범세계적인 지도국가로 발전할 수는 없을 것이다. 이것은 고르바초프가 페스 트로이카로 러시아가 실용주의 노선을 추구하면서부터 뼈대만 빼고 거의 자본주의화되었는데 결과적으로 소비에트가 해체되면서 무너지는 것을 경험한 사례에서 알 수 있는 것이다. 물론 중국의 덩치의 경제적 이점을 전면 부정할 수는 없다. 그리고 빈곤의 문제를 해결하는 데 독재라고 하는 공산주의적 요소가 효율을 발휘한다. 우리나라에서도 경제 개발에 박정희식 개발 독재가 효율적이었듯이 말이다. 그러나 질의 시대를 여는 데는 공산주의는 완전히 장애적 요소가 된다. 중국에 공산주의가 존재하는 한 품질로서 중국의 시대를 여는 것은 불가능하기 때문이다. 또한 올림픽을 기점으로 한 국민들의 과대한 욕구 분출은 적어도 올림픽을 치룬 10년 후인 2020년 전후에 중국을 우리가 경험한 바와 같은 IMF사태로 몰아갈 것이 확실하기 때문이다.

(1) 중국은 과거의 나라가 아니고 미래의 나라다

우리는 중국하면 먼저 떠올리는 것이 만리장성과 경항 대운하의 과거의 나라로 착각하기 쉽다. 그러나 중국은 지난 1978년 개혁개방정책을 채택한 이래 32년 만에 일본을 제치고 세계 2위 경제대국의 자리에 공식적으로 올랐을 뿐 아니라 계속해서 G1를 향해서 전진하는 미래의 나라이다. 만리장성이라는 '인류 최대의 토목공사'라고 불리는 이 거대한 유적은 중국 역대 왕조들이 북방민족의 침입을 막기 위해서 세운 방어용 성벽이다. 시도상 연장 길이 2,700km이며, 중간에 갈라져 나온 지선들까지 합치면 총 길이가 약 5,000~6,000km에 이른다. 경항 대운하는 수나라 양제가 완성했다. 604년 수나라의 양제가 수도를 장안에서 낙양으로 옮겼다. 다음 해인 605년 북경에서 낙양을 거쳐 항주를 잇는 운하의 건설을 명했다. 기존의 작은 운하와 해하, 황하, 회하, 장강, 첸탕 강을 잇는 1,794km의 운하를 완성하는 데 6년이 소요되었으며, 무려 1억 5,000만 명에 달하는 사람들을 동원하였다. 이 공사로 수양제의 폭정이 드러났고 나중에 수나라가 멸망하는 원인이 되었다.

최근 일본 내각 부는 지난해 국내총생산(GDP)이 3.9% 늘어난 총 5조 4,742억 달러(명목 기준)를 기록했다고 발표했다. 이는 중

〈도표 6-1〉 미·중·일 GDP 추이

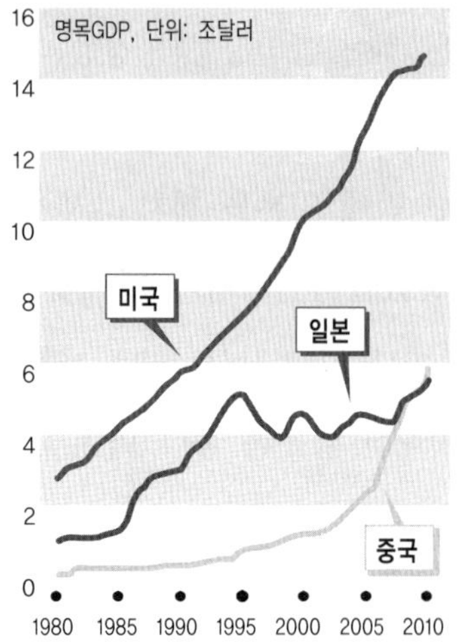

〈자료: IMF〉

국 정부가 1월에 발표한 지난해 GDP 총액 5조 8,786억 달러에 비해 4,044억 달러 가량 적다. 일본 경제는 1968년 당시 서독을 제치고 GDP 기준 세계 2위로 올라섰지만 42년 만에 중국에 자리를 내줬다. 이로써 중국 경제가 지난해 일본을 제치고 세계 2위임을 입증한 것이며, 언제 미국을 제치고 세계 제일의 경제대국으로 발돋움할 것인지가 초미의 관심사가 되는 등 미래의 나라로 탈바꿈하게 된 것이다.

(2) 중국 시대의 예고

중국시대의 서막은 후진타오(胡錦濤) 중국 국가주석이 지난 2009년 11월 버락 오바마 미 대통령의 중국 방문에 대한 답방 형식으로 미국을 국빈 방문해 진행된 양국 정상회담에서 시작된다. 이미 세계 제2위의 경제대국이 되었고, 역시 미국 다음으로 많은 군사비를 지출하면서 군사력 증강에 골몰하는 중국의 대두는 단순히 미국에 대한 도전이라는 측면을 초월하고 있다. 중국의 혼란을 예상한 수많은 전망은 늘 빗나갔고 서구화되지 않으면 경제 성장도 무망하다는 '중국식' 한계에 대한 지적도 오히려 최근에는 "중국을 배워야 하는 게 아니냐?"는 자성론까지 일고 있는 상황이다. 얼마 전 국제통화기금(IMF: International Monetary Fund)은 21세기 첫 경기순환의 결과를 발표했는데 그 결과는 미국을 비롯한 일본, 독일 등 기존 강자들의 약세와 중국, 인도 등 신흥 세력들의 강세로 요약된다. IMF의 세계경제전망 자료에 따르면 미국은 여전히 GDP 13조 8,000억 달러로 세계 1위의 경제부국임에 틀림없다. 하지만 최근 7년 주기와 그 전 주기들의 경제상황을 비교해보면 미국의 성장엔진이 약해졌음을 분명히 알 수 있다. 미국은 국제사회에서 '강력하고 번영하는, 그리고 성공적인 중국의 부상'을 인정했다.

중국은 최근까지 연평균 10%대의 고속성장을 이어오고 있다. 또한 순환주기 동안 백인은 0.6%의 미약한 성장을 기록하였다. 심지어 흑인의 소득은 0.4%가 감소한 것으로 조사됐다. 반면 아시아계의 소득은 11.9%나 높아져 미국 사회 내에서의 아시아계의 성장세가 뚜렷함을 나타냈다. 라틴 아메리카계도 4.5%나 소

〈도표 6-2〉 글로벌리더와 낙오자

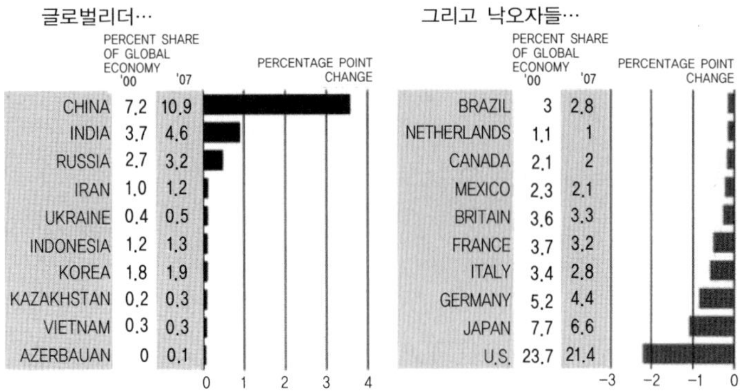

〈자료: IMF, 국제통화기금〉

인종별 소득성장률	'00–'07
백인	0.6 %
흑인	−0.4%
아시아계	11.9%
라틴아메리카계	4.5%

상위 소득자	'00–'07
상위 10%, 고등학교 졸업자	1.7%
상위 10%, 전문대 및 동등학력 소유자	2.6%
상위 10%, 학사 졸업자	−1.4%
상위 10%, 석사 이상 졸업자	6.7%

〈자료: 美 노동분석국〉

득이 뛰었다.

(3) 중국의 세계 지배 준비

지난 오바마 대통령이 베이징 방문에서 강조한대로 중국 없이 세계 문제를 논의하는 것은 불가능하다며 미국과 중국이 공존하는 G2 시대의 개막을 천명한 것처럼 차이메리카(Chimerica) 시대의 본격적인 도래를 알리는 것이기도 하다. 첫째, 경제 규모면에서 중국 국내총생산(GDP)은 올해 세계 2위로 부상했다. 둘째, 중국은 금융 측면에서 세계 제1의 외환보유국으로서 세계 자본시장에 대한 영향력이 갈수록 커지고 있다. 중국의 외환보유액 규모는 2007년에 1조 5,282억 달러로 세계 1위를 달성했으며, 2008년 1조 9,460억 달러, 2009년 2조 3,992억 달러, 2010년 6월 기준 2조 4,543억 달러로 계속 불어, 올해는 3조 달러를 돌하고 있다. 셋째, 중국은 대외무역 측면에서도 2005년부터 세계 수출시장 1위 품목 수에서 선두 자리를 고수하고 있다. 중국은 세계 수출시장 1위 품목 수는 2005년 932개에서 2008년 1,210개로 증가했다. 넷째, 중국은 세계 최고 자원 부국이기도 하다. 중국은 희토류 등 희소금속 매장량이 풍부하고 활발한 자원 외교로 주요 광물을 안정적으로 확보해 놓고 있다. 희소금속 중에는 텅스텐, 몰리브덴, 희토류, 안티몬, 바나듐, 카드뮴 등의 중국 매장량이 세계 1위다. 다섯째, 중국의 교육열 역시 세계 1등이다. 세계 고등교육기관 재학 유학생들 중 2007년 기준 중국이 1위를 점하고 있다. 약 280만 명으로 추산되는 세계 전체 유학생들 중 중국 학생들이 15%인 42만 1,000명, 인도가 5%인 15만 3,000명, 한국이 4%인 10만 6,000명이다. 한편, 유학 지역으로서 중국에 대한 선호도 높아지고 있다. 중국 전역 592개 대학교를 포함한 고등교육기관에서 2008년 현재 189개 국가로부터 온 약 22만 명의 외국 학생들이 공부하고 있는 것으로 알려진다.

2010년 10월 25일 베이징에서 '중국 국가경쟁력 보고서'가 발표됐다. 2010년 '중국경쟁력 청서'에 따르면 1990년부터 2008년까지 세계 100개국 중 중국의 국가경쟁력은 73위에서 17위까지 상승했다. 2008년 세계 100개국 중 국가경쟁력 10위권 내의 국가는 미국, 유럽, 일본, 한국, 싱가포르, 독일, 영국, 네덜란드, 스위스, 프랑스였다.

중국과 인도의 경쟁력을 비교할 때, 중국의 국가경쟁력은 종합적으로 인도보다 강했고, 인도는 일부 영역에서 중국을 앞질렀다. 2000년 이전 중국과 인도 양국의 경쟁력은 비슷한 수준이었지만 2000년 이후, 특히 2004년부터 중국의 경쟁력은 인도를 앞질렀으며 시간이 지날수록 인도와 격차가 벌어졌다. 2008년 중국의 국가경쟁력은 100개국 중 17위인데 반해서 인도는 42위에 머물고 있다. 중국과 일본의 경쟁력을 비교하면, 일본은 아시아 지역에서 절대적인 지위를 유지하고 있는 가운데 중국은 G20 국가 중 9위로서 일본과의 격차를 점차 좁히고 있다. 청서에서 밝히는 중국의 경쟁력 상승의 종합적인 목표는 '계단식 성장'을 통한 단계적인 경쟁력 상승으로, 중국은 다방면에서의 협력과 규모의 경쟁, 국가 차원의 마케팅, 내외 쌍방향 소통, 제도적인 혁신 등을 실시하여 2020년까지 중국의 종합적인 경쟁력을 확대하고 선진국으로 도약하고자 계획하고 있다.

이번 조사는 1990년 이후 중국의 국가경쟁력이 얼마나 신장됐으며 20년, 40년 후 어느 수준에 도달할 것인지를 전망하기 위해 실시됐다. 백서는 또 중국이 2020년 G20 가운데 5강으로 도약한 뒤 2050년 미국과 어깨를 나란히 하는 G2로 부상할 것으로 전망했다.

1) 중국의 과학 기술: 중국의 과학 인력은 2008년 160만 명으로 미국을 제치고 세계 1위로 부상한 것으로 추정된다. 유네스코가 최근 발표한 '2010년 과학보고서'에 따르면 중국의 과학 인력은 이미 2007년 142만 3,400명으로 미국(142만 5,600명)과 거의 비슷했다. 중국, 미국, 유럽연합(EU)은 전 세계 과학 인력의 20%씩을 차지했고 일본(10%)과 러시아

〈도표 6-3〉 중국 과학인력 추이

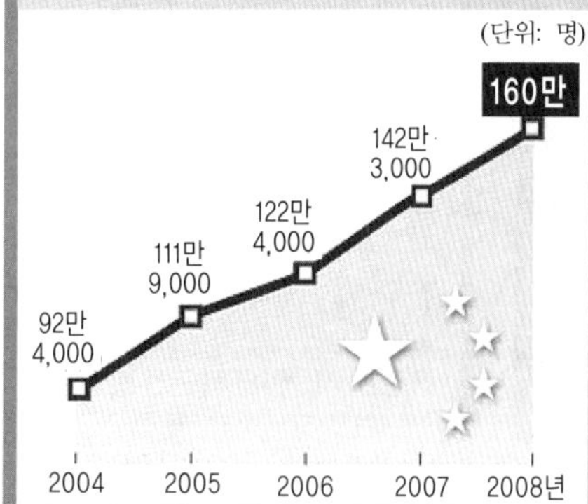

〈자료: 중국 국가통계국〉

(7%)가 그 뒤를 이었다. 이후 중국은 1년 사이 과학 인력이 17만 명 이상 더 불어났다. 과학기술의 성과도 주목할 만하다. 세계적 논문집계 및 검색기구인 EI(엔지니어색인) 수록논문이 2007년 7만 6,000편으로 미국을 제치고 세계 1위에 올랐다. SCI(과학기술논문인용색인)과 ISTP(과학기술협의록색인)에서도 세계 4위와 2위를 기록했다.

중국은 "신 중국 건설 이후 60여 년 동안 줄곧 갈등을 빚어왔던 미국과 러시아 등과 치열한 과학기술 경쟁을 벌여왔다"며 이 과정에서 중국은 '자주혁신' 중심의 과학기술정책에 집중, 여러 첨단 분야에서 세계 수준의 독자적 기술을 축적했다. 2020년 독보적인 과학기술로 미국에 필적하는 '혁신형 국가'의 반열에 오른다는 중국의 야심찬 청사진이 과장되지 않았음을 보여주는 대목이다.

〈도표 6-4〉 중국내 외자기업 연구개발(R&D)센터 추이

(단위: 개, 누계기준)

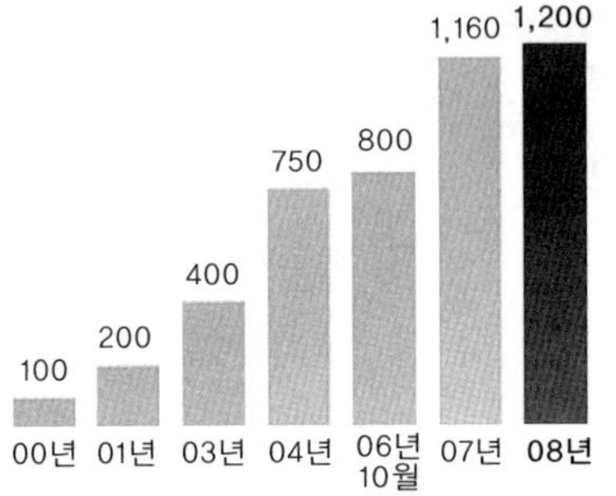

〈자료: 코트라베이징사무소〉

중국 국방과학기술대학의 슈퍼컴퓨터 '톈허(天河) 1호'가 미국 컴퓨터를 제치고 세계에서 가장 빠른 컴퓨터로 공인되었다. 국제 슈퍼콘퍼런스는 최근

공개한 '세계 500대 슈퍼컴퓨터 리스트'에서 톈허1호의 연산처리속도가 2.57페타플롭(초당 2570조 회)으로 미국 재규어의 1.75페타플롭을 넘어섰다고 밝혔다. 이 조사에서 중국은 1위 이외에 3위를 차지했을 뿐 아니라 전체 500위에 모두 41개가 진입해 미국 275개에 이어 2위를 기록했다. 슈퍼컴퓨터는 지리학, 기상학, 석유 탐사뿐 아니라 항공, 자동차 및 화학 산업 등 여러 과학적 연구의 기본도구로 활용된다. 1990년대 초까지만 해도 중국의 컴퓨터는 대부분 수입됐고 과학연구소들은 해외전문가의 통제와 감독 하에서 컴퓨터를 사용했다고 한다. 그야말로 상전벽해(桑田碧海)가 실감나는 대목이다. 고속철을 보면 한국 KTX가 325Km/hr, 일본의 신칸센이 443Km/hr, 중국 허셰(和諧)가 486.1Km/ hr를 기록하여 프랑스의 TGV 574.8에 접근하고 있다. 국가혁신지표인 특허분야에서 중국의 약진이 두드러진다. 중국은 2003년부터 2009년까지 모두 180만 3,675건의 특허를 출원했다. 이는 미국과 일본의 절반 혹은 그 이하이고 한국과

〈도표 6-5〉 주요국 전체 특허출원 현황
(2003~2009년 기준)

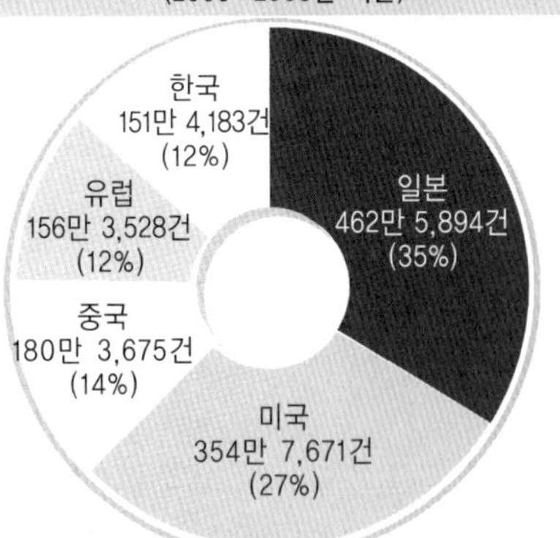

〈자료: 미국 국가과학재단〉

유럽과 비슷한 수준으로 그다지 많지는 않다. 주목할 대목은 가공할 성장세다. 중국의 특허출원은 이 기간 연평균 26%나 성장해 미국(5%), 한국(5%), 유럽(4%), 일본(1%)을 크게 앞질렀다. 특허의 질도 나쁘지 않다는 평가다. 통상 특허는 새로운 기술로 20년까지 보호해주는 '발명'과 기존 기술을 업그레이드하거나 변형한 '실용신안' 두 가지로 분류된다. 실용신안특허는 권리보장 기간이 10년에 불과하다. 중국은 발명과 실용신안 비중이 거의 비슷한 것으로 전해진다. 실제 2009년 발명특허는 22만 9,096건이었고 실용신안은 30만 8,861건이었다.

2) **중국의 국방 과학 기술력**: 중국은 군사대국으로 도약을 모색하고 있다. 중국은 최근 15년간 매년 10~23%씩 군사비를 증액했다. 2010년 중국의 군사비는 988억 달러로 미국에 이어 세계 2위였다. 중국의 실질 국민총생산(GNP)은 2000~2009년 기간 중 평균 9.6% 증가했으나 국방예산은 평균 11.8% 증가했다. 스웨덴의 스톡홀름국제평화연구소(SIPRI)의 2009년 연감에 따르면 중국은 2004년부터 5년간 전 세계 무기시장에서 거래되는 무기의 11%를 사들여 1위에 올랐다. 중국이 2000년 이후 러시아로부터 사들이는 무기체계 및 군사기술 비용은 연평균 20억 달러가 넘는 것으로 알려졌다. 더욱이 최근에 가공할 만한 무기체계 구축

〈도표 6-6〉

군사력 비교

미국		중국
6632억달러	군사비 (2010년)	988억달러
150만명	병력	230만명
2300대	전투기	2000대 이상
F-22 약 200대	스텔스 전투기	젠-20 시험비행 성공
22척	순양함	0
61척	구축함	26척
30척	호위함	47척
67척	잠수함	63척
11척	항공모함	0(올 7월 첫 진수 예정)
7900개	핵탄두	400개

〈자료: 로이타 및 홍콩 명보〉

군사비 지출 상위 11개국
단위: 달러, 괄호는 세계 총액 대비 비중(%)

〈자료: 스톡홀름평화연구소 2010년 백서〉

이 이루어지고 있다. 항공모함 건조, 제5세대 스텔스기 개발, 최첨단 미사일 시리즈, 우주무기 개발 등을 통해 미국에 도전장을 던지고 있다. 중국은 파키스탄과 합작 생산한 경량급 전투기 FC-1 샤오룽(梟龍)을 선보였다. FC-1은 최대 속도가 마하 1.8로 구형 F-16 또는 미그-29 정도의 전투력을 보유하고 있다는 평가다. 그러나 가격은 대당 1500만 달러(약 170억 원)선으로 구형 F-16(대당 4,000만~5,000만 달러), 미그 29(3,000만~4,000만 달러)의 절반에도 미치지 못한다. 이집트와 스리랑카, 베네수엘라 등 8개국에서 이 전투기 구매를 중국 측에 타진한 것으로 전해진다. 중국은 또한 미국과 이스라엘의 전유물로 여겨져 왔던 무인폭격기(WJ600)도 공개했다. 월스트리트저널(WSJ)은 중국이 군사 항공의 미래인 무인항공기 생산에 본격 나섰다며 기술개발 측면에서 미국과 이스라엘을 따라잡겠다는 야심을 보이고 있다고 평가했다. 중국의 우주패권 도전도 만만치 않다. 중국은 지난 10월 1일 국경절 때 두 번째 달 탐사위성 '창어(嫦娥) 2호'를 발사하며 2020년까지 우주정거장을 건설한다는 야심찬 프로젝트를 본격 가동했다. 파이낸셜타임스 중문판은 최근 이 프로젝트가 성공할 경우 중국은 미국, 러시아에 이어 세 번째로 우주정거장을 구축하게 되며 미국의 우주패권도 흔들릴 수 있다고 보도했다. 이 밖에 고속열차, 해저탐사 등 여러 첨단 과학기술 분야에서도 중국은 이미 세계적 수준에 올라섰다.

(4) 중국이 G2가 될 3가지 성공요소

1) 중국의 노동 생산성: 13억에 이르는 풍부한 노동력이 중국의 경쟁력일 수 있다. 그러나 더욱 중요한 것은 그들이 갖고 있는 생산성이다.

2) 중국의 자본력: 중국 자체보다도 세계에 흩어진 중국 화교들의 자본력이 중요하다. '2009년 세계 화상(華商)발전보고'에 의하면 중국 국외에 거주하는 화교의 숫자는 약 4,800만 명이며 총 자산규모는 3조 9천억 달러이다. 이는 2008년의 약 2조 5천억 달러에 비해 56%나 증가한 것이다. 이는 우리나라 1년 예산(약 292조원)의 15배에 달하는 천문학적인 금액이다. 이처럼 화교자본이 급증한 것은 세계적인 경기회복세가 크게 작용한 것으로 분석됐다. 특히 화교자본은 지난 2007년 3조 7천억 달러에 달하였으나 2008년 글로벌 경기침체로 감소했다가 작년 한 해 동안 크게 증가하는 추세를 보인 것이다. 이 보고서는 화교자본 중 아시아 지역에서 상장된 기업들의 총 자산합계가 약 3조 달러에 이르러 대부분을 차지한다.

3) 실리콘 밸리를 장악한 중국인의 기술력: 실리콘 밸리를 장악한 1/2이 중국인 기술자들이다. 그런데 그때 중국의 유학생들이 1년에 한 10만 명이 미국으로 유학을 갔다. 그 사람들이 실리콘 밸리를 다 장악해버렸다. 그래서 실리콘 밸리의 공장장의 절반이 중국 사람이다. 그 다음에 인텔 엔지니어들의 20%가 중국인이다. 그래서 우리가 두려워해야 하는 것은 바로 이런 점이다. 삼성전자 반도체사업부를 미국에 유학 갔다 온 사람들

불러다가 만든 것과 같이 중국도 이들 유학생이 큰 원동력이 되고 있다.

〈도표 6-7〉 중국의 최신무기들

잉지(鷹擊)-62(순항 미사일)
① 공개 시기: 2009년 10월 ② 사거리 300km

창젠(長劍)-10(항모 킬러 미사일)
① 2010년 11월 ② 1,100km

둥펑(東風)-21 시리즈(항모 킬러 미사일)
① 2010년 ② 1,300~2,000km(방공시스템 무력화 능력)

쥐랑(巨浪) 2(잠수함 발사 탄도미사일)
① 2008년 시험발사 성공 ② 8,000km(미 본토 도달)

그런데 그러한 유학 자원이 실리콘 밸리에 중국은 우리의 10배가 있다는 것이다. 그래서 그 사람들을 중국이 불러 가면 중국의 산업은 발전할 수밖에 없다.

(5) 중국의 좌절: G1이 될 수 없는 장애요소

중국이 미국을 대체해서 세계제일의 G1국가가 되는 데 한계는 명확하다. 그것은 중국의 오늘을 만든 중국 공산당 때문이다.

1) 공산당 자체의 문제: 2009년 현재 중국 공산당의 당원 수가 7,593만 1,000명으로 집계된다. 현재 공산당원 수가 공산 중국이

〈도표 6-8〉 중국 공산당 권력구조(17차 전국대표대회 기준)

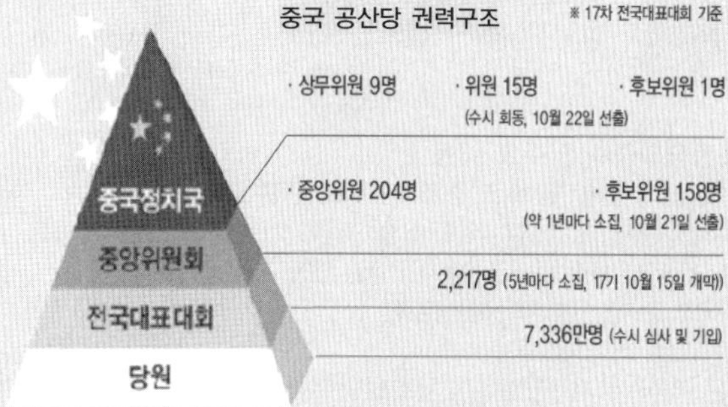

수립된 1949년의 17배로 늘어났다. 중국 공산당은 사회주의 시장경제와 중화인민공화국의 수호자인 동시에 사회주의 현대화를 완수할 책무를 떠맡은 수권 정당이다. 공산당을 반대하는 것은 역사의 물줄기를 거역하는 것이다. 그런데 그 공산당이 중국의 패권주의 모험을 실패로 인도할 주요 요인이 된다. 중국 공산당은 지난 1999년 헌법에 사유재산 보호조치를 명문화했다. 또한 자본가의 공산당 입당까지 허용함으로써 세상을 놀라게 했다. 지난 1978년 개혁개방 무렵 일부 사영기업가들이 공개처형 됐음

〈도표 6-9〉 중국 노동분쟁건수

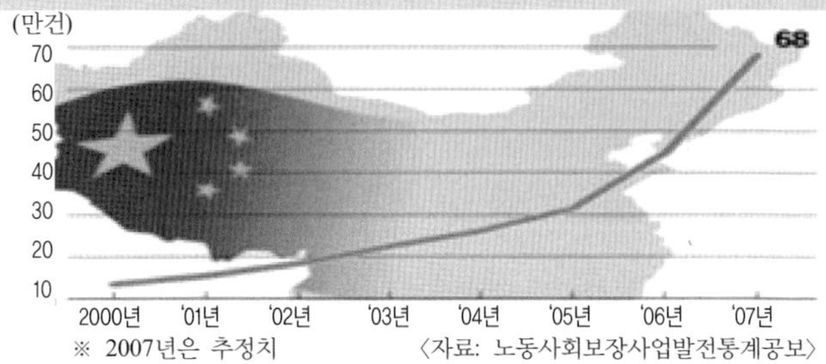

※ 2007년은 추정치 〈자료: 노동사회보장사업발전통계공보〉

중국 노동쟁의중재법 주요 내용

- 중재의 법적 권한 강화로 중재 자체로 판결 종결
- 노동자는 중재 후 15일 이내 소송 가능, 사용자는 소송 불가능
- 신청일로부터 1년 전 사안까지 소급 신청 가능
- 노동자의 중재 신청 비용은 무료
- 처리기한은 최장 60일
- 대상은 임금 복지 근로시간 사회보험 등 모든 근로조건
- 사용자는 반박논리 입증 책임을 짐

을 감안할 때 천지개벽과 같은 조치다. 그것은 흡사 어떤 종교가 교리를 바꾼 것처럼 혁명적인 변화라고 할 수 있다. 그러나 1인당 1만 달러의 장벽을 벗어나기 위해서는 공산당의 원천적 부정은 필연적이다. 중국은 대전환의 고빗길에 섰다. 가장 해결이 시급한 현안은 중국의 심각한 사회 양극화 현상이다. 이미 빈부 격차에 따른 양극화가 심화하면서 사회가 불공평하다고 인식하는 중국 소외계층의 불만 표출이 위험수위를 넘나들었다. 이미 연간 사회적 소요만 매년 10여만 건에 달하는 것으로 추정되고 있

〈도표 6-10〉 중국의 동 · 중 · 서부 비교

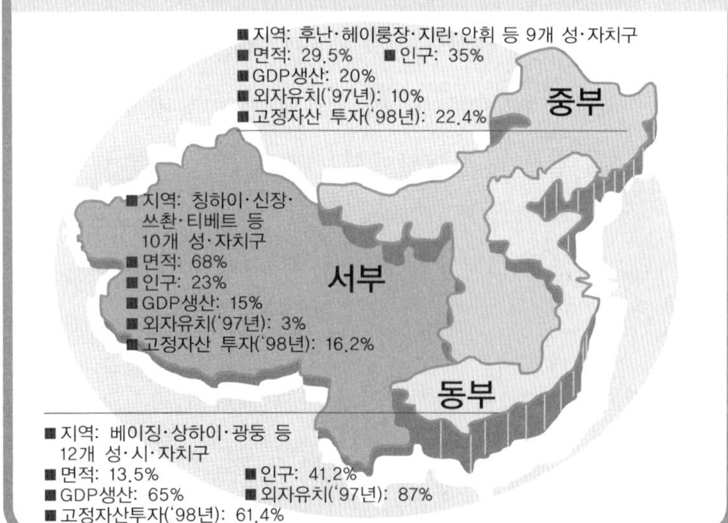

〈도표 6-11〉 세계 주요국의 자본주의 체제 지지율 (단위: %)

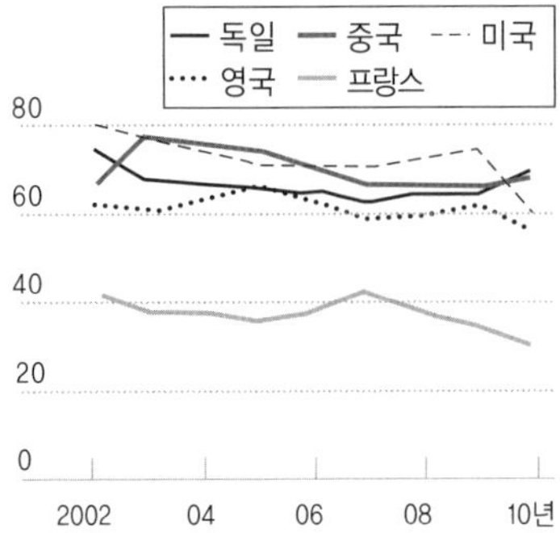

〈자료: 글로벌스캔〉

다. 오랫동안 사회 극빈층으로 살아오면서 쌓였던 극도의 불만이 표출되고 있다. 이런 불만이 집단적인 형태로 나타난다면 고속성장에만 치중, 부의 균등분배를 소홀히 했던 중국이 큰 위기를 맞게 될 것이다. 글로벌 여론 조사업체 글로브스캔이 전 세계 25개국 1만 2,000명을 대상으로 "자유시장경제가 세계의 앞날을 위해 가장 좋은 체제라고 생각하는가?"라는 질문을 던진 결과, '그렇다'고 응답한 미국인의 비율은 2009년 74%에서 2010년 59%로 하락했다. 특히 연소득 2만 달러 이하 미국인의 자본주의 지지도는 같은 기간 76%에서 44%로 급락, 글로벌 금융위기가 중산층 이하 계층에 가장 큰 타격이 되고 있음을 시사했다. 글로브스캔 덕 밀러 회장은 "미국에서 자유 시장경제 체제에 대한 믿음이 이렇게 급격하게 떨어질 줄은 상상도 못했다"면서 "미국의 기업과 가계 사이에 맺어진 사회 계약의 파기가 임박했다는 조짐"이라고 말했다. 반면 중국인의 자본주의 지지율은 전년도보다 약간 상승한 67%를 기록, 2005년 이후 5년 만에 미국을 앞질렀다. 여기서 중국의 사회혼란 요인을 발견하게 되는데 그것은 자본주의와 공산주의의 갈등 요소이다.

2) **빈부격차**: 중국 국가발전개혁위원회의 조사 결과 2007년 현재 중국의 최상위층 10%와 최하위층 10%의 소득 차이가 23배인 것으로 나타났다. 이는 본격적인 개혁 개방 조치 이전인 1988년 7.3배에 불과했던 것에 비해 빈부 차이가 훨씬 심각해진 것이다. 현재 중국 전체 인구의 20%를 차지하는 빈곤층의 수입 비중은 4.7%에 불과한 반면 부유층 20%가 차지하는 수입 비중은 50%에 이르고 있다. 개혁 개방 이후 연해주를 중심으로 한 도시지역이 고도의 경제 성장을 이룬 데 반해 농촌 지역은 이렇다 할 혜택을 받지 못하면서 도농 간, 동부 연해주와 서부지역 간 소득 격차가 중국의 가장 심각한 사회문제로 떠올랐다. 빈부 격차가 심화되는 이유에 대해 국가발전개혁위원회는 개혁 개방 이후 30년간 지속됐던 연해주 위주의 지역 편중 개발 정책과 불합리한 노동자 급여 산정 체계, 국영기업을 비롯한 기업들의 수익 분배 의지 부족 등을 꼽고 있다.

3) **소수민족 문제**: 이와 함께 오랜 기간 지속된 소수민족 문제가 있다. 중국에는 공식적으로 55개의 소수민족이 있으며, 이들

〈도표 6-12〉

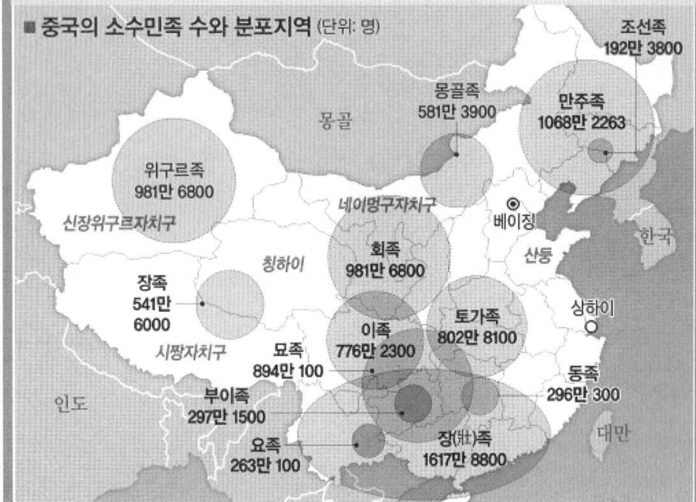

〈자료: 중국공산당 중앙통일전선공작부〉

은 약 1억 3,000만 명으로 중국 인구의 10%를 차지한다. 특히 방대한 영토를 차지하고 있는 티베트와 신장위구르자치구는 '민족 분열의 화약고'라고 불릴 정도로 한족과 갈등의 골이 깊다. 2008년과 2009년 신장위구루 자치구에서는 수백 명이 목숨을 잃는 대규모 유혈폭동이 일어나기도 했다.

티베트도 중국 정부엔 골치 아픈 존재다. 인도 북부 다람살라에서 1959년부터 티베트 망명정부를 이끌고 있는 달라이 라마의 존재 때문이다. 티베트에서 반 중국 세력의 중심은 승려들이다.

〈도표 6-13〉 티베트 독립운동 주요 일지

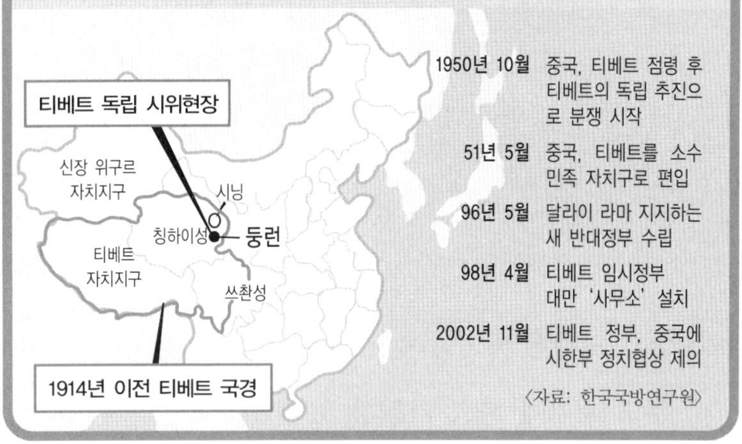

최근의 유혈폭동 사태도 승려들이 이끌었다. 승려들이 나선 것은 1989년 후진타오(胡錦濤) 티베트자치구 당서기가 진두에서 시위를 진압한 이후 19년 만의 일이었다. 티베트 사람들은 내륙 사람들의 무분별한 개발 때문에 신성한 자연을 파괴하고 있다고 비난하고 있다. 몽골족은 중국이 보기에는 제3의 위협세력이다. 뒤에는 러시아와 함께 몽골이 자리 잡고 있다. 지리적으로도 베이징과 가깝다. 개혁개방 초기엔 선부론(先富論)에 입각한 불균등 성장을 방조하면서 지방의 이기주의는 '필요악'처럼 용인될 수밖에 없었다. 성장 잠재력이 풍부한 지방의 정치엘리트의 지지를 얻기 위해선, 상당 폭의 권력이양이 불가피했던 것이다. 또 각 지역경제 활성화는 해당 지역 사정에 정통한 당 간부들이 적극적으로 비교우위를 찾아내 활용할 때만이 가능한 것이기도 했다. 중국식 제후경제(諸侯經濟)는 이러한 배경에서 나타났다. '중앙이 정책을 내세우면, 지방은 대책을 강구한다(上有政策下有對策)'는 중국 속담도 지방 이기주의의 또 다른 표현이다.

(6) 중국 기업의 품질경영의 한계: 2018년을 전후로 국가부도 위기에 빠질 가능성 있다

우리나라가 1988년 올림픽을 전후해서 경제가 파탄을 맞아 1997년 IMF사태에 진입한 것과 마찬가지로 중국경제도 파탄을 맞을 가능성이 농후하다. 2008년 베이징올림픽을 고비로 중국 기업들의 경영 여건이 크게 악화됐다. 금융위기의 여파로 기진맥진해 있는 기업들에 중국 지방 정부들은 재작년부터 신(新)노동법과 환경법, 소방법 등의 잣대를 엄격하게 들이댔다. 중국 노동조합들의 총본부격인 '중화전국총공회'는 통지문을 보내 개별 사업장들의 노조 설립과 임금 인상을 촉구했다. 그 결과 작년 말 중국 전역의 노조는 184만개, 노조원 숫자는 2억 2,600만 명을 넘어섰다. 여기에 중국 중앙 정부는 올 들어 각 지방 정부에 최

〈도표 6-14〉 사면초가에 빠진 중국 기업들

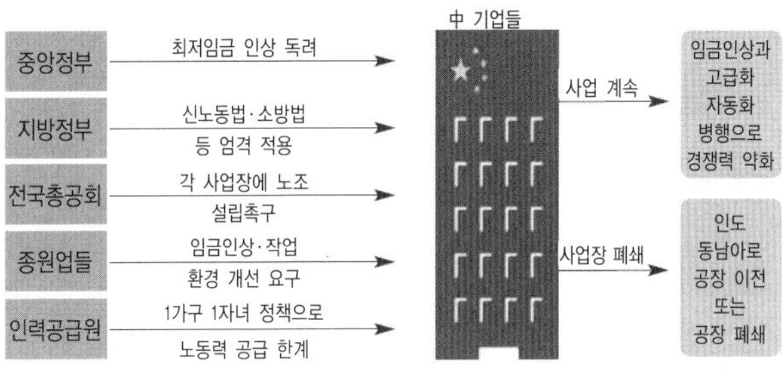

저 임금 표준을 인상하라고 독려하고 있다. 이미 31개 성시(省市) 중 11개 성시가 평균 19.6%씩 최저 임금 표준을 인상했다. 봇물처럼 터진 연쇄 파업과 임금 인상 도미노는 되돌릴 수 없는 거대한 물결이 되고 있다. 최근에는 장쑤(江蘇)성 쿤산(昆山)의 대만계 노동자 2,000여 명이 임금 인상 등을 요구하며 가두 행진을 벌이다 경찰과 충돌해 50여 명이 중경상을 입는 불상사까지 발생했다. 일본이 1964년 도쿄올림픽, 한국이 1988년 서울올림픽 직후 상당 기간 노조 설립과 노사 분규로 시끄러웠듯이 중국의 연쇄 파업 물결도 2008년 베이징 올림픽 이후 나타난 자연스럽고도 당연한 현상이다. 최근에 신노동계약법에 이어 노동쟁의중재법이 시행에 들어갔다. 신노동계약법은 두 번 이상 기간제 계약을 맺었거나 10년 이상 근속한 근로자를 계속 고용하려면 종

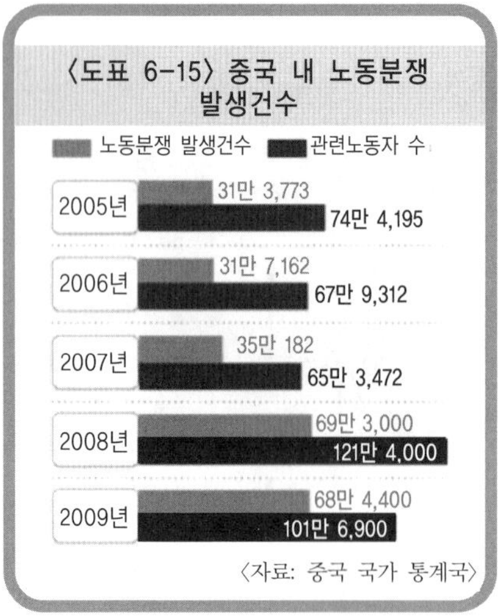

신계약을 체결해야 한다는 내용을 담고 있다. 중국 당국에 따르면 2005년 31만 건에 그쳤던 노동분쟁 건수가 2008년 69만 건, 그리고 2009년에는 68만 건으로 해마다 급증하는 추세다. 중국 내 노동비용 상승은 새로운 현상은 아니다. 국제노동기구(ILO)에 따르면 중국의 지난 10년간 임금 상승 속도는 아시아의 다른 지역을 모두 앞질렀다. 2009년 기준으로 중국 노동자가 받는 실질임금은 2000년에 비해 12.6%가 올랐다. 반면 같은 기간 인도네시아는 1.5% 올랐으며 태국은 전혀 오르지 않았다. 현재 중국 노동자의 임금은 대략 한 달에 400달러로, 인도네시아 노동자들보다 세 배 이상 높다. 베트남에 비해선 5배에 이른다. 생산성을 고려해도 마찬가지다. 스티븐 로치 모간스탠리 아시아 담당 회장은 세계은행 수치를 인용해 중국 제조업의 생산성이 지난 1990년 이후 매년 10~15%씩 향상됐다고 분석했다. 이는 지난 10년간 실질임금 상승률과 거의 비슷한 수준으로, 그동안 단위노동비용에 변화가 없었다는 얘기가 된다. 향상된 생산성이 모두 임금으로 빠져나가면서 이윤 증가에 이바지하지 못하고 있다는 얘기다. 중국의 급격한 임금인상은 오히려 이윤감소 효과를 가져오기도 했다. 글로벌 경영컨설팅 회사인 액센추어는 지난 14일 보고서에서 임금이 30% 인상되면 중국 내 대형 생산설비를 가진 회사들의 이윤은 1~5% 삭감되는 효과가 있다고 분석했다.

1) 노동력 공급의 한계와 노령화: 1980년 1자녀 정책이 국책으로 자리 잡아 강도 높은 산아제한 정책을 펼치게 된다. 중국 언론들은 이 정책으로 중국의 빈곤문제는 물론 지구촌의 자원부족이나 환경훼손 등에도 상당한 긍정적 효과가 있었다고 자평하지만, 최근 학자들을 중심으로 1자녀 정책을 수정하거나 폐기해야 한다는 주장이 점차 세를 얻고 있다. 인구정책이 극단을 오가면서, 중국의 인구구조는 매우 기형적으로 변모했다. 가령 1980년에 독생자(獨生子)로 태어난 남성이 같은 독생자 여성을 만나 아이를 낳았다면, 이 부부의 아이는 부모, 부모의 양가 부모 등 모두 6명의 생계를 책임지는 부담을 안게 된다. 국민경제적으로 낮은 연령층 인민이 한 두 세대 위의 인민 생계를 책임지게 되는데, 이는 경제성장 잠재력을 갉아 먹는 중대한 위협요인이 될 수 밖에 없다. 현 추계라면, 중국은 2010년대 초중반 고령화의 영향

으로 부양인구 비율이 상승세로 돌아설 전망이다. 마오 시대가 창출했던 인구 보너스가 종료된다면, 노동의 희귀성도 더욱 높아질 것이고 노동비용 증가는 불가피해질 것이다. 지금은 웬만한 임금으로는 일선 생산직 근로자 확보 자체가 어려워졌다. 중국 IT산업의 메카인 광둥성 둥관(東莞)시에서만 100만 명의 인력이 부족하다. 인근 주강삼각주까지 범위를 넓히면 200만 명이 부족해 기업들이 발을 동동 구르고 있다.

2) 불결한 화장실: 중국 정부가 2008 베이징 올림픽을 앞두고 벌린 캠페인의 1번은 "수염을 깨끗이 깎고 머리도 단정히 자름

〈사진 6-1〉 중국 화장실

시다!”였다. 올림픽을 맞아 문명수준을 높이고 새 기풍을 수립하자는 운동을 시작해 시민들의 질서의식을 높이고 도시를 청결한 환경으로 만들기 위한 캠페인이 있었다. 경찰이 도시 곳곳을 지키고 CCTV까지 동원해서 추진한 운동이 바로 “거리에 침을 뱉거나 쓰레기를 버리지 말자”이었다. 이와 같이 중국 품질에 절대적으로 영향을 미치는 것은 중국의 화장실이 더럽다는 것이다. 베이징 올림픽과 상하이 박람회를 기점으로 중국 전역에 화장실 개조 붐이 일고 있으나 한국의 공장 수준에 이르려면 아직은 요원한 실정이다.

(7) 중국 품질 불량 사례

원자바오 총리는 최근 국무원 참사관과 중앙연구관들이 참석한 한 좌담회에서 “지난 몇 년간 멜라민 분유, 클렌부테롤 돼지고기, 폐식용유인 디거우유(바닥기름), 염색만두 등 불량식품 문제가 잇따라 적발되면서 사회적 신뢰와 도덕성 추락이 심각한 수준에 이르렀다”고 말했다. 원 총리는 또 “(중국은) 개혁개방 이후 30년간 경제와 민주주의 발전에선 큰 성과를 거뒀지만 도덕성만큼은 제고되지 않았다”며 “국민의 기본적 소양과 도덕성이 개선되지 않는다면 세계 강국으로 발돋움할 수 없다”고 지적했다. 이에 따라 중국 당국이 불량 식품에 대해 전쟁을 선포하고 '극약처방'을 들고 나섰다. 중국 CCTV는 국무원이 불법 식품 첨가제 단속과 처벌을 강화하는 방안을 발표했다고 지난 4월 24일 보도했다. 이 방안에 따르면, 멜라민과 렉토파민, 공업용 색소 등 47종은 식품에 넣는 것 자체가 아예 금지된 첨가물이라고 못을 박았다. 특히, 이를 어길 경우 최고 사형까지 처하도록 처벌을 대폭 강화했다. 중국 당국의 이번 조치는 최근 잇따른 식품 파동이 얼마나 심각한 수준인지 반증하고 있다.

1) **중국 국가품질비용**: 중국산업질량(품질)협회가 최근 발간한 '산업질량 신용백서'에 따르면 한해 평균 산업신용 문제로 인한 경제적 손실이 5,855억 위안이며 이중 짝퉁제품 제조 · 판매, 품질 불량 등에 따른 손실은 2,000억 위안(34조 원)에 달했다. 세계적 유명브랜드를 모방한 짝퉁상품을 양산, 싼값에 판매하는 중국의 '산자이문화'는 문화상품까지 확산될 정도로 만연해 있다. 이러한 중국이 매년 부실한 산업신용문제로 입는 경제적 손실이 97조 원(5,855억 위안)에 달한다고 한다. 기술력이 뒤쳐진 과거에는 산자이 제품이 중국경제에서 자리를 잡게 됐지만 이제는 오히려 중국기업이나 제품에 대한 신뢰를 떨어뜨려 질적 성장을 가로막고 있다고 지적했다. 중국에는 50여 개의 신용평가기구가 있지

만 기업 제품의 품질과 신용평가를 전문적으로 다루는 기구는 극히 적다고 이 백서는 밝혔다.

2) 중국 멜라민 우유 파동: 2010년 11월 26일 중국 당국은 2008년 멜라민 파동 사건의 주범 2명을 사형시킨 바 있다. 그런데 최근에 다시 월스트리트저널(WSJ)은 지난 1월 4일 '상하이 판다'의 유제품에 멜라민이 함유돼 있는 것이 발견돼 중국 당국이 회수에 들어갔다고 신화통신을 인용해 보도했다. 특히 지난 2008년 멜라민 파동에 연루됐던 업체가 다시 적발돼 충격을 더하고 있다. 멜라민 분유 사건으로 유제품에 대한 불신이 뿌리 깊은 중국에서 이번엔 우유를 마신 후 3명이 한꺼번에 숨지는 사건이 발생해 중국 전역이 발칵 뒤집혔다. 간쑤 성 핑량(平凉)시 쿵둥구에서 우유를 마시고 식중독 증세를 보인 환자 40명 가운데 3명이 치료를 받다 사망했다. 이들은 모두 낱개로 포장된 우유를 마시고 아질산염 중독 증세를 보인 것으로 전해졌다. 이에 따라 중국 당국은 불량 유제품 생산·유통을 막기 위해 1,176개 유제품 업체 가운데 자체 품질검사 시설을 갖추지 못한 영세업체 533개를 퇴출시키는 등 업계 구조조정을 가속화하고 있다.

3) 염색 찐빵사건: 중국 중앙TV(CCTV)는 2011년 4월 11일 방송

한 '소비 주장' 프로그램에서 "화롄(華聯) 등 상하이 시내 대형 슈퍼마켓에서 팔리는 찐빵 제품에서 밀가루 찐빵에 물을 들여 만든 가짜 옥수수 찐빵 등이 대거 발견됐다"고 보도했다. 이 찐빵을 공급한 업체는 상하이 근교에 공장을 두고 있는 성루(盛祿) 식품으로 확인됐다. CCTV 취재팀이 확인한 결과, 이 공장에서는 외부 포장지에 표시되지 않은 방부제와 감미료 등을 찐빵 제조에 사용하고 비싼 옥수수가 아니라 밀가루 반죽에 노란색 식용 색소를 넣어 제조한 것으로 드러났다.

4) 살인백신사건: 2011년 3월 중국 정부는 산시성에서 지난 4년간 100여 명의 어린이가 백신접종에 따른 부작용으로 숨지거나 장애를 입었다는 보도와 관련해 진상조사에 착수했다.

이 과정에서 산시성 내 백신 담당 공무원이 백신제조회사인 베이징화웨이와 함께 백신 관리규정을 위반한 혐의와 자금 횡령이 드러났다. 다만 산시성 위생국 관계자들은 조사 결과 어린이들의 사망이 백신 주사에 따른 부작용이 아니라고 해명했다.

5) 불량당면 사건: 중국 광둥(廣東)성에서 인체에 유해한 공업용 원료인 파라핀을 첨가해 제조한 '불량 당면'이 대량 유통됐다고 관영 신화통신이 최근에 보도했다. 광둥성 중산(中山)시 품질관리

국은 샹밍(祥明)식품유한공사가 옥수수 전분에 파라핀 등을 사용한 가짜 고구마 당면을 만들어 유통해 온 회사 관계자 3명을 구속하고 당면 6t을 압수했다.

(8) 최근에 확인된 한국 조선업의 품질 비교 우위

조선·해운 시황분석기관인 클랙슨과 관련업계에 따르면 국내 조선사들의 2011년 1분기(1~3월) 수주량은 작년 동기 대비 28.8% 증가한 329만 8천 582CGT(표준화물선환산톤수)로, 195만 1천 146CGT를 기록한 중국에 크게 앞섰다. 중국의 수주량은 작년 같은 기간보다 21.6% 감소했다. 이에 따라 1분기 수주 점유율에서 한국은 52.46%, 중국은 31.03%를 각각 기록했다. 수주 척수에서 한국은

〈도표 6-16〉 한·중 수주량 현황

(단위: 억불)

연도	한국			중국		
	척수	만CGT	수주액	척수	만CGT	수주액
'07년	1,197	3,264	972	2,077	3,262	823
'08년	671	1,844	707	1,129	1,875	533
'09년	169	461	148	477	675	131
'10년	478	1,238	365	1,022	1,737	347
'11.1/4	90	330	128	88	195	35

〈자료: 클락손〉

90척으로 88척의 중국과 비슷했으나, CGT에서 큰 격차를 보여 고부가가치 선박 수주에서 월등히 앞서 있음을 입증했다. 국내 업체들은 드릴십이나 대형 컨테이너선 등 고부가가치 선박 수주에서 경쟁자인 일본 조선업체들이 지진 여파로 주춤하는 사이 관련 선박을 싹쓸이하며 신규 수주량을 크게 늘린 것으로 풀이된다. 한국은 분기별 신규 수주 점유율에서 작년 1분기 38.03%로 중국(36.97%)에 간발의 차로 앞선 뒤 2~4분기 내리 정상을 내주며 연간 수주량에서도 중국에 1위를 빼앗겼었다. 한국은 수주 잔량에서도 중국과의 격차를 점차 줄이고 있다. 국내 조선사들의 수주잔량 점유율은 지난 1월 31.5%에서 3월 31.9%, 4월에는 32.1%로 상승세를 탄 반면, 중국은 2월 38.7%, 3월 38.4%, 4월 38.3%로 하락세다. 한편, 현대중공업, 삼성중공업, 대우조선해양 등 국내 "빅3" 조선사의 올 1분기 수주액은 총 128억 6천만 달러로 작년 같은 기간(59억 9천만 달러)의 2.1배 수준으로 집계됐다. 지금까지 우리나라가 중국에 비해서 수주량에서 2008년부터 1위를 중국에 내주고 있는 것으로 평가되나 수주금액에 있어서는 한 번도 중국에 1위를 내준 적이 없다. 이는 아직은 우리나라의 조선업의 품질 수준이 중국에 비해서 월등함을 입증하는 것이다.

7. 이제 **한국은 제조업**에 관한한 **세계 최고**의 **품질국가**다

지난해 들어 일본에서는 '한국을 배우자'는 언론 보도가 잇따르고 있다. 일본 일간지 니혼게이자이(日本經濟) 신문은 지난해 3월 4일자 사설 '세계로 약진하는 한국기업에서 배우자'를 통해 한국기업의 강세를 겸허히 인정하고 배워야 한다고 보도했다. 시사주간지 '슈칸신초(週刊新潮)' 는 지난 3월 11일자 발매 호에서 '올림픽에서도 경제에서도 언제 일본은 한국에 추월당했는가?'를, 경제주간지 이코노미스트는 지난 4월 5일자 발매 호에서 '최강! 한국… 일본 패배의 이유'를 보도하는 등 다른 매체들도 올해 들어 잇달아 한국 특집을 쏟아내고 있다. 한 수 아래로 여겼던 한국을 배우려는 일본의 태도는 우리에게 시사하는 바가 크다.

(1) 한국은 기능에 관한 한 세계최고 국가이다

1) 아랍에미리트 원전수출 비화

조선일보(2010년 2월 8일자)에 의하면 "원전(原電)을 수출하려면 국제기능올림픽 우승 노하우를 알려 달라."는 것이 2009년 12월 24일, 아랍에미리트(UAE) 정부가 원전 수출을 위해 아부다비에 가 있던 한국 정부 협상 팀에 내건 요구였다. 당시 UAE 정부는 관련 협정 체결을 위해 유재섭 한국 산업인력공단 이사장을 불러달라고 했다. 2009년 캘거리 기능 올림픽에 참가한 자국 대표단으로부터 한국 측 선수 단장이던 유 이사장의 명함을 건네받아 이름까지 '콕' 집어준 것이다. 연휴를 앞두고 지방에 가 있다 연락을 받은 유 이사장은 "원전 계약하는 줄도 모르고 있다가

갑자기 호출을 받아 얼떨떨했지만 일단 비행기 편부터 알아보느라 정신이 없었다."고 말했다. 실제로 양국 협력협정에 협력기관으로 명시된 KAIST · KDI · 한전 · 산업인력공단 중 UAE측이 가장 먼저 협력을 요청한 곳도 산업인력공단이었다. 유 이사장은 "UAE 정부가 석유 고갈 이후에 대비해 기능인력 양성에 국운을 걸고 있는 것 같다"며 "UAE는 오는 3월 초 한국에 대표단을 보내 기능올림픽 선수 양성과 직업훈련에 관해 더 구체적인 협정을 맺으려 한다."고 말했다. 국제기능올림픽 최다 우승(16회) 기록을 지닌 '기능강국 한국'의 비결을 전수받으려는 나라는 UAE뿐이 아니다. 산업인력공단 김동회 기획이사는 2009년 11월 중국 방문 때 예상치 못한 '파격적' 대접을 받았다. 우리의 노동부에 해당하는 중국 인력자원과 사회보장부 장샤오젠(張小建) 차관이 김 이사를 자신의 집무실로 초대해 1시간 15분간 면담하고 오찬까지 대접한 것이다. 김 이사는 "장 차관은 '앞으로 중국도 기능올림픽에 참가하려 하는데 제일 부러운 것이 한국'이라며 우리의 기능올림픽 선수 선발방법과 훈련법 등에 관한 구체적인 질문을 쏟아내더라"고 전했다.

2) 세계 최고의 기능강국 대한민국

한국은 1962년 처음 참가한 이래 2010년까지 국제기능올림픽에서 16번 우승함으로써 명실상부하게 세계최고의 기능국가의 명목을 과시하고 있다. 세계 최고 기능 강국이라고 하는 일본이 6번, 스위스가 4번, 스페인 2번, 독일 1번, 대만 1번에 불과한 실정이다. 우리나라는 제40회 국제기능올림픽에서 16번째 우승하는 쾌거를 이뤘다. 2009년 캐나다 캘거리 스탬피드 파크에서 열린 대회에서 40개 종목의 성적을 집계한 결과 금메달 13개, 은메달 5개, 동메달 5개, 우수상 12개를 획득해 스위스(금 7개)와 일본(금 6개)을 가볍게 제치고 1위에 올랐다. 이로써 한국은 1967년 16회 스페인 대회를 시작으로 모두 25차례 출전해 16번째 패권을 거머쥐며 기능강국의 면모를 재확인시켰다. 2007년 일본 대회에 이어 다시 정상에 오르면서 2005년 핀란드 대회에서 끊어졌던 연승행진을 재가동했다. 한국은 1995년 프랑스 대회부터 2003년 스위스 대회까지 5연패한 바 있다. 특히 한국은 45개 종

〈도표 7-1〉 연도별 국제대회 참가 실적

( )는 입상직종

구분	계	'67-'95	'97	'99	'01	'03	'05	'07	'09	'11
참 가 국	539	315	30	33	35	37	39	46	46	50
실시직종	822	578	37	41	39	42	39	47	45	46
참가인원	721	490	35	36	39	39	39	47	45	43
입 상 자	461(418)	313(312)	18(17)	17(16)	33(32)	25	18(16)	31(27)	23	37
종합순위	1위 17회	1위 10회	1위	1위	1위	1위	2위	1위	1위	1위

※ 우리나라는 25회 참가하여 17차례 종합우승

목(40개 출전) 가운데 35개 종목에서 입상해 모든 분야의 기능이 탁월함을 입증했다. 금메달이 나온 종목은 CNC 밀링, CNC 선반, 자동차 차체수리, 금형, 통합제조 등 전통적으로 강세를 보여온 기계분야와 조적, 철골구조물, 타일, 귀금속공예, 실내장식, 요리, 공업전자기기, 모바일 로보틱스 등이다. 요리에서는 1979년 첫 출전 이래 30년 만에 첫 금메달이 나왔고 타일도 2001년 첫 출전 이후 처음으로 정상에 등극했다. 공업전자기기는 1979년 이후 30년 만에 정상을 탈환했다. 국제기능 올림픽은 2년에 한 번씩 열리는 만 22세 이하(통합제조 및 메카트로닉스는 만 25세 이하) 젊은 기능인의 잔치로 연구개발의 성과를 제품으로 구현하는 숙

〈도표 7-2〉 국제 기능올림픽 경기직종

분과	직종수	경기직종
계	47	
기계	10	기계제도/CAD, CNC/선반, CNC/밀링, 폴리메카닉스, 통합제조, 몰드메이킹, 메카트로닉스, 자동차정비, 기계조립, 냉동기술
금속	7	자체수리, 판금, 배관, 자동차도장, 용접, 원형, 철골구조물
전기전자정보	8	옥내배선, 동력제어 공업전자기기, 정보기술, 웹디자인, 컴퓨터정보통신, 통신망분배기술, 모바일로보틱스
건축목재	9	조직, 미장, 가구, 창호, 목공, 타일, 장식미술, 조경, 지붕씌우기
공예	4	그래픽디자인, 석공예, 귀금속공예, 프린팅
미예	9	드레스메이킹, 화훼장식, 이미용, 요리, 제과, 제빵, 피부미용, 레스토랑서비스, 간호

련기술과 일부 서비스업의 세련미를 겨루는 종합대회다. 그러므로 본 대회의 우승은 바로 세계최고 기능강국임을 입증하는 것이다. 최근에는 독일, 프랑스, 스위스 등 유럽 선진국 등이 집중투자에 힘입어 선전하는 등 각국의 실력이 평준화되고 있는 실정이다. 유럽 선진국들이 국제 기능대회에 각별한 관심을 쏟은 까닭은 서비스산업 위주의 경제구조에 대한 의구심을 반영하는 것이다. 지난해 말 시작된 세계 금융위기의 격랑 속에서 각국은 제조업의 중요성을 새삼 확인하게 됐다. 제조업은 결코 마케팅이나 경영과 같은 소프트웨어가 대체할 수 없는 기본이라는 점이 인식되고 있다. 그리고 제조업은 역시 우수한 기능 인력의 확

〈도표 7-3〉 국제 기능올림픽 회원국

대륙별	회원국	회원국수
계		48
유럽	영국, 독일, 스위스, 프랑스, 아일랜드, 룩셈부르크, 네덜란드, 리히텐슈타인, 핀란드, 노르웨이, 덴마크, 벨기에, 오스트리아, 포르투칼, 스페인, 스웨덴, 이탈리아, 크로아티아, 헝가리, 에스토니아	20
아시아	한국, 일본, 대만, 마카오, 말레이시아, 싱가포르, 태국, 필리핀, 홍콩, 아랍에미레이트, 이란, 사우디아라비아, 브루나이, 인도네시아, 베트남, 인도	16
아메리카	미국, 브라질, 캐나다, 베네수엘라, 자메이카, 멕시코, 에쿠라도르	7
오세아니아	호주, 뉴질랜드	2
아프리카	남아프리카공화국, 튀니지, 모로코	3

보를 통해 기본이 다져진다.

3) 세계 최고의 IT 강국

IT 국제표준 제안건수 1위: 우리나라가 정보기술(IT)산업분야의 국제표준 전쟁에서 중국 미국 일본을 제치고 10년 만에 1위에 올랐다. 지식경제부 기술표준원에 따르면 미국 시애틀에서 폐막한 2010년 제74차 국제전기기술위원회(IEC)는 우리나라가 지난 1년간 국제표준제안건수 24건을 제안해 세계에서 제1위라고 공식 발표했다. 국제전기기술위원회(IEC) 총회에서는 사무총장이 국가별 국제표준제안 수를 발표하며, 이 순위는 세계 전기전자 표준분야의 리더 국가 여부를 결정짓고, 세계시장 점유 순위를

〈도표 7-4〉 IEC가 공식 발표한 국가별 국제표준안 제안건수

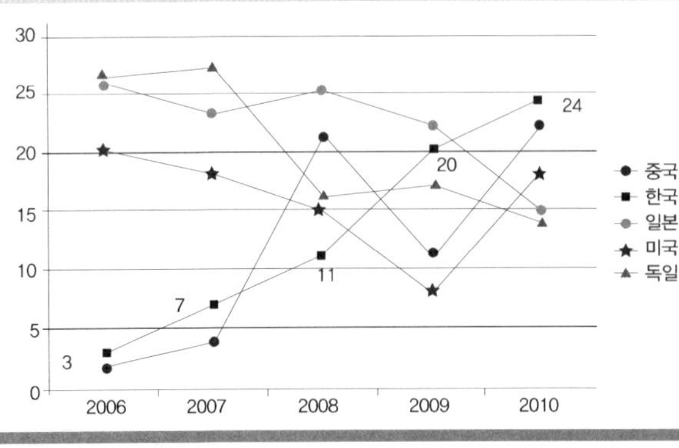

판단할 수 있는 핵심 지표로 인식돼 왔다. IEC가 발표한 공식 통계(2009년 4 · 4분기~2010년 3 · 4분기 기준)에 따르면 국제표준제안 수에서 우리나라가 24건으로 1위를 차지했고 중국(22건), 미국(18건), 일본(15건), 독일(14건) 등이 뒤를 이었다. 우리나라는 2002년에 2건으로 일본(29건), 미국(28건)과 큰 격차를 보였다가 지속 증가해 지난해는 20건으로 세계 2위를 차지했다가 이번에 1위에 등극했다. 이같은 성과에도 불구하고 우리나라의 국제표준이 반도체, 디스플레이, 조명분야 등이 60%를 차지할 정도로 특정분야에 집중돼 있다. 그러나 앞으로 에너지, 스마트그리드, 전기차 등 우리 신성장동력 분야에서도 도약이 기대된다.

① **초고속 인터넷 품질 세계 1위**: 또한 지난해 10월 미국 컴퓨터 네트워킹 장비업체 시스코는 세계 72개국 239개 도시의 초고속 인터넷 품질을 조사한 결과 한국이 3년 연속 1위를 차지했다고 밝혔다. 이번 인터넷 품질 조사는 기업과 가정의 초고속 인터넷 보급률과 인터넷 접속 속도를 종합해 평가한 것이다. 다운로드 · 업로드 속도와 보급률에 기반을 두어 평가하는 초고속 인터넷 품질 조사에서 한국의 초고속 인터넷 보급률은 100%로 나타났고, 다운로드 속도도 전년보다 55% 빨라졌다. 한국 초고속 인터

넷의 평균 다운로드 속도는 33.5Mbps로 전년에 비해 55%가 향상됐으며, 특히 업로드 속도는 17Mbps로 2009년에 비해 무려 430%나 향상된 것으로 조사됐다. 참고로 인터넷 다운로드 속도의 세계 평균은 5.92Mbps로 조사됐으며, 업로드 속도는 1.77Mbps였다. 72개국 전체의 초고속 인터넷 품질은 전년보다 24%, 3년 전보다 50% 향상됐다. 또 HD 인터넷 TV, 비디오 커뮤니케이션과 같은 차세대 인터넷 장비를 수용할 준비가 된 국가는 한국과 일본, 스웨덴, 홍콩, 독일, 덴마크 등 14개국으로 조사됐다. 이로써 명실공히 대한민국이 세계 제일의 IT강국이라는 것이 입증되었다. 한국이 초고속 인터넷 보급률과 품질에서 3년째 세계 1위를 차지하고 있다는 분석이 제기됐다. 주요국 상황을 보면, 미국은 보급률이 75%로 전체 15위였고, 이는 지난해 69%에서 6% 포인트가 증가한 것이다. 그러나 미국은 애플 등이 내놓은 고화질 TV를 인터넷으로 만족스럽게 보기에는 내년까지 준비가 덜 될 것으로 평가됐다. 미국과 같은 15위권은 프랑스, 캐나다, 라트비아 등이다. 영국은 18위로 한 단계 떨어졌다. 하지만 영국은 BT(British Telecom)가 초고속망 확충에 40억 달러를 투자할 계획이어서 내년에 더 나아질 것으로 기대를 모았다.

② 전자정부 세계 1위: 먼저 2010년은 각종 국제기구로부터 우리나라 전자정부가 세계 1위임을 인정받은 한해였다. 특히 UN은 한국의 전자정부에 대해 전자정부 발전지수 1위, 온라인참여지수 1위로 선정했다. 이러한 평가와 전자정부 수출을 위한 노력에 힘입어, 올해 해외수출은 작년 6,670만 불에 비해 223% 증가한 1억 4,876만 불에 이른다. 온라인민원 신청이 가능한 민원이 3,020종, 발급까지 가능한 민원은 1,208종으로 증가했다. 전자정부 평가 결과를 보면 한국이 64.7점으로 월등한 성적으로 1위를 한 반면에 대만이 58.7, 미국이 53.7, 싱가포르가 53.1로서 그 뒤를 잇고 있는 실정이다.

〈도표 7-5〉 상위 10개국 점수 및 순위

순위(전년도)	국가	점수
1(1)	한국	64.7
2(3)	대만	58.7
3(4)	미국	53.7
4(2)	싱가포르	53.1
5(6)	캐나다	53.0
6(8)	호주	53.0
7(10)	독일	49.8
8(11)	아일랜드	45.2
9(14)	도미니카공화국	45.0
10(13)	브라질	43.6

(2) 세계를 석권하고 있는 제품들

우리가 제조업의 경쟁력을 가격경쟁력, 품질경쟁력, 기술경쟁력, 유통경쟁력, 브랜드경쟁력으로 구분한다면 품질경쟁력에 관한한 한국이 세계최고의 품질국가라는 데 이론의 여지가 없다. 그것은 세계 곳곳에서 한국 제품의 승전보가 전해오기 때문이다. 지식경제부에 따르면 국내 기업의 세계시장 점유율 1위 품목은 총 148개(2008년 기준)로 나타났다. 지난 2002년 우리나라 세계 시장 점유율 1위 품목 49개에서 6년 새 4배 가까이 증가했다. 특히 지난 2006년(121개)의 경우 '메이드 인 코리아' 1위 품목이 30% 가량 늘어 세계시장의 주도권을 본격적으로 쥐게 됐다. 이 가운데 현대중공업과 삼성그룹이 '글로벌 톱(TOP)' 제품을 가장

〈도표 7-6〉 우리 기업의 연도별 세계 시장점유율 1위 변화(2008년 기준)와 세계 시장점유율 1위 제품별 점유율

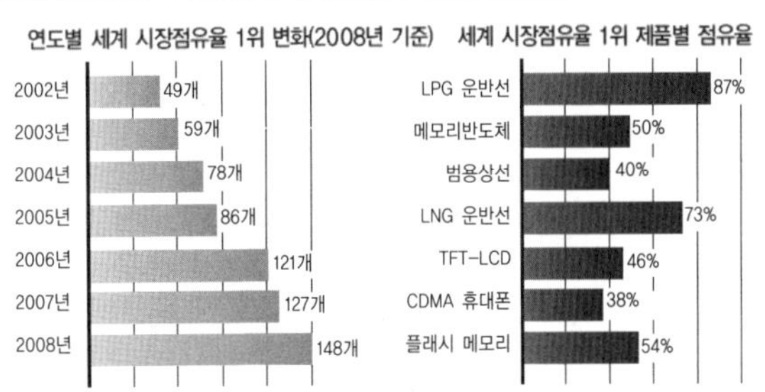

많이 보유, 한국 대표기업의 위상을 재확인했다. 현대중공업은 독보적이다. 15개의 세계시장점유율 1위 제품을 가지고 있다. 현대중공업은 세계시장의 87%를 점유하고 있는 액화석유가스(LPG) 운반선을 비롯하여, ▲대형 엔진 선박용 터보차저(31.8%) ▲선박용 동기 발전기(38.1%) ▲선박용 배전반(35.4 %) ▲대형 엔진 실린더 프레임(54.5%) 등 총 8개의 세계 시장점유율 1위 제품을 단독으로 보유하고 있다. 삼성그룹도 7개를 보유한 삼성전자를 중심으로 총 15개의 세계시장 점유율 1위 제품이 있다. 삼성중공업(4개)과 제일모직(2개), 삼성전기(1개), 삼성SDI(1개) 등의 삼성그룹 계열사들도 세계 시장 점유율 1위 제품들을 생산하고 있다. 한국산의 세계시장 경쟁력은 변동성이 크지 않다는 게 특징이다. 한번 확보한 세계시장 점유율을 확고하게 지켜가고 있다. 이는 해외 대기업들이 부품, 소재를 값비싼 일본산보다 가격대비 품질이 우수한 한국산으로 바꾸기 시작한 것이 증명한다. 공격적 마케팅과 차별화된 프리미엄 전략, 뛰어난 기술력의 삼박자가 맞아 떨어지기 때문이다. '도요타 사태'로 한국제품의 경쟁력은 더욱 높아질 것으로 보인다. 생산비 절감과 대량 생산에 치중했던 도요타가 품질을 확보하지 못해 한순간에 추락하면서, 상대적으로 고품질인 한국산 부품으로 수요처를 바꾸는 현상이 확산되고 있다. 자동차부품 업체 한 관계자는 "중국에서 값싸게 사와서 쓰던

〈도표 7-7〉 전체 수출상품 대비 일류상품 수출 비중

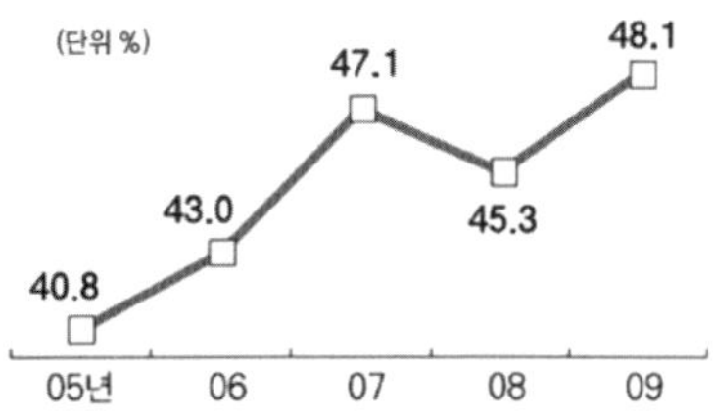

자동차 기본부품들도 이젠 가격이 비싸더라도 믿을 수 있는 한국산을 찾고 있어 요즘엔 생산물량이 달릴 정도"라고 했다. 품질과 가격 경쟁력을 동시에 만족시켜 줄 수 있는 한국산 제품에 주목하고 있는 것이다.

한국생산성본부에 따르면 2001년 55개였던 현재 세계일류상품은 376개로 늘었는데, 세계일류상품의 성과 역시 늘어난 상품 수만큼이나 커지고 있다. 2005~2009년 전체 수출 증가율은 연평균 6.3%에 그친 반면 세계일류상품의 수출 증가율은 10.8%를 기록했다. 전체 수출액 중 세계일류상품이 차지하는 비중도 2005년 40.8%에서 48.1%(2009년)로 증가했다. 493개 세계일류상품을 대상으로 조사를 했더니, 수출액도 2005년 1,159억에서 지난해 1,748억 달러로 늘었다.

1) 전자제품 부문

삼성전자는 대표적 세계 시장점유율 1위 제품인 메모리 반도체(약 35%)를 비롯해 컴퓨터용 광기기제품인 DVD-롬 하프 하이

트 드라이브(43.5%) 등을 보유하고 있다. 시장조사업체 컴스코어는 '2010 모바일 조사보고서'에서 삼성전자가 주문자상표부착생산방식(OEM)으로 이뤄지는 미국 휴대폰 단말기 시장에서 점유율 24.8%를 기록, 전년도 1위 모토로라를 제쳤다고 밝혔다. 이는 2009년보다 3.6%포인트가 높아진 기록이다. 2위는 20.9%(전년비 1% 포인트 하락)를 기록한 LG전자가 차지해 한국 제조사의 휴대폰 시장점유율이 45.7%로 거의 절반에 육박하며 미국 시장에서의 인기를 입증했다. 또한 삼성전자는 프랑스에서 34.1%로 1위를 기록했으며, 영국과 독일, 이탈리아, 스페인에서 '톱 3'에 포함됐다. LG전자는 이탈리아와 스페인에서 '톱 3'에 들었다.

컨슈머리포트가 2011년 신년호에서 미국에서 판매 중인 32인치 LCD TV의 화질 · 음질 · 사용편의성 등을 평가한 결과 LG전자 제품이 1~3위를 싹쓸이하며 '구매 추천(Recommended)' 평가를 받은 것이다. 그 뒤를 이어 삼성전자의 LN32C530모델이 4위를,

〈도표 7-8〉 삼성전자의 세계시장 1위 제품

반 도 체	D램 반도체, 낸드플래시, S램, 디스플레이 구동칩(DDI), 칩카드, 미디어플레이어용 IC
L C D	PC모니터용 LCD, TV용 LCD
통 신	와이브로
영 상	컬러TV(CRT, LCD, PDP, LED 합계), PC용 모니터

※ 2008년 기준 11개 제품

〈도표 7-9〉 리튬2차전지 세계시장 점유율

(단위: %)

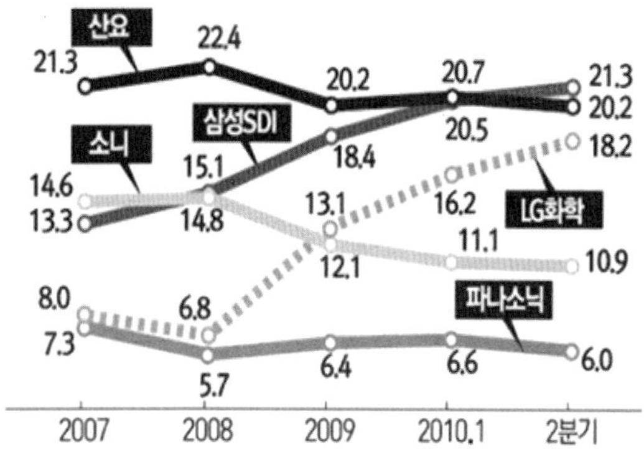

〈자료: 산업연구원〉

또 다른 제품(UN32C4000)이 7위를 차지하는 등 한국산 제품이 10위 안에 5개가 선정됐다. 이밖에 미국의 비지오 제품이 5위, 파나소닉(6위), 소니(8, 9위), 산요(10위) 등이 10위권에 포진했다.

2) 자동차 부문

2010년 미국서 '가장 가치 있는 차'에 현대 쏘나타가 뽑혔다. 미국의 자동차 전문 조사업체인 스트래티직 비전이 최근 발표한 '종합 가치 지수(TVI)' 평가에서 신형 쏘나타가 최우수상을 받았다. 이번 평가는 지난 2009년 9월부터 지난해 6월까지 미국에서

2010년형 신차를 구입한 고객 중 최소 90일 이상 보유한 11만 1,000여 명을 대상으로 했다. 이들이 보유한 차의 ▲품질 신뢰성 ▲연비 ▲중고차 가격 ▲보증 정책 ▲구입비용 등을 조사해 점수를 매긴 것이다. 이 가운데 신형 쏘나타는 860점을 기록, 스트래티직 비전 TVI 평가 사상 최고점을 받았다. 기존 최고점은 쉐보레 콜벳이 지난해 받은 840점이다. 알렉산더 에드워즈 스트래티직 비전 대표는 "신형 쏘나타 점수에 놀라 수차례 이를 확인했다"며 "신형 쏘나타는 품질, 성능, 가격 등 다방면에서 가치가 높은 차"라고 평가했다. 한편, 현대차 제네시스는 같은 조사 결과 준 고급차 부문에서 지난해에 이어 2년 연속 1위에 올랐다. 투싼ix는 소형 SUV 부문에서 1위를 차지했다. 제네시스는 852점, 투싼ix는 800점을 각각 받았다. 러시아 자동차 전문잡지 '클락손'이 최근 발표한 '골든 클락손 상'에서 러시아 현지 전략차종 '솔라리스(국내명 엑센트)'가 소형차 부문에서 최우수상에 선정됐다. 이 상은 러시아 시장에 새로 출시한 모델을 대상으로 자동차 전문기자들이 연중 평가하며 ▲신뢰성 ▲제조품질 ▲안전도 ▲연비 ▲성능 ▲신기술 등 52개 항목으로 종합적인 평가를 해 11개 차급별로 1위를 가린다. 한편, 기아차 '스포티지R'은 소형 SUV 부문에서 최우수상을 수상했다. 기아차는 작년 러시아 시장에서 10만 4,325대를 판매, 수입차 시장 점유율 8.5%로 1위를 차지했다. 그 가운데 스포티지는 2만 274대로 소형 SUV 세그먼트 1위를 차지하며 기아차 판매를 이끌었다.

최근 미국의 브랜드 조사업체인 '브랜드키즈(Brand Keys)'사가 미국의 79개 분야 528개 브랜드에 대한 '고객 충성도 조사'(Brand Keys Customer Loyalty Engagement Index)를 실시한 결과, 현대차가 자동차 부문에서 2년 연속으로 1위에 올랐다. 올해로 15회를 맞는 브랜드키즈사의 '고객 충성도 조사'는 미국의 18세에서 65세까지의 고객을 대상으로 전화 설문조사를 통해 브랜드 충성도를 조사한다. 브랜드키즈는 1997년부터 미국인들의 일상생활과 밀접한 품목의 브랜드별 '고객 충성도 조사' 결과를 발표하는 권위 있는 브랜드 조사 및 컨설팅 업체다. 브랜드키즈의 로버트 패지코프 사장은 "이제 고객들은 현대차의 품질 우수성을 인식하고, 그 가치를 인정하고 있다"며 "현대차는 고객에게 '즐거움'을 주고 있다"고 전했다.

한편 미국에서 월 70만 부 이상 발행되는 경제 전문 잡지인 '키플링어(Kipplinger)'지는 최근 발행된 자동차 특집호에서 '2011년 베스트 신차(2011 Best New Cars)' 11종을 선정하면서, 아반떼, 쏘나타, K5, 스포티지를 해당 차급의 '2011 베스트 신차'로 꼽았다. 현대 · 기아차는 총 11개 차급을 대상으로 실시된 이번 평가에서 4개 차종이 선정돼 최다 선정 메이커에 등극했으며, 특히 이번 조사에서 '쏘나타'와 'K5'는 미국에서 가장 경쟁이 치열한 차급인 중형 세단 부문에서 도요타 '캠리', 혼다 '어코드', 포드 '퓨전' 등의 경쟁차를 누르고 당당히 차급별 '베스트 신차'로 선정됐다.

독일의 권위 있는 자동차 전문지 아우토빌트는 6일 한·일 대표 차종 7개를 비교 분석한 '한국 대 일본, 숙명의 결투' 특집 기사에서 현대·기아차가 일본 업체들을 이겼다고 보도했다. 이번 평가는 아우토빌트 전문가들이 11월 한 달간 각 차량의 내·외장과 차체, 구동계, 안락성, 주행성, 경제성 등 총 5개 항목을 기준으로 심사했다. 평가 대상은 현대차의 i10과 스즈키 알토, 현대차 i20과 마쓰다 마쓰다2, 현대차 ix20과 혼다 재즈, 현대차 산타페와 닛산 무라노, 기아차 소울과 닛산 주크, 기아차 시드와

〈도표 7-10〉 일본 연합군에 승리한 한국차

한국		일본	승패
i10(현대차)	VS	알토(시즈키)	패
i20(현대차)	VS	마쓰다2(마쓰다)	승
ix20(현대차)	VS	재즈(혼다)	무
산타페(현대차)	VS	무라노(닛산)	무
쏘울(기아차)	VS	주크(닛산)	승
씨드(기아차)	VS	아우리스(도요타)	승
스포티지(기아차)	VS	라브4(도요타)	패

〈자료: 독일 아우토빌트〉

도요타 아우리스, 기아차 스포티지와 도요타 러브4 등 7개 차급 14종이었다. 이 결과 i20과 소울, 시드가 각각 이겼고, ix20과 산타페는 무승부를 기록(3승 2무 2패)했다. 일본차보다 우위 판정을 받은 i20은 세련된 스타일과 충분한 내부 공간, 깔끔한 내장, 조작 용이성, 우수한 서스펜션에서 앞섰다. 소울은 세련된 내장과 우수한 시계성, 편리한 조작성, 충분한 내부공간, 뛰어난 엔진을, 씨드는 안락감과 주행 안정성, 내장 조립 우수성 등에서 좋은 평가를 받았다. 아우토빌트는 "현대 · 기아차가 단기간에 일본차를 따라잡은 속도는 유럽 메이커를 포함한 경쟁사에 위협적"이라며 "빨리 배우고 비판에 대해서도 신속히 개선하는 기업문화를 갖고 있다"고 분석했다. 현대 · 기아차 관계자는 "한국차가 성능과 감성, 내구성 등 전 영역에서 일본차 수준에 근접했거나 이미 넘어섰다"며 "이번 평가를 통해 브랜드 이미지가 개선되고 판매도 신장될 것"이라고 기대했다. 아우토빌트는 매주 70만 부를 발행하고 있으며, 전 세계 36개국에 자동차 정보를 제공하는 유력 자동차 매체다. 현대자동차는 미국 자동차 전문지 모터트렌드가 최근 발표한 '준 중형차 비교평가'에서 아반떼가 준중형급 8개 차종 중 1위를 차지했다고 올해 5월 27일 밝혔다. 이번 비교평가는 미국 내 베스트셀링 준 중형차 8개 차종의 가치, 연비, 성능, 스타일링, 주행 안정성, 주행 즐거움 등 6개 항목에 대해 이뤄졌다. 아반떼는 도요타 코롤라, 혼다 시빅, 포드 포커스 등 대표적인 베스트셀링 준중형 차종을 제치고 1위를 차지했다. 모터트렌드는 "아반떼의 주행 안정감은 부드럽고 조용할 뿐만 아니라 조향 면에서도 우수해 평가 대상 차종 중 가장 안락했다"고 평가했다. 아반떼는 또 미국 자동차전문 매체인 에드먼드사 인사이드라인닷컴에서 발표한 소형차 비교 품질평가에서도 혼다 시빅과 쉐보레 크루즈를 제치고 1위에 올랐다. 평가는 주행성능에서 내외장 디자인에 이르는 전문가들의 품질평가와 함께 전문가 추천율, 연비, 가격까지 종합적으로 이뤄졌다. 미국 고속도로안전보험협회도 소형차 신차 13개 모델의 안전도를 평가해 아반떼를 비롯한 6개 차종을 최고 안전 차량으로 26일(현지시간) 선정했다. 2011년부터 미국 시장에서 판매된 아반떼는 지난 4월에만 2만 554대가 판매되며 미국 시장에서 사상 처음 월 판매 2만대를 넘는 기록을 세웠다.

3) 원자력 발전소의 경쟁력

각국이 원전에 새롭게 눈을 뜨고 있는 가운데 우리나라도 우수한 원전 운영 실적을 기반으로 국내를 넘어 해외 시장으로 눈을 돌리고 있다. 특히 1978년 원전 도입 이래 한 건의 사고 발생도 없는 안전한 운영을 강점으로 하고 있다. 풍부한 건설 경험도

장점으로 1978년 1호를 시작으로 현재 20기를 운영 중으로 거의 매년 1기씩을 건설하며 노하우를 축적해 왔다. 이 같은 경험은 건설 공기 단축으로 이어져 콘크리트 타설 부터 상업운전까지 58개월로 경쟁력을 갖췄다. 여기에 건설단가가 다른 국가에 비해 20% 이상 저렴해 다른 국가와의 경쟁에서도 유리한 입장이다. 최근에 아랍에미리트 원전 수주에 성공한 것은 한국이 보여준 세계적 수준의 안전성이다. 원전이 잠시 멈춘 것도 손에 꼽힌다. 1년간 원전의 불시정지(사고 또는 사고의 징후 시 운전을 중지하는 경우)는 1980년대 중반까진 원전 1곳당 평균 5건 이상이었지만 1998년 이후 1건 이하로 떨어졌고 2003년부터는 0.4~0.6건을 유지하고 있다. 2008년에는 원전 1곳당 단 0.35번만 멈췄다. 원전 선진국으로 정평이 나 있는 캐나다(1.1~3.1건), 미국(1.1~1.4건), 프랑스(1.8~3.2건) 등을 압도하는 기록이다. 고장이 적으니 원전 이용률도 당연히 세계 최고를 기록 중이다. 원전 이용률이란 1년간 원전이 정상 운전되는 시간 비율로 높을수록 경제성이 큰 것으로 평가된다. 2008년 우리나라의 원전 이용률은 93.3%로 2000년 이후 9년 연속 90% 초과라는 위업을 달성했다. 세계 평균(79.4%)은 물론, 미국(89.9%), 프랑스(76.1%), 일본(59.2%) 등과도 큰 차이를 보였다. 이러한 한국 전력의 발전소의 운전 실력은 세계로부터 발전 운영 컨설팅을 수주 받아 세계 발전소의 가동률을

〈도표 7-11〉

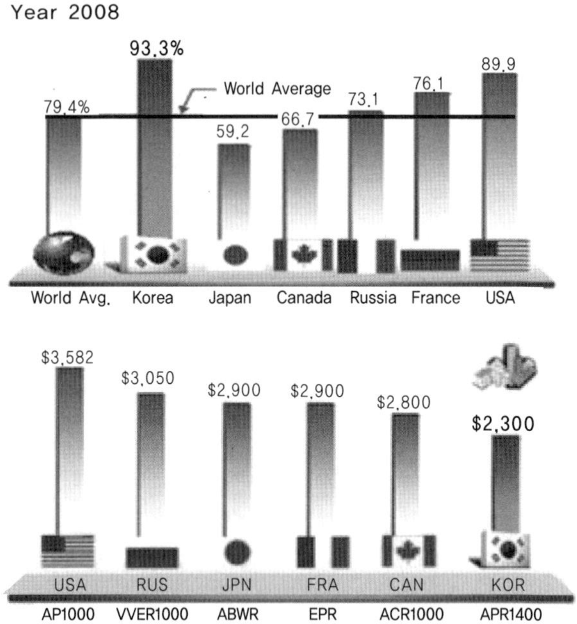

〈Source: World Nuclear News(World Nuclear Association, 2008)〉

제고하는데 기여하고 있다. 한전은 필리핀에서 지난 1995년 경쟁 입찰을 통해 노후화된 말라야 화력발전소(65만 kw급)의 성능개선 사업을 수주하면서 저력을 발휘하기 시작했다. 총 2억 6,000만 달러를 투입한 이 사업에서 한전은 발전소 출력을 43만 kw에서 64만 kw로 높이고 설비신뢰도 향상 및 고장정지률을 연 15회

〈도표 7-12〉 한국전력의 운전자문 현황

에서 1~2회로 낮춤으로써 기술력을 입증했을 뿐 아니라 효율적 사업수행으로 매년 수익목표를 초과달성하고 있다. 한전은 2009년 총매출액 대비 1.7%(5,122억 원)에 불과했던 해외 사업 매출을 10년 뒤 32%(약 27조 원)까지 끌어올린다는 계획이다. 지금까지 해외 발전 사업은 화력발전이 중심이었지만 여기에 원자력, 수력, 신재생에너지 등으로 사업을 다각화할 예정이다. 지역적으로도 중국, 필리핀 중심에서 중동, 중앙아시아, 아프리카 등으로 거점을 확대한다는 방침이다. 지난해 기준으로 한전이 추진하고 있는 해외 사업(발전, 송배전, 자원개발) 81건 중 현재 운영으로 수입을 내고 있는 사업은 21건이어서 앞으로 수익이 늘어날 가능성이 더욱 큰 상황이다.

(3) 서비스 산업의 세계 최고 분야

1) 인천공항 세계최우수 공항상 6연패: 인천공항이 '항공 업계의 노벨상'으로 불리는 '세계최우수공항상(Best Airport Worldwide)'에 6년 연속으로 1위를 차지했다. '세계최우수공항상'은 세계 1,700여 공항 협의체인 국제공항협의회(ACI, Airports Council International)에서 매년 세계 공항의 서비스를 평가해 선정하는 상이다. ACI는 2010년 한 해 동안 공항 이용객 25만 명으로부터 7개 서비스 분

〈도표 7-13〉 세계 공항의 서비스 평가 결과

▶ 종합(Worldwide) 평가결과

구분	1위	2위	3위	4위	5위
종합	인천	싱가포르	홍콩	북경	푸동(상하이)

※ 김포공항은 종합평가 6위(10년부터 평가대상에 포함)

▶ 규모별 평가결과

구분	1위	2위	3위	4위	5위
4,000만 이상	홍콩 (중국)	북경 (중국)	두바이 (UAE)	방콕 (태국)	댈러스 (미국)
2,500만~ 4,000만	인천	싱가포르	푸동 (상하이)	델리 (인도)	쿠알라룸프르 (말레이시아)
1,500만~ 2,500만	김포	뭄바이 (인도)	밴쿠버 (캐나다)	타이베이 (대만)	심천 (중국)
500만~ 1,500만	하이더라바드 (인도)	나고야 (일본)	인디아나폴리스 (미국)	칸쿤 (멕시코)	오스틴 (미국)
500만 미만	험버사이드 (영국)	알아인 (UAE)	퀘벡 (캐나다)	빅토리아 (캐나다)	핼리팩스 (캐나다)

※ 규모별 그룹 분류는 '09년 여객운송 실적 기준

야와 27개 시설 운영 분야 등 총 34개 분야를 1:1 직접 면접 설문 조사한 결과를 토대로 공항별 순위를 발표했으며, 그 결과 인천공항은 2005년 이후 6번째로 '최우수공항상'에 선정되며 1위를 달성했다. 더욱이 인천공항은 5점 만점에 4.96점으로 만점에 가까운 점수를 받아 더욱 주목받고 있다. 뿐만 아니라 인천공항은 '아시아-태평양 최고 공항(Best Airport in Asia-Pacific)'과 '중대형 최고 공항(Best Airport – 2,500~4,000만 명)' 분야에서도 1위를 석권하면서 글로벌 공항으로서의 입지를 굳건히 했다.

2) 의료기술 세계 1위: 지난 2002년 미국 최소 침습 척추 내·외과 학술원(American academy of minimally invasive spinal medicine and surgery)이 전 세계 척추 전문병원 19곳을 조사한 결과, 우리들 병원이 수술 성적에서 공동 1위, 수술 건수에선 8,000여 건으로 최다 횟수를 기록한 것으로 나타났다. 이렇게 특정 의료 분야에서 세계적인 치료 성적을 낸 것은 서양 의술 도입 1백년사에 매우 드문 일이라는 게 의료계의 중론이다. 또한 세계적인 영향력을 가진 미국의 '뉴욕타임스'는 2008년 11월 16일자 '한국, 의료관광으로 국부를 창출하다(South Korea Joins Lucrative Practice of Inviting Medical Tourists to Its Hospitals)'라는 제호의 기사를 통해 한국 의료관광의 우수성에 대해 소개하고 있다. 우리들 병원의 수술 성공

〈도표 7-14〉 세계 주요 병원 내시경 디스크 수술 성적

조사 대상	수술환자(명)	성공률	염증	뇌척수액 유출	감각 장애	운동 결손	재수술	수술법
한국 우리들병원	8,000	94%	16	0	20	8	34	R.L.B
미국 캘리포니아 척추센터	1,940	94%	2	3	6	2	4	R.L.B
미국 LA 시나이병원	1,250	94%	1	0	17	3	5	L
브라질 포토 알레그레클리닉	150	92%	1	4	1	2	0	B
미국 에리조나 피닉스 병원	1,400	90%	5	2	10	2	8	R.L.B
독일 뮌헨 알파 척추클리닉	4,600	90%	0	25	20	25	10	L
미국 플로리다 통증센터	620	90%	0	1	12	8	40	L
미국 캘리포니아대 병원	1,650	90%	2	0	0	0	45	–
프랑스 달렌스 병원	2,600	87%	4	3	0	0	4	B
영국 랭커스터대병원	1,250	80%	9	1	1	3	36	L

※ R: 고주파열, L: 레이저, B: 전기소작

률 94%는 세계 최고 수준으로 미국, 독일, 영국, 프랑스의 유수 병원을 추월하는 우수한 성적이다.

이 같은 한국 의료의 선전은 가격 경쟁력이 뒷받침하고 있다. 현재 의료관광에 나서고 있는 병원들은 자체 국제수가라는 것을 만들어 내국인 환자 급여진료비의 약 3배 정도를 외국인에게 청구하고 있다. 하지만 미국에서 척추수술을 받을 경우 1억 1,140만원이 들지만 경희대 동서신의학병원의 경우 1,060만 원이면

충분해 10분의 1도 안 되는 수준이다. 한국 의료의 독보적 역량을 아직 경쟁국에선 모방하지 못하고 있다. 코 성형 수술의 경우 중국은 우리 의료수준의 절반 정도에 불과하며, 고난도 안면윤곽성형수술은 거의 흉내도 내지 못한다는 게 성형외과 전문의들의 일치된 견해다. 또 성전환 수술환자를 위한 목소리 성형도 세계 최고 수준으로 인정받는다.

(4) 외국의 한국 벤치마킹

1) 외국기업의 한국 벤치마킹: 글로벌 기업들이 한국에 주목하고 있는 이유는 '빠른 경제 성장 경험, 첨단 IT기술 보유, 우수한 인력 양성'이라는 점이 꼽힌다. 아우디 슈토펠 총괄은 "한국의 백만장자 증가율은 세계 상위권 안에 든다."며 "빠르게 부의 규모가 커지고 있는 시장인 만큼 본사 차원에서 특히 주목하고 있다"고 말했다. GE 임원교육총책임자인 카렌 오도넬은 "임원 교육 현장 체험 국가는 보통 제프리 이멜트 회장이 기업 임원과 고문 35~40여 명과의 대화를 통해 결정한다."며 "한국을 택한 것은 한국 기업들의 빠른 의사 결정과 특유의 재벌 시스템이 어떻게 한국 기업들을 글로벌하게 성장시켰는지 확인하는 게 주 목표였다"고 말했다. 특히 올 초 GE의 최고마케팅책임자(CMO)가

〈사진 7-1〉 GE 임원들의 장구치는 모습

전 세계 GE 직원들이 열람하는 게시판에 '현대차 마케팅을 배우라'고 지시하면서 GE 내부에 한국 열풍이 불었다는 후문이다. GE는 올 상반기 45명의 고위 임원들을 한국으로 보내 임원 현장 교육을 진행했다. '미래 리더'를 키우는 GE의 BMC(Business Management Course) 과정이 2주간 한국에서 진행된 것이다. 이들은 2주간 삼성, LG, 현대차 같은 한국 기업들의 현장을 둘러봤다. 올해 5월 한국에서 2주일 동안 진행된 임원교육 프로그램 중 하나로 GE 고위 임원들이 장구치는 법을 배우고 있다. 이 과정에 참가한 린다 피오레 GE캐피탈아메리카 설비금융부문 사장은 "한국의 오늘을 있게 한 한국 역사 · 문화 등을 공부했다"며 "한국 특유의 정열적이고 진취적인 기업 문화가 인상적이다"고 말했다.

2) 미국 MBA 학생 한국 방문: 해외 MBA과정 및 대학들이 한국 기업을 배우기 위해 잇따라 방문하고 있다. 와튼·하버드·MIT 등 톱 스쿨은 "한국 기업의 경이로운 성공과 한국 국민의 IMF 극복 사례는 살아 움직이는 강의 재료"라고 말한다. 미국 USC(University of Southern California) 경영대학원 GEMBA와 프랑스 낭트대 MBA 과정 학생들이 신세계, LG전자, 현대자동차, 대한항공, 포스코, 한화석유화학 등을 방문해 조사·연구를 진행했다. USC GEMBA 과정은 일반 MBA와 달리 CEO 또는 임원급 이상만을 대상으로 하는 글로벌 임원(Global Executive) MBA 과정

〈사진 7-2〉 하버드 MBA 학생 연수

으로 코카콜라, IBM, 시스코, 존슨앤존슨 등 유수의 기업 CEO 및 임원 55명이 참여하고 있다. 특히 이 프로그램은 참여 학생들이 투표를 통해 방문국을 결정하는데 한국은 2005년 과정 개설 후 5기 동안 3차례나 선정될 정도로 높은 인기를 얻은 것으로 전해졌다. 또 프랑스 낭트대 MBA 학생도 연세대와 연계해 신세계, 삼성전자, 현대중공업 등 국내 대표기업 탐방 프로그램을 진행하고 있다. 이러한 한국 기업 배우기 열풍은 인턴십과 같은 실무 체험 프로그램으로도 이어지고 있다. 지난 4월부터 조선호텔에서는 프랑스 르 아브르(Le havre)대 아시아 통상 대학원 및 BTS 호텔학교 소속 학생 4명이 마케팅, 식음기획, 경영관리, 레스토랑 등 다양한 실무부서에서 각각 인턴십 프로그램을 이수중이다.

3) 일본 백화점의 한국 연수: 일본이 한국 배우기에 열심이다. 한국에 한 수 가르쳐주기만 하던 일본이 이제는 "한국에서 배우자"고 목소리를 높이고 있다. 요즘은 한국인 인재 영입에도 적극적이다. 한국이 글로벌 경제위기를 조기에 극복하고 한국 기업들이 눈부신 성과를 올리자 일본에서 '한국 경계론'이 높아지고 있는 것이 주된 이유다. 한국 경계론이 높아질수록 한국 경쟁력의 원천인 한국인 인재를 영입하자는 욕구도 강해지게 마련이다.

지난해 8월 초 한국을 찾은 일본 이세탄백화점의 오니시 히로

시 사장과 다카시마야, 다이마루마쓰자카야 등 일본 주요 백화점의 임직원들은 무더위 속에서도 나흘간 서울과 부산을 오가며 현장 학습에 구슬땀을 흘렸다. 일본 백화점협회 내 '비즈니스 모델 조사단'이라는 이름으로 구성된 이들 관계자 14명은 이번 방한 기간 중 직접 눈으로 확인하고 체험한 바를 토대로 한국 백화점들의 경쟁력을 다룬 보고서를 작성해 회원사에 배포할 계획이다. IMF 외환위기 이전까지 한국 기업들의 벤치마킹 대상은 대체로 일본 기업이었지만, 백화점은 그중에서도 '일본 따라하기'가 심한 분야에 속했다. 그러나 한국 백화점은 혁신을 거듭하면서 독자적인 모델을 확립하는데 성공했고, 일본 백화점은 전통을 답습하는 데 급급해 격변하는 시장에 제대로 대응하지 못했다. 어제의 스승이 과거의 제자에게 한 수 지도를 청하지 않을 수 없게 된 까닭이다.

8. 품질한국으로 대한민국 희망 프로젝트를 다시 쓰자

국민 소득 2만 불까지는 기업인의 힘, 즉 품질경영으로 가능하다. 그러나 금번 강남 물바다, 광화문 수해상황에서 보는 바와 같이 전시행정, 또한 최근의 정치 일선에서 벌어지고 있는 정치 포퓰리즘으로는 국민 소득 4만 불 시대를 열기는 어렵다. 새로운 대한민국의 희망프로젝트를 성공시키기 위해서는 전 국민의 일체화된 시너지를 필요로 한다. 어느 재벌 그룹 회장이 말했던 대로 '기업인은 2류, 공무원은 3류, 정치인은 4류'로는 절대로 불가능하다. 기업인, 공무원, 정치인을 1류로 끌어 올리지 않고는 불가능하다. 정치인은 저질 정치 타파하고 품질정치로, 공무원은 부정부패 해소하고 품질행정으로, 기업인은 기업혁신으로 품질경영을 실현하는 품질한국을 이루어야 한다. 2003년 7월 중국을 공식 방문 중이던 고 노무현 대통령께서 수행기자들과의 조찬간담회에서 "기업마다 앞다퉈 대(對)중국 투자에 나선다면 국내 산업은 공동화될 것인가?"라는 질문에 "한국은 지금부터 품질국가로 나아가야 합니다. 생산품질, 정치품질, 기업품질, 경영품질 등 전반적으로 '품질'을 업그레이드해 나가고 여러 가지 노하우를 충분히 살려 나가면 한국은 쉽게 공동화되지 않을 것"이라며 국내 산업공동화의 대안을 말씀하셨다. 공식적인 연설이 아닌, 간담회에서의 자연스런 표현이었음에도 한국이 나가야할 길에 대한 선견이 돋보이는 대목이다. 문화일보가 2010년 11월 창간 19주년을 기념하는 여론조사에서 응답자들은 "국가경쟁력을 높이기 위해 가장 먼저 개선돼야 하는 분야"를 묻는 질문에 과반(50.6%)이 '정치'라고 답했다. 이어 '경제'(22.5%), '교육'(11.9%), '외교'(8.9%), '문화'(4.6%) 분야 등의 순으로 개선 분야를 지적했다. 특히 공정사회를 만드는 데 가장 걸림돌이 되는 집단에서도 '정치권'을 꼽은 응답자들이 60% 이상으로 압도적이었다.

(1) 품질정치 없이 품질한국은 없다

2002년 정초 매일경제가 실시한 여론 주도층 200명을 대상으로 일대일 서베이 결과 응답자들은 한결같이 한국의 업그레이드는 정치에서 출발할 수밖에 없다고 입을 모았다. 서베이 응답자들의 절반 이상(50.5%)은 반드시 추진해야할 개혁분야로 정치 분야를 손꼽았다. 한국에서 생산성이 가장 낙후된 집단을 묻는 질문에 응답자의 73%가 정치권을 1순위로 지목했다. 신뢰성이 가장 떨어지는 분야에서도 정치권이 84.4%를 차지했다. 선진 한국을 이룩하기 위해 가장 큰 개선과 변화가 필요한 분야가 어디냐는 질문에 정치권이 당당히 '수위'(75.9%)를 차지했다. 이러한 품질정치에 대한 요구는 국내 여론에 국한된 것이 아니다. 2005년 12월 국제투명성기구가 세계 69개국 5만5천여 명을 대상으로 조사한 결과 한국에서 부정부패가 가장 심한 기관으로 정치권이라고 응답하고 있다.

〈도표 8-1〉 국가경쟁력 향상을 위한 개선 분야

(단위: %)

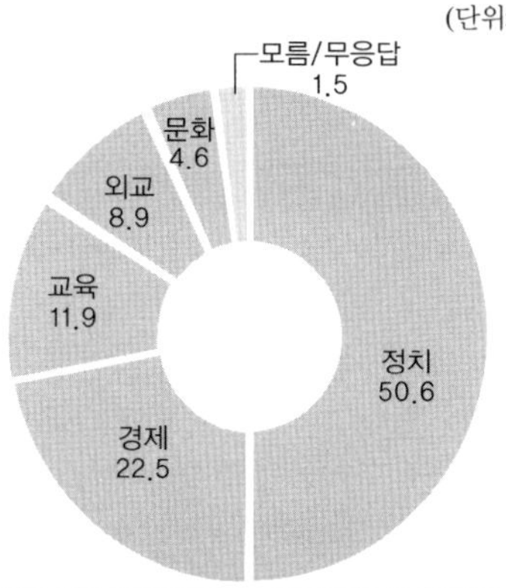

WEF는 2010년 139개국의 국가 경쟁력을 평가한 결과 한국이 1년 전보다 3계단 낮은 22위를 차지했다고 발표했다. 국가 경쟁력이 떨어지는 데 가장 일조를 한 집단이 바로 노동계와 정치계로 지적하고 있다. 거시경제(11위→6위), 시장규모(12위→11위), 노동시장 효율성(84위→78위) 등에서 전년보다 순위가 상승했지만 기업혁신(11위→12위), 고용·해고 관행(108위→115위), 정부 규제 부담(90위→108위) 등에서는 하락했다. 지난해 5월 발표된 스위스 국제경영개발원(IMD)의 '세계경쟁력연감 2010'에 따르면 우리나라는 조사 대상 58개국 가운데 역대 최고인 23위를 차지하면서 전년보다 4계단 상승했다. 그러나 이러한 순위 변동에도 불구하고 정치가 국가경쟁력의 발목을 잡고 있다는 사실에는 변함이 없다. 다카스기 노부야 전 서울재팬클럽 이사장은 98년 한국에 부임한 후 6년간 한국 후지제록스를 이끌어 온 경험을 토대로 한국이 동북아 경제허브 구상을 실현하기 위해서는 "한국은 성수대교 붕괴와 대북송금, 분식회계 등 정치

〈도표 8-2〉 한국에서 가장 부패한 기관은?

※ 자료: 국제투명성기구(점)

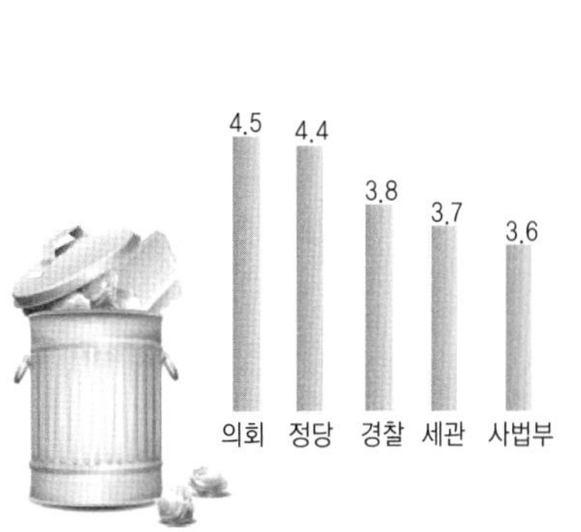

· 사회 · 경제 등에서 전반적으로 품질과 관련된 나쁜 이미지를 갖고 있다"고 지적하고 "기업인은 품질경영, 정치인은 품질정치, 공무원은 품질행정을 추진해 '품질국가 한국'의 이미지를 만들어야 한다."고 강조했었던 사실을 다시 한 번 주지해야 될 것이다.

〈도표 8-3〉 품질한국으로 가는 길

(2) 부패행정 청산하고 품질행정 구현해야 한다

또 하나 품질한국의 중요한 축으로는 품질행정에 대한 요구이다. 공직자는 부정행정 청산하고 품질행정을 해야 한다. 이러한 요구는 국제평가기관이 인식하는 한국사회의 부패문제에서 여실히 증명된다. 2011년 4월 18일 국민권익위원회는 2010년 우리나라의 부패인식지수(CPI, Corruption Perceptions Index)를 공개했다. 공개된 내용에 따르면, 2010년 한국사회(공공분야 · 민간분야 포함)의 부패인식지수는 10점 만점(0~10점, 점수가 높을수록 청렴)에 5.4점이었다. 이는 178개국 중에서 39위에 해당한다. OECD 회원국 중에서는 뉴질랜드·덴마크(9.3점), 미국(7.1점), 프랑스(6.8점), 스페인(6.1점) 등에 이어 22위에 올랐다. 또 올해 3월 정치경제위험자문공사(PERC, Political & Economic Risk Consultancy)가 발표한 2011년 아시아국가 부패지수에서는 16개국 중 전년(6위)보다 3단계 하락한 9위에 머물렀다. 특히 중앙정치분야(9위)와 민간분야(16위)가 취약함을 드러냈다. 부패인식지수는 국제투명성기구(TI, Transparency International)가 1995년부터 해마다 발표해온 지수로 공공부문 및 정치부문에 존재하는 것으로 인식되는 부패의 정도를 측정하는 지표다. 이러한 부패의 기본 틀을 살펴보면 바로 규제에서 시작된다. 정부의 규제가 강화되면 될수록 그만큼 그 규제를 해결하기 위해서 부패가 발아되는 것이다. 그러한 의미에서 부패와 규제는 동전의 양면과 같은 의미를 가진다. 영국에서 발간되는 이코노미스트지는 최근에 국민 1인당 총생산 증가율과 규제와의 관계를 도표화하고 있는데 그것은 그림에서 보는

〈도표 8-4〉 우리나라의 부패인식지수(CPI) 추이

〈자료출처: 국민권익위원회〉

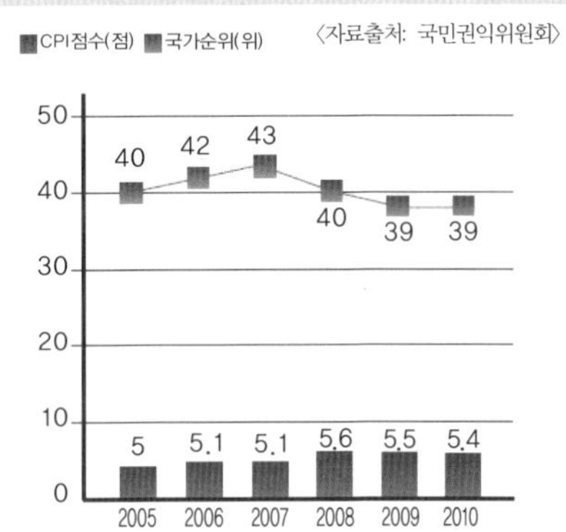

〈도표 8-5〉 국민 1인당 총생산 증가율과 규제와의 관계

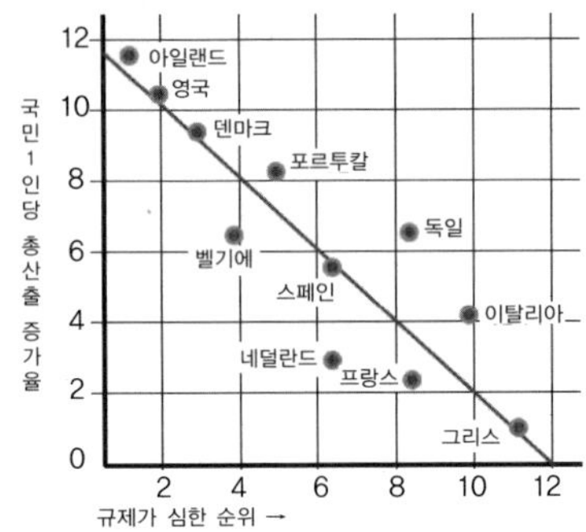

※ 주: 12로 갈수록 규제는 많고 총산출 증가율은 높아짐

<자료출처: 英 이코노미스트誌>

바와 같이 규제와 성장률은 완전히 반비례 관계임을 보여주고 있다. 여기서 12는 공히 가장 높은 성장률과 규제를, 0은 가장 낮은 규제와 성장률을 의미한다. 규제가 0의 수준에 가까운 아일랜드나 영국, 덴마크가가 가장 경제 성장률이 높은 반면에 규제가 가장 심한 10의 수준에 있는 그리스나 이탈리아가 가장 경제 성장률에서 떨어지고 있음을 보여주고 있는 것이다.

경제자유지수 평가: 미국 싱크탱크 헤리티지 재단과 월스트리트저널(WSJ)이 발표한 '2011 세계 경제자유 지수(IEF: Index of Economic Freedom)'에 따르면 한국의 경제 자유도는 전년 31위에서 35위로 하락했다. 헤리티지 재단은 지난 1995년부터 각국의 재정 건전도와 무역 및 투자에 대한 개방성 · 정부 규모 · 노동 규제 · 금융 정책 등 10개 항목에 걸쳐 자유화 정도를 평가하고 이를 수치화해 매년 초 발표한다. 전체 경제자유도 순위는 지난해

와 같이 홍콩이 1위를 차지했고 뒤를 이어 싱가포르와 호주, 뉴질랜드 순으로 나타났다. 홍콩은 이 조사가 처음으로 실시된 1995년부터 17년 연속 1위 자리를 지켰다. 작년 5위였던 아일랜드는 재정위기를 겪으면서 올해에는 두 계단 밀린 7위를 기록했다. 홍콩을 비롯하여, 싱가포르 · 호주 · 뉴질랜드 경제자유도는 지난해와 마찬가지로 4위까지 상위권을 휩쓸었고, 이들 4개국 경제성장률은 지난해 평균 6.8% 성장을 기록했다. 반면 미국은 지난 10년간 최하 점수를 받아 지난해보다 한 단계 떨어진 9위

〈도표 8-6〉 2011 세계 경제자유 지수

순위	국가명	순위	국가명
1	홍콩	14	에스토니아
2	싱가포르	15	네덜란드
3	호주	16	영국
4	뉴질랜드	17	핀란드
5	스위스	18	키프로스
6	캐나다	19	마카오
7	아일랜드	20	일본
8	덴마크	21	오스트리아
9	미국	35	한국
10	바레인	135	중국
11	칠레	178	짐바브웨
12	모리셔스	179	북한
13	룩셈부르크		

를 기록했고, 영국은 5단계 하락한 16위에 머물렀다. 중국은 135위로 전년보다 140위보다 5단계 올랐고, 일본은 20위로 한 단계 떨어졌다.

(3) 품질정치 어떻게 실천할 것인가?

단순히 정치인의 세대교체나 정권 교체만으로는 달성할 수 없는 일이다. 정치는 모든 변화를 앞에서 주도하고 뒤에서 완성하는 중대한 역할을 한다. 그러므로 변화를 완성하는 힘은 정치에서 나온다고 해도 과언이 아니다. 정치개혁을 위해서는 우선 대통령의 당적 포기와 국가 발전을 디자인하고 주도할 전담기구 설치가 필요하다. 특히 국회 기능을 업그레이드해야 한다. 국회가 정부와 파트너십을 형성해 함께 변화의 주체가 되도록 해야 한다. 현재 전무하다시피 한 입법 인프라스트럭처를 대폭 확충

〈도표 8-7〉 품질정치 실현을 위한 주체

(단위: %)

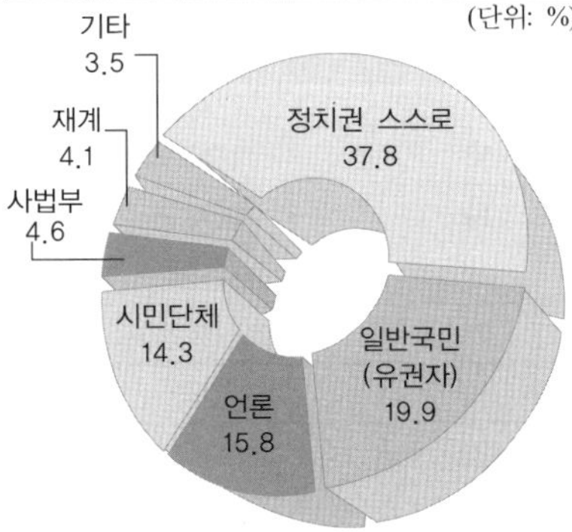

※ 매일경제가 지난해 말 각계 오피니언리더 200명을 대상으로 실시한 설문조사 결과임.

〈자료출처: 매일경제 2003년 설문조사 결과〉

해 정당과 정치인을 국회 안으로 끌어들여 일할 수 있게 만드는 게 중요하다. 또 유능한 인재가 정치에 입문할 수 있도록 선거와 정당제도 등에 있어서 높은 진입장벽을 없애는 식으로 국회와 정치권 전체에 시장경쟁 원리를 꼭 도입해야만 할 것이다. 매일경제 신문사가 2003년 각계 오피니언 리더 200명을 대상으로 조사한 설문조사에서 품질정치 실현을 위한 주체로서는 정치권 스스로를 들고 있는 사람이 37.8%로 가장 높고 일반 유권자를 들고 있는 사람이 19.9%로 지적하고 있다. 그 뒤를 15.8%, 14.3%로서 언론과 시민 단체를 들고 있다. 품질정치 실현을 위한 개념도는 〈도표 8-8〉과 같다. 기본적으로 월드 클래스 국가 경쟁력 평가 기관으로부터 품질정치 달성을 목표로 정치 효율성 평가 시스템을 가동해야 한다. 이를 위해서 대통령 직속으로 품질정치 평가 위원회(가칭)를 설치하는 것이 제안된다. 이를 위해서 국가적인 시민단체나 언론, 학계 등 핵심역량을 평

〈도표 8-8〉 품질정치 실현을 위한 개념도

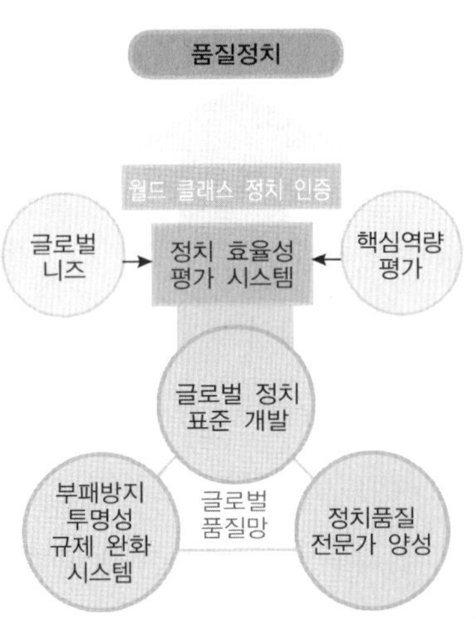

가하고 글로벌 니즈에 입각한 정치 시스템을 평가한다. 이를 위해서 국제 표준에 맞는 정치 표준을 개발하고 부패방지, 정치 자금의 투명성 확보, 규제 완화를 위한 부패방지 위원회, 행정개혁위원회 등 국가적 시스템의 통합을 추진하고 이를 수행할 정치 품질 전문가를 양성하는 일이 시급하다.

선진국의 품질행정 제도: 선진국의 품질행정의 기본은 규제 완화다. 미국, 영국 등 대부분 선진국들이 지난 수십 년간 규제개혁을 핵심정책으로 추진해온 것은 그것이 경제를 일으키는 지름길이라고 판단한 때문이다. 선진국들의 규제완화도 규제개혁기구를 중심으로 이뤄진다. 미국에서는 기획예산처의 정보규제실(OIRA)이 규제개혁을 담당한다. OIRA는 실무기구로 각 부처에서 신설하는 규제가 대통령 명령을 지킨 것인지 심사한다. 영국은 수상실의 실무기구인 규제심사국(RIU)이 규제개혁을 담당한다. 지난 86년 설립 당시엔 노동부 산하였지만 상공부를 거쳐 지금은 수상실로 이관됐다. RIU는 신설규제 심사와 기존규제의 개혁, 그리고 규제장관회의와 민간인들로 구성된 규제품질자문회의 사무국 역할을 한다. 영국에선 특히 지난 2001년 규제개혁법이 제정돼 의회의 승인을 얻으면 각 부처가 규제관련 법령을 일괄 정비할 수 있게 됐는데 RIU는 이 과정에도 간여한다. 캐나다는 수상실의 추밀원(Privy Council)에 있는 규제심사국(RAOIC)이 신설규제를 심사하고 경제장관회의의 규제정책 수립업무 등을 지원한다. 호주는 생산성위원회에 있는 규제심사국(ORR)에서 규제심사와 각 부처의 규제개혁 평가업무를 담당하고 있다. 이들 규제개혁기구들이 영향력을 행사하는 방법은 규제영향평가(regulatory impact analysis: RIA) 등의 방법으로 규제를 심사해 도입 여부를 결정하거나 심사결과를 장관회의에 보고하는 식이다. 이밖에 각 부처의 RIA 이행율 공표, 규제개혁 지침 제정, 의회에 규제개혁 실적 보고 등의 업무를 맡는다. 외국의 규제개혁기구는 각 부처의 파견 공무원들로 구성된 실무조직이며, 역할과 인력은 우리나라 국무조정실의 규제개혁조정관실과 비슷하다. 우리 규제개혁위원회는 하위법령은 물론 법에 포함된 신설규제 도입이나 기존규제의 정비 여부를 최종 결정한다. 위원은 장관 6명과 민간인 12인으로 구성되고 국무총리와 민간위원이 공동위원장이다.

(4) 품질정치, 품질행정 실현으로 품질한국의 희망 프로젝트를 완성하자

품질정치나 품질행정은 추진기구만 있다고 저절로 되는 것은 아니다. 국정최고책임자의 의지가 무엇보다 중요하다. 국정 최고 책임자는 품질한국의 국가의 절대 절명의 과제임을 선포하고 실천의지를 밝혀야 한다. 공공품질이 국가 경쟁력에 미치는 영향에 대한 상관관계는 그림에서 보는 바와 같이 2002년 WEF 국가 경쟁력 분석 보고서에 나타난 국가 경쟁력 결정요인 상관관계에서 찾아볼 수 있다. 공공제도의 영향력이 0.83으로서 정부나 정치의 영향력 0.45나 0.40에 비해서 두 배에 이르고 있는 것이다.

우리나라 공공부문의 행정 품질이 본격적으로 도입된 것은 1998년 전후의 일이라고 할 수 있을 것이다. 그 하나는 행정개혁 차원에서 대통령훈령 제70호『행정서비스헌장제정지침』을 발표하고, 중앙행정기관 및 그 소속기관과 지방자치단체 등에게 서비스헌장을 제정 공포하도록 명시한 것이며, 다른 한편에서는 제주도가 영국계 심사기관인 로이드코리아를 통해 ISO9002 인증심사를 마치고 품질

〈도표 8-9〉 국가경쟁력 결정요인 상관관계

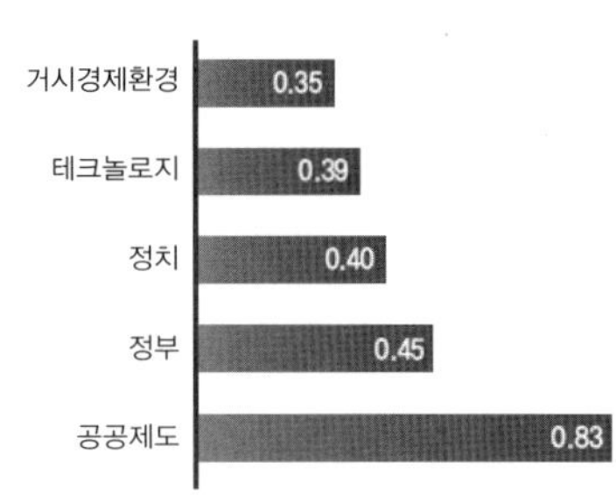

※수치가 클수록 영향력도 크다는 것을 의미
〈자료출처: WEF 국가경쟁력 분석보고서(2002년)〉

행정의 시행에 들어갔던 해가 바로 1998년 일이기 때문이다. 이와 같이 한국행정에서의 행정서비스 헌장 도입은 중앙정부, 특히 대통령훈령에 의한 지침 성격의 획일적인 하향적 지시에 의한 도입으로 볼 수 있으며, 이 과정에서 아직 도입의 당위성과 기본 틀을 놓기는 하였으나, 구체적 실행파일로서의 역할은 하지 못하고 있다. 또한 품질행정(ISO9001) 인증도 200여 개의 일선 자치단체들이 기업의 경영마인드를 행정에 접목시킨다는 명목으로 앞 다퉈 도입하고 있으나 지자체 특성상 효율성이 떨어지고 시민들이 체감할 수 없어 예산만 낭비하고 있다는 지적이다.

선진국의 품질정치와 품질행정 장려 정책의 대표적인 것은 공공서비스 헌장의 제정과 국가 품질상 등의 제정으로 진행되고 있다. 영국, 미국, 캐나다, 프랑스 등의 시민헌장은 공공서비스 기준을 제정하여 공공기관이 이를 이해 및 달성하는지 여부를 평가하는 제도를 두고 있으며, 공공서비스 기준에 입각한 성과협정(performance agreement)을 체결하는 나라로는 뉴질랜드가 있다. 장관과 사무차관간 성과협정 체결을 통해서 정부 조직단위의 서비스 성과와 서비스 질 및 고객만족을 향상시키는 조직을 운영하고 있다. 미국의 경우는 "말콤볼드리지상"(Malcolm Baldrige Award)과 "대통령 품질상"(Presidential Quality Award) 및 "정부성과 및 결과법"(Government Performance and Results Act of 1993) 등으로 행정 품질의 제도를 낳게 하는데 기여하였다. 부시대통령 이래 클린튼 정부가 추구하는 '고객우선주의(get the customer first)'도 이러한 품질행정을 실현하기 위한 정부개혁의 틀로 이해되고 있다. 미국의 클린튼 행정부는 1993년 "정부성과 및 결과법"(Government Performance and Results Act of 1993)을 공포하고, 모든 정부기관에 대해 자율적으로 조직의 임무, 목표, 성과향상을 위한 구체적인 방법 및 한계 등의 계획서를 작성·보고토록 하면서, 상위 기관에서 이 계획을 검토하여 그 계획을 추진할 수 있도록 권한을 부여하며, 조직에 권한을 부여하는 만큼 그 조직이 성과와 실적에 대해 책임을 지도록 조직에 대한 통제의 수단을 바꾸는 것이다. 이제 우리는 대한민국의 희망 프로젝트로서 품질한국의 건설의 당위성을 모든 국민이 인식하기 위한 국정 최고 책임자의 의지가 필요하다. 그러한 의지 아래 전 국민의 공감대하에서 기업인은 품질경영, 공무원은 품질행정, 정치인은 품질정치로서 품질한국을 완성하여 가격의 중국, 기술의 일본에 비교우위를 갖는 국가 시스템을 구축하여야 한다.

9. 우리민족은 품질을 위해서 타고난 민족이다

우리가 한·중·일 경쟁에서 품질 우선전략을 선택했을 때 필연적으로 부딪치는 것이 일본과의 품질 전쟁이다. 여기서 일본을 이기기 위해서는 두 가지의 선결 과제가 있다. 그 하나는 일본에 대한 무차별 적대감을 없애는 것이고 또 하나는 일본을 절대로 이길 수 없다는 식민지배에 대한 열등감에서 벗어나는 것이다.

국제 관계란 영원한 적도 동지도 없다 다만 이해관계에 의해서 이합집산이 있을 뿐이다. 이제 우리는 일본을 원수의 나라로 보기보다는 그들의 선진 문명을 받아 들여서 제자가 스승을 이기는 것이 은혜를 갚는 것과 같이 극복해야할 경제적 상대로 보아야 한다. 우리가 진정으로 일본을 이기길 원한다면 지금과 같은 경제 전쟁 시대에는 일본을 철저히 배우고 연습해서 일본 시장을 우리 상품으로 뒤덮어야 한다. 그 전에 우리가 극복해야 할 것은 우리나라 민족이 일본에 비해서 열등하다는 사대사관에서 벗어나는 것이다. 일본하면 연상되는 것이 장인 정신인데 그 장인 정신의 기저에는 한국인의 피가 흐르고 있다는 데 유의할 필요가 있다.

(1) 유네스코 세계문화유산에서 살펴본 우리민족의 품질 역량

유네스코는 전 세계 인류에게 보편적 가치를 지닌 자연유산 및 문화유산들을 발굴 및 보호, 보존하고자 1972년 세계 문화 및 자연 유산 보호 협약(Convention concerning the Protection of the World Cultural and Natural Heritage; 약칭 '세계유산협약')을 채택하였다. 여기서 세계유산이란 세계유산협약이 규정한 탁월한 보편적 가치를 지닌 유산으로서 그 특성에 따라 자연유산, 문화유산, 복합유산으로 분류한다. 한국의 세계유산은 문화유산으로서 다음과 같은 9가지 유산이 등록되어 있다.

1) 서울시 종로구 와룡동에 있는 조선시대의 궁궐인 창덕궁(1963년 사적 제122호로 지정, 1997년 12월 유네스코 세계문화유산으로 등재)
2) 경기도 수원시 장안구에 있는 조선 후기의 성벽인 수원화성(1963년 사적 제3호로 지정, 1997년 유네스코 세계문화유산으로 등재)
3) 신라 때 오악의 하나인 토함산에 자리 잡고 있는 한국의 대표적인 석굴 사찰인 석굴암(1962년 국보 제24호로 지정되었으며 1995년 12월 유네스코 세계문화유산으로 등재)
4) 석굴암과 함께 토함산에 자리 잡고 있는 불국사(사적 및 명승

제1호로 지정되어있으며, 1995년 12월 유네스코 세계문화유산으로 등재)

5) 해인사 장경판전(1995년 12월 유네스코 세계문화유산으로 등재)
6) 조선시대 역대의 왕과 왕비 및 추존된 왕과 왕비의 신주를 모신 왕가의 사당인 종묘(1995년 12월 유네스코 세계문화유산으로 등재)
7) 경상북도 경주시 일원에 흩어져 있는 신라시대 유적을 지구단위로 분류한 경주역사 유적지구(2000년 12월 유네스코 세계문화유산으로 등재)
8) 한국 청동기시대의 대표적인 무덤 양식인 고인돌 유적(2000년 12월 유네스코 세계문화유산으로 등재)
9) 조선시대 왕릉(王陵) 40기(2009년 06월 27일 유네스코 세계문화유산으로 등재)

이상의 문화유산은 어느 것 하나 품질의 극치가 아닌 것이 없으나 그 중에서도 대표적인 사례로 종묘는 표준화의 극치로서 해인사의 장경각과 8만 대장경은 품질의 극치로서 의미를 갖고 있다.

표준화의 극치 종묘: 그리스 시대의 건축인 파르테논 신전과 비견되는 종묘는 성리학적인 이상사회를 건설하려는 조선시대의

정신과 문화를 상징적으로 표현한 건물이다. 1963년 1월 18일 사적 제125호로 지정되었으며, 총면적 5만 6,503평이다. 서울 종로구 훈정동에 있다. 1995년 유네스코에 의해 해인사 장경판전, 석굴암과 함께 세계문화유산으로 지정되었다. 또한 종묘에서 매년 실시되는 제례(중요무형문화재 제56호)와 제사를 지낼 때에 춤과 함께 연주되는 음악인 종묘제례악(중요 무형문화재 제1호)은 2001년 유네스코 인류구전 및 무형유산걸작으로 등록되었다. 종묘 중에서 정전은 19칸으로 옆으로 긴 모양이다. 신위의 수가 증가함에 따라 몇 차례에 걸쳐 건물을 옆으로 길게 증축했기 때문이다. 이런 구조는 여러 나라의 같은 목적을 가진 건축물 중에서도 단연

〈사진 9-1〉 종묘

독특하다. 또한 건평 1,270㎡의 정전은 동시대의 단일 목조 건축물로는 세계에서 가장 큰 것으로 추정된다. 종묘의 조영(造營)은 1394년(태조 3) 12월 태조가 한양(漢陽)으로 천도할 때 중국의 제도를 본떠 궁궐의 동쪽에 영건(營建)을 시작하여 다음해 9월에 1차 완공하였다. 그 뒤 1546년(명종 1)까지 계속되었으며, 1592년(선조 25) 임진왜란 때 소실되었다가 1608년(광해군 즉위년) 중건되어 오늘에 이르렀다. 정전은 4번에 걸쳐 증수되었으나 한 번에 지은 것과 같이 완전히 통일된 건물로 표준화의 극치를 이룬다. 이러한 표준화에 의한 단순반복은 간결하면서 장엄하고 그래서 신을 모시는 종묘로서의 엄숙의 극치를 이루는 것이다. 정전의 건축양식이 표준화의 극치라는 사실은 최근에 지은 모 대학의 건축

〈사진 9-2〉 H대학 건물

물과 비교하면 확실해진다. 7층 건물인데 증축할 때마다 창의 크기 모양이 천차만별이다. 1, 2, 3층의 창문 모양과 4, 5층이 다르며 6, 7층의 창문이 전혀 다르다.

(2) 760여년전에 이미 6시그마를 실현한 팔만대장경과 대장각

우리 기업이 선진국으로 도약하기 위해서 필연적으로 넘어야 할 대충대충병, 그러나 우리 기업이 끝마무리 하나 제대로 못하는 우리 작업자들을 가지고 과연 넘을 수 있을까라는 물음에 확실하게 대답해 주는 것이 있다면 그것은 팔만대장경에서 보여준

〈사진 9-3〉 팔만대장경

우리 선조들의 장인정신일 것이다. 8만 대장경은 정확히 81,340경의 방대한 불사로서 고려 고종 때인 1236년부터 1251년까지 16년간 연 인원 2만여 명을 동원하여 5,200여만 자에 달하는 글자를 목판에 색인 대불사이다. 소재로 쓰인 자작나무는 남해와 거제산으로 10여 년간 소금에 절이고 찌고 말리는 정성으로 균열을 방지하게 하였으며, 옻칠을 해서 부식방지로 760여 년이 지난 오늘날까지 그 원본이 하나도 손상되지 않고 있다. 이러한 기술적 우월성도 중요하지만 우리를 경탄하게 하는 것은 천여 명의 각수들이 16년간 목각한 5,200만여 자의 글씨에 오자와 탈자가 하나도 없다는 사실이다. 더욱 놀라운 것은 이들의 글씨가 천여 명이나 되는 목각수들이 참여했음에도 불구하고 한사람이 쓴 것처럼 구양순체로서 통일되어 있다. 즉 표준화의 극치이다. 더욱이 최근에 이를 번역해서 전산화하는데 얼마나 분류가 완벽한지 입력하는 데에만 시간이 소모될 뿐 자료를 분류 검색하는 데 전혀 노력이 필요 없었다. 그러면 이러한 현대 과학으로도 풀 수 없는 불가사의가 어디서 연유하는 것일까? 그것은 1자 삼배의 정성, 즉 글자 한자를 새기고 세 번 절하면서 부처님의 법력으로 몽고의 병란으로부터 조국을 구하겠다는 정성의 산물이다. 여기 팔만대장경으로부터 우리 민족의 장인정신에 대한 한없는 자신감을 얻는다. 더욱이 이러한 760여 년의 역사를 가지고 있는 해인사의 팔만대장경은 보관상태가 현대과학으로는 도무지 이해가 가지 않을 정도로 좋다. 해인사에 있는 팔만대장경(재조대장경)판이 지금까지 온전하게 보존되어 온 것은 경판의 안정성 외에 경판에 옻칠을 하거나 환풍, 습도, 온도 등을 적절히 조절할 수 있는 독특한 장경각의 위치와 경판의 배열 등은 물론 간행 후에 경판을 깨끗이 닦는 등 목판 보존을 위한 각별한 노력이 있었기 때문이다. 건축학적 관점에서 보면 팔만대장경보다 오히려 이를 보관해온 장경각의 가치가 훨씬 높게 평가되고 있다. 오묘한 과학적인 비밀이 들어있다. 첫째, 장경각의 구조의 심오함이다. 경판전의 벽면에는 위아래 두 개씩의 창이 있는데 그 크기

〈사진 9-4〉 장경각

장경각 남쪽 창

장경각 바닥

가 서로 다르다. 남쪽은 아래 창이 큰 반면 북쪽은 위쪽 창이 크다. 해인사의 경판전은 다른 박물관과는 달리 햇빛을 충분히 이용하는 구조를 가졌다. 아침에는 남쪽으로 트인 넓은 아래 창을 통해서 들어오는 햇빛이 경판꽂이는 피하고 바닥만을 데워서 따뜻하게 하고 남쪽 바닥은 아랫목이 되는 반면 북쪽 바닥은 찬 윗목이 된다. 이러한 원리에 의해서 경판전 내부에서는 대류가 잘 일어나게 된다. 물론 오후에는 오전과는 반대방향으로 대류가 일어난다. 그 결과 경판전 내부의 온도와 습도가 균일해지는 것이다. 두 번째 비밀은 장경각 바닥에서 찾을 수 있다. 장경각 바닥에는 많은 양의 숯과 소금 그리고 횟가루가 묻혀있다. 이것은 장경각 내부의 습도가 너무 높거나 낮으면 목판이 썩거나 갈라질 위험이 있기 때문에 목판을 보존하기 위한 절대적 요건인 습도를 조절하기 위함이다. 1975년 당시 박정희 대통령은 첨단기술로 장치된 새 경판전을 건축하고 일부 경판을 옮기는 작업을 지시했다고 한다. 그런데 720여 년 동안 아무런 문제가 없었던 대장경판이 갈라지고 비틀어지는 일이 발생하여 경판을 옛 경판전인 장경각으로 다시 옮겨 놓았다. 이것은 13세기의 고려시대 과학이 20세기의 현대과학에 비해 결코 모자람이 없이 뛰어나다는 것을 보여준다. 이러한 설계 덕분에 760년이 지난 대장경판이 현재까지 잘 보존되어 우리 후손들에게 전해지고 있는 것이다.

(3) 기록유산에서 살펴본 기록문화의 극치

품질경영에서 가장 중요한 것으로 치는 것이 바로 품질기록이다. 그래서 우리나라의 품질경영에서 일본에 비해서 가장 뒤진 것으로 기록문화를 꼽는 사람들이 많다. 우리 기술자들은 기록을 하지 않기 때문에 노하우가 축적되지 않고 똑같은 실수를 반복한다는 것이다. 그러나 결론부터 말하면 우리가 지금은 기록문화가 뒤떨어졌지만 원래는 우리는 기록문화에 관한 한 일본의 대선배격이라는 것이다. 물론 최근에 우리가 기록문화에 있어서 일본에 비해서 뒤진 것이 사실이다. 대표적인 예로 1978년 4월 KAL기가 쏘련 공군기의 격추를 받고 무르만스크 빙원에 동체 착륙한 적이 있다. 그 때 승객 110명 중에는 대부분 한국 사람들이었고 일본 사람들은 10여 명에 불과했는데 나중에 보니 일본 사람들은 피격 순간을 사진도 찍고 완전히 기록해서 가져 왔는데 우리나라 승객 중에

〈사진 9-5〉 JAL기 추락전 승객 메모

는 그런 사람이 하나도 없었다는 것이다. 또 일본인의 기록정신은 1985년 8월 12일 일본 JAL기가 공중에서 추락했는데 그 몇 분 동안에 대부분의 일본 사람들이 기록을 남긴 것으로 유명하다.

우리나라의 기록유산 중에서 유네스코 세계 기록유산으로 등재된 것에는 ① 1962년 국보 제70호로 지정되었던 훈민정음(1997년 10월 유네스코 세계기록유산으로 등재) ② 조선 태조에서 철종까지 472년 간의 역사적 사실을 각 왕별로 기록한 편년체 사서로서 1973년 12월 31일 국보 제151호로 지정되었던 조선왕조실록(1997년 10월 유네스코 세계기록유산으로 등재) ③ 1372년 경한(1299~1375)이 부처와 조사(祖師)의 게송, 법어 등에서 선의 요체를 깨닫는데 필요한 내용을 뽑아 엮은 책인 직지심체요절(2001년 9월 유네스코 세계기록유산으로 등재) ④ 조선시대에 왕명의 출납을 관장하던 승정원에서 매일 취급한 문서와 사건을 기록한 일기인 승정원일기(2001년 9월 유네스코 세계기록유산으로 등재) ⑤ 보물 제1085호로 1610년(광해군2년)에 25권 25책으로 완성된 동의보감(2009년 07월 31일 유네스코 세계기록유산으로 등재) 그리고 마지막으로 ⑥ 조선시대 600여 년에 걸쳐(1392~1910) 왕실의 주요 행사, 건축물 조성과 왕실문화 활동 등에 대한 기록이 그림으로 남아져 있는 조선왕조의 의궤(2007년 6월 유네스코 세계기록유산으로 등재) ⑦ 현재 세계에서 가장 오래되고 가장 정확하고 가장 완벽한 불교 대장경판으로 산스크리트어에서 한역된 불교대장경의 원본과 같은 역할을 하고 있는 해인사 대장경판 및 제경판(2007년 6월 유네스코 세계기록유산으로 등재) 등이 있다.

상기의 기록문화 유산 중에서 백미에 속하는 것은 조선 실록과 승정원일기이다. 세계 어느 나라도 왕과 신하가 나눈 이야기를 하나도 빼지 않고 기록한 나라는 없다. 더욱이 사관들이 역사를 기록할 때 객관성을 유지하도록 절대군주인 왕도 실록만은 볼 수가 없었다. 오직 실록은 사관 외에 열람할 수 없었으며 사관이라도 열람 후에는 열람자명을 기록하도록 하였다. 만일 수정을 가할 경우는 완전히 지우지를 않고 세필로 지워서 원래의 글을 알아 볼 수 있게 하며 수정자의 성명을 기록함으로서 후세 사람들이 누가 옳은지를 구분하게 했던 것이다. 이것은 ISO 9000에서 기록을 관리하는 기법이 이미 우리나라에서는 조선시대의 실록 기록에서 응용되었던 것이다. 그리고 이 실록의 중요성을 인식하고 4대 史庫를 지어 전국 4방에 보관토록 하였다. 그런데 임진왜란 때 3대 사고가 화재로 소실되었으며 전주 사고본만이 남아서 다시 임란이 끝난 후 5부를 작성하여 다시 5대 사고에 보관토록 하는 등 기록문화의 꽃을 피웠던 것이다. 전주 사고의 보전의 일화를 보면 이조시대에 얼마나 우리 민족이 기록을 중시했는가를 실감케 한다. 다른 사고는 전부 소실되었는데 전주 사고가 무사했던 것은 일개 서생에 불과했던 안의와 손홍록이라는 두 선비의 功勞이다. 임진왜란이라고 하는 전쟁 중에 40톤이 넘는 조선 실록을 자기의 노비들을 동원해서 전주에서 정읍 내장사까지 운반해서 숨겼던 것이다. 이러한 기록문화가 우리 민족 사이에 있었기 때문에 세계 최초로 금속활자를 발명했던 것이다. 금속활자는 우리나라에서는 고려 고종 때부터 사용되었다. 고종 21년(1234), 권신・최이의 주자(鑄字)로 최윤의의 「상정고금예문(詳定古今禮文)」 50권 28부를 인출(印出)한 것이 세계 최초로, 독일인 구텐베르크(Gutenberg)가 금속활자를 만든 1450년보다 216년이나 앞섰다. '직지'는 1377년에 인쇄되었으니, 1455년에 인쇄된 서양 최초의 금속활자인쇄본인 구텐베르크의 42행 성서보다 무려 78년이나 앞선 것이다.

(4) 上古史로부터 얻는 극일의 자신감

우리가 최근은 몰라도 적어도 상고사에서는 일본을 앞섰다는 사실을 일본말 중에 "시시하다, 별 볼일 없다"는 뜻으로 쓰이는 "구다라나이"를 보면 명확해진다. "구다라"는 일본 말로 "백제"라는 뜻인데 "구다라나이"는 "백제에 없다" 또는 "백제 아니다"라는 의미로 "백제에 없는 것은 시시하고 별 볼일 없다"는 의미를 나타내는 것이다. 또한 여기서 "구다라"는 것이 문제인데 일본말로 고구려는 "고구리", 신라는 "시라기"로 발음하는데, 오직 유일하게 백제(百濟)는 원음대로 발음하면 "햐꾸사이"인데 "햐꾸사이"로 발음하지 않고 "구다라"라고 하는 이유가 있는 것이다. "구다라"란 말은 "큰 나라"의 한국발음이 변한 것으로 일본에서는 백제를 감히 이름도 부르지 못하고 우리가 자기 부모님의 집을 큰집이라고 부르듯 백제를 큰 나라라고 불렀던 것이다. 즉 구다라나이는 큰 나라 백제에는 없는 것 그러므로 시시한 것이라는 의미로 일본에서는 쓰였던 것이다.

1) 일본 국보에서 찾아본 극일의 자신감

일본에서는 국보에 번호를 붙이지 않는데 오직 국보 1호라고 붙어 있는 국보가 있다. 교토시의 서부 지역 우스마사(太秦) 거리에 있는 사찰 고류지(廣隆寺)의 미륵보살 반가사유상이다. 독일 철학자 카를 야스퍼스(1883~1969)는 보관 미륵보살반가사유상을 가리켜 "이 불상만큼 인간 실존의 진정한 평화로운 모습을 구현한 예술품을 지금까지 본 일이 아직 없다"(篠原正暎 '敗戰の彼岸にあるもの')며 고대 그리스나 로마의 조각상들을 초월하는 가장 뛰어난 불상이라고 찬양했다. 그런데 여기서 이 반가사유상과 목조와 금동 불상이라는 사실만 다르고 한 사람의 작가의 작품으로

추정되는 우리나라의 국보 83호인 신라시대의 작품이 있다. 문제는 이 불상이 어느 나라에서 제작된 것이냐는 것이었다. 그런데 어느 날 동 불상이 손가락이 부러지는 불상사가 발생하게 되는데 이를 수리하던 다까하시준보(高橋俊夫)등 문화재보존 전문가들은 목조 불상의 재질이 우리나라 경북 봉화 지역에서만 자생하는 적송(붉은 소나무)인 '춘양목'임을 발견하게 된다. 미륵불상은 많은 일본 학자들의 부정적 반응에도 불구하고 서기 616년 신라왕실이 왜나라 왕실로 보내준 불상('불상략기')이었던 것이다. 이

〈사진 9-6〉 미륵보살 반가사유상

신라 불상은 1951년 6월 9일 일본문화재위원회에서 일본 국보 제1호로 지정됐다. 미술사학자 미즈노 세이치(水野清一) 교수는 "적송 미륵불상은 신라에서 보내준 것이며, 서울의 덕수궁미술관(지금은 국립박물관)에 있는 금동미륵상(90cm, 한국 국보 제83호)과 똑 같다"고 밝혔다.

일본의 우리나라의 경주에 속하는 나라라고 하는 도시에 가면 우리가 지금까지 문화관광부 장관을 하셨던 이어령을 통해 알고 있던 '축소지향의 일본인' 이미지가 송두리째 뒤집어지는 건물을 만나게 된다. 바로 일본 불교 화엄종의 총본산인 도다이지(東大寺)의 다이부쯔(大佛)이다. 엄청난 터의 넓이 위에 세워진 압도적인 크기의 건물과 그 속에 앉아있는 다이부쯔의 웅장함은 일본이 축소지향적인 나라인가에 대한 강한 의심을 갖게 한다. 다이부쯔는 불교에 의한 국가의 번영과 평화를 바라던 쇼무천황이 전국의 동 500톤을 모아서 8번의 주조와 26년의 세월에 걸쳐 만들어낸 역작이다. 다이부쯔에는 440kg의 금을 입혔고, 손바닥에만 16명이 올라설 수 있을 정도의 크기이다. 이 바로 일본인의 작품 같지 않은 세계 최대의 목조 건물 다이부쯔덴과 세계 최대의 청동불상 다이부쯔는 바로 백제인과 신라인의 합작품이다. 도다이지는 쇼무천황이 세운 절로 백제인 료벤(良辯)스님과 행기스님이 불사에 주도적으로 참여하였다. 료벤(良辯)스님은 백제의 학자인 '아직기'의 후손이고 행기 스님은 백제 왕족의 자손이고 스승도 왕인박사의 후예인 도쇼(道照)였다. 260만 명이라는 어마어마한 인력이 투입된 다이부쯔덴의 대공사는 747년~751년까지 4년의 기간이 소요되었다. 다이부쯔덴 내부에 모셔진 초대형 불상, 다이부쯔는 높이 15m, 얼굴 크기 5m, 무게 380톤을 자랑하

〈사진 9-7〉 동대사의 대불

는 거대한 초대형 불상이다. 가운데 손가락 길이만 1m이고, 다이부쯔의 표정은 인자하면서도 위엄이 가득 서려있다. 다이부쯔의 주조에 앞장섰던 이는 다름 아닌 백제인 조불사로 구니나카기미마루(國君麻呂)가 만든 것이다. 구니나카기미마루는 백제 멸망직후 일본으로 망명한 국골부의 손자였고 주조 담당 기술공들도 모두 도일인의 후예였다. 참고로 동대사가 있는 나라(奈良) 시의 이름도 바로 우리나라의 국가를 의미하는 나라에서 연유된 것이다.

2) 일본 장인 정신의 뿌리는 조선인이다

① 일본 최장수 기업 공고구미(金剛組): 일본 아니 세계 최장수 기업으로 일본 오사카에 본사를 두고 있는 공고구미는 1천 4백여 년간 40대를 이어온 일본 최고의 회사이다. 그런데 이 공고구미를 창립한 사람이 바로 백제인의 후손이다. 불교사찰, 신사, 성 등 목조 건물 전문 건축업체로 최근에는 사무실 아파트 빌딩 개인 주택 등 현대식 건물도 짓고 있다. 공고구미의 창업자는 서기 5백 78년 일

〈사진 9-8〉 일본 최장수 기업 공고구미

본 쇼토쿠(聖德) 태자의 초청으로 백제에서 건너온 건축기술자 공고 시게미츠(金剛重光. 한국 이름 유중광)로 그는 5백 93년 일본 왕실의 명을 받아 일본 최고 사찰인 사천왕사(四天王寺)를 건립했다. 이어 쇼토쿠 태자가 사천왕사의 보수 관리를 명령함에 따라 백제로 귀국하지 못하고 일본에서 사업을 지속하게 됐다. 종업원 1백 50명에 1년에 1백 채 남짓한 건축물만 지으며 연간 매출액을 1천억 원 수준에서 유지하고 있다. 회사 능력에 비해 공사를 많이 할 경우 부실화될 위험이 높다는 이유에서다. 공고구미는 "보이는 것보다는 보이지 않는 곳에 더 충실하라"는 기업이념을 갖고 있다. 그런 까닭에 공고구미는 겉으로 드러난 곳보다는 천장 등 보이지 않는 곳에 더 비싼 건축자재를 쓰는 것으로 유명하다. 지난 1995년 고베 대지진이 발생해 수많은 건축물들이 파손됐을 때 공고구미가 지은 "계광원(戒光院)" 대웅전은 서까래가 일부 뒤틀린 것을 제외하면 온전한 모습을 유지해 일본에서 화제가 됐다. 뒤틀렸던 석가래도 1년 만에 원상회복돼 "기본에 충실 하라"는 공고구미의 경영철학이 새삼 일본 열도를 감동케 했다. 공고구미는 또 현장주의 원칙을 강조하고 있다. 지금도 오사카 8차선 대로변에 위치한 본사 4층에는 최고경영자의 살림집이 위치하고 있다. 공사 설계를 책임지는 곳에 최고경영자가 있어야 한다는 의미에서다. 또한 최고경영자는 공사현장을 수시로 방문하고 있다. 이 같은 이유로 일본 오사카 건축협회 후쿠모토 부회장은 "공고구미가 흔들리면 일본 열도가 흔들린다"고 칭송하기도 했다.

② 일본 최고의 도공 심수관: "내 아들을 즉시 총리 관저에서 내쫓아 주게 도자기 굽는 장이의 자식은 계속 그 장이가 되는 것이 마땅한 것일세. 나와의 우정을 위해서도 나의 청을 들어 주게나" 14대 심수관은 와세다 대학 정경학부를 졸업하고 아버지 13대 심수관과 교토 대학 경제학부의 동기생인 아시다 내각총리대신의 수행 비서였다. 아들 15대는 1959년생으로 와세다대 교육학과를 나왔다. 가업을 잇기 위해 대학 졸업 후 교토 도공(陶工) 고등기술전문학교를 다시 마쳤다. 이탈리아에도 건너가 3년간 머물며 국립미술도예학교(Gaetano Balladini)를 졸업했다. 이탈리아에서 귀국한 지 2년 뒤에는 경기도 김일만(金一萬) 토기공장에 들어가 김칫독 만드는 공부를 한 적도 있다. 서른 살이 되던 1999년 1월 15일, 그는 제15대 심수관 이름을 얻는

〈사진 9-9〉 도공 심수관

습명(襲名) 절차를 밟았다. 25명의 수관도원 가족을 먹여 살리는 한편 가업을 승계해 발전시켜 나가야 하는 무거운 책무를 지게 된 것이다. 직원 수 '25명 정원'은 12대 때 정착된 것으로 더 번창하더라도 늘어나는 일은 없을 것이라고 설명한다. 14대는 말한다. "12대 할아버지가 발견하고 체득한 분업의 적정선(適正線)이 25명이었지요. 인원이 많으면 많을수록 생산이야 늘고 쉬워지겠지요. 하지만 품질을 철저히 관리해가며 그릇 하나하나에 심수관 도장을 찍어 넣을 만큼의 신뢰를 손상시키지 않으려면 더는 늘릴 수 없다고 봅니다." 아들 15대도 벌써 프로의 체취를 물씬 풍긴다. "도자기는 보는 이와 만드는 사람의 거리감을 고려해 만들어야 합니다. 만드는 사람은 30cm 앞에서 만들지만 보는 사람은 1m 앞에서 관람하지요. 따라서 도공 자신의 거리감과 눈높이에 집착하지 말고 1m 너머에서 감상하는 관람객을 생각하며 제작해야 하는 것입니다."

3) 일본 재일교포에게서 찾아 본 극일의 자신감

일본에 살고 있는 재일 교포는 일본 전체 인구의 0.5%에 불과하다. 그러나 각 분야에서 일본을 석권하고 있는 재일교포는 많다. 특히 일본의 장인 문화를 이루는 기예인 중에 많다.

① 일본 최고의 가라데 선수 최영의와 문장규: 일본의 국기하면 가라데인데 일본 극진 가라데(공수도)의 1인자로 맨손으로 황소의 뿔을 꺾어 신의 손으로 불리던 사람이 재일교포인 최영의(崔永宜)이다. 이러한 최영의의 일화는 모일간지에 "바람의 파이터"로 소개된 바와 같이 55년부터 3년간 남북아메리카와 유럽, 동남아시아를 돌며 각지의 무술 고수와 맞대결하면서 한 번도 지지 않고 굴복시켜 일본에서도 전설적인 인물로 추앙을 받고 있는 것이다. 그런데 그 극진 가레데의 후계자로 한국인인 문장규(일본 이름 마쓰라 쇼케이)가 32세의 약관의 나이로 뽑혀 120여 개국 1,200백만 명(누계)에 이르는 거대조직을 이끄는 것이다. 문장규씨가 후계자로 지명 받은 것은 같은 한국인이라는 유언의 후광만이 아니라 문씨 자신이 가라데계를 호령할 만한 실력을 갖추고 있기 때문이다. 공인 8단의 문씨가 국제 가라데 연맹의 총수가 되는데 주변에서 이의를 달지 않는 것은 그가 전일본 선수권과 세계 선수권대회에서 우승한 것은 물론 86년 5월에는 지옥의 결투로 불러지는 "100인 연속 대결"을 치러 냈기

〈사진 9-10〉 가라데 선수 최영의

때문이다.

② 일본 최고의 레슬러 역도산: 본명은 김신락이다. 함남 출생.

〈사진 9-11〉 레슬러 역도산

14세 때 전국씨름대회에서 우승을 차지하였다. 1939년 일본에 건너가 모모타(百田)로 성을 바꾸고, 1940년부터 역도산이라는 별명으로 씨름을 시작하였다. 1949년 25세 때 세키와키(關脇)의 지위에까지 올랐으나 그 후 슬럼프에 빠졌다. 1951년 세계적 프로레슬링 선수 B.브란스의 일본 원정을 계기로 레슬링으로 전향하였다. 강인한 체력과 가라데춉으로 강적들을 제압, 1958년 세계선수권자인 J.S.루테스를 물리치고 헤비급 세계 챔피언이 되었다. 그 후 세계 프로레슬링계를 제패하여 자신의 지위를 확고히 하고 막대한 재산을 모아 일본 굴지의 부호가 되어 많은 체육관과 흥행장을 설립하였다. 1963년 귀국, 한국의 체육발전을 위하여 서울에 스포츠센터의 건립을 약속했으나, 그해 도쿄(東京)의 나이트클럽에서 일본 청년의 칼에 찔려 복막염으로 사망하였다.

③ 일본 최고의 야구선수 장훈: 장훈(張勳, 1940년 6월 19일 ~)은 재일 한국인 출신의 전 일본 프로 야구 선수이다. 일본에서는 하리모토 이사오(張本勲)라는 일본 이름으로 알려져 있고, 안타 제조기(安打製造機)라는 별명으로도 잘 알려져 있다. 일본 프로 야구사에 길이 빛날 통산 3,085안타라는 대기록을 달성했다. 1981년 시즌 끝으로 은퇴하였다. 통산 성적은 2,752경기, 504홈런, 3,085안타, 타율 0.319, 1676타점, 319도루를 기록했다. 3,085안타 이외에도 수위타자 7회(4회 연속 수상) 역시 일본 프로 야구 역대 최고 기록이다. 또, 500홈런-300도루 클럽 가입도 일본 프로 야구 선수로는 2007년 현재 유일하다(메이저 리그에서 3,000안타-500홈런-300도루를 기록한 선수는 윌리 메이스가 유일하다). 1990년 99번째로 일본 야구 명예의 전당에 헌액되었고, 일본 야구 위원회는 올스타전 기간 중 헌액식을 성대하게 치러 주었다. 장훈의 라이벌이자 친구인 오사다하루는 장훈보다 은퇴가 1년 빨랐지만 명예의 전당 헌액은 더 늦었다.

〈사진 9-12〉 야구선수 장훈

④ 일본의 최고 바둑왕 조치훈: '목숨을 걸고 바둑을 둔다'는 집념의 승부사 조치훈 9단(1956년생)이 2010년 11월 23일 일본 도쿄 지요다구 일본기원에서 열린 제59기 왕좌전 최종 예선전에서 프로 통산 1,364승째를 올린 조 9단은 1,363승의 린하이펑 9단을 제치고 일본 바둑 최다승자로 우뚝 섰다. 1968년 4월 프로 데뷔전을 치른 조 9단은 입단 42년 8개월 만에 일본 프로바둑계 최다 승자에 올랐다. 린하이펑이 1,363승을 거둔 기간이 55년 8개월이어서 조 9단은 최다승 기록을 13년이나 단축한 셈이다. 조치훈 9단의 프로 통산 성적은 2,102전 1,364승 7무 731패고 다승 세계기록은 한국의 조훈현 9단이 보유하고 있는 1,835승이다.

〈사진 9-13〉 바둑왕 조치훈

⑤ 일본 최고의 부자 손정의: 세계적인 주간지인 미국의 경제주간지 「포브스」가 지난 6월 9일 발표한 '일본 부호 40인' 가운데 자산총액 70억 달러(약 6조 5,000억 원)로 1위를 차지한 인물은 한국인이었다. 그가 손정의다. 손정의는 1981년 PC용 소프트웨어 회사를 설립한 뒤 포털사이트 '야후 저팬' 운영 등으로 사업 기반

〈사진 9-14〉 손정의

을 마련하여 큰돈을 벌었다. 이후 공격적인 정보기술(IT) 분야 투자로 일본 내 최대 IT 기업군을 갖고 있다. 2001년에는 통신사업에도 진출하여, 지난 4월 세계 최대 통신업체인 영국 '보다폰' 일본 법인을 일본 기업인수 역사상 최고액으로 사들였다. 2005년에는 프로야구단을 인수하기도 했다.

4) 극일의 자신감

우리 민족이 건성 건성이고 대충이라는 등의 민족성 때문에 품질이 잘 될까라는 의심을 갖는 분들이 많다. 그러한 열등의식은 일본이 우리나라를 지배하면서 36년간 식민사관(植民史觀)이 만들어낸 작품이라는 데는 의심의 여지가 없다. 우리민족이 대충이라는 병이 든 것은 최근에 "빨리 많이"라는 구호를 갖는 군사문화의 병폐이지 절대로 우리민족의 본래 바탕 자리가 아니라는 것은 우리가 팔만대장경의 예에서 찾아볼 수 있다. 우리 기업이 선진국으로 도약하기 위해서 필연적으로 넘어야 할 대충대충병, 그러나 우리 기업이 끝마무리 하나 제대로 못하는 우리 작업자들을 가지고 과연 넘을 수 있을까라는 물음에 확실하게 대답해 주는 것이 있다면 상고사에서 살펴본 우리민족의 품질 우월성이다. 이제 우리는 극일의 자신감을 가지고 경영혁신을 통해서 품질한국을 이룩하는 길이 있을 뿐이다. 이를 위한 해답은 오직 일신우일신(日新又日新) 매일 매일 하루도 빼놓지 않고 경영혁신을 하는 것이다. 즉 경영혁신 365일이 있을 뿐이다. 우리 기업에서 진정으로 국제 경쟁력을 위해서 필요한 것은 고도의 경영학 이론이 아니라 한 가지라도 묵묵히 실천하는 실천력인 것이다.

10. 품질한국 건설에 국가적 동원 체제가 필요하다

뭉치면 살고 헤어지면 망한다는 것은 만고의 진리다. 그런데 여기서 우리가 주목해야 할 것은 역사상 그 어느 나라도 외침에 의해서 망한 나라는 없다는 것이다. 수나라, 당나라의 100만 대군에 의해서 고구려가 망한 것이 아니라 연개소문이 사한 후에 그 아들 남생, 남건, 남산이 분열하고 그 삼촌 연정토가 분열하였기 때문이다. 우리나라보다 100배의 국토면적, 25배의 인구수, 5배의 GDP을 갖는 중국, 우리나라보다 4배의 국토면적, 2.5배의 인구수, 5배의 GDP의 일본과 대결해야 하는 한국으로서는 상생경영을 통한 단결 이외에 품질한국 건설에 다른 길이 없다. 영남과 호남이 갈라지고, TK와 PK가 갈라지고 대기업과 중소기업이 갈라지고 노와 사가 갈라지고 정규직과 비정규직이 갈라지는 분열 속에서 품질한국 건설은 요원하다. 이제 품질한국 건설에 전국의 핵심역량을 동원하는 국가적 체제가 필요한 시점이다.

(1) 무엇이 한국의 국가경쟁력을 저해하는가?

세계경제포럼(WEF)이 실시한 '2011년도 국가경쟁력 평가'에서 우리나라는 142개국 중 두 단계 떨어진 24위를 기록했다. 우리나라는 2007년 11위를 기록한 이후 2008년 13위, 2009년 19위, 2010년 22위로 떨어진데 이어 올해까지 4년째 하락했다. WEF 평가는 3대 평가부문에서 12개 세부평가 부문으로 나뉘었으며, 설문 79개 및 통계 32개 등 총 111개 지표로 구성됐다. WEF의 분석에 의하면 우리나라의 강점은 거시경제(6위), 인프라(9위), 시장규모(11위)로 나타났다. 반면 우리나라의 3대 약점 요인은 제도적 요인(65위), 노동시장(76위), 금융시장(80위)으로 평가돼 이 부문의 개선 없이 품질한국 건설은 요원할 것으로 나타났다. 제도적

〈도표 10-1〉 부문별(3대부문, 12개 세부부문) 순위변화

	전체순위	기본요인 (23위→19위)				효율성 증진 (22위→22위)						기업혁신 및 성숙도 (18위→18위)	
		제도적 요인	인프라	거시경제	보건 및 초등교육	고등교육 및 훈련	상품시장 효율성	노동시장 효율성	금융시장 성숙도	기술수용 적극성	시장규모	기업활동 성숙도	기업혁신
08	13	28	15	4	26	12	22	41	37	13	13	16	9
09	19	53	17	11	27	16	36	84	58	15	12	21	11
10	22	62	18	6	21	15	38	78	83	19	11	24	12
11	24	65	9	6	15	17	37	76	80	18	11	25	14

요인 중 정치인에 대한 신뢰, 정부 규제, 정책결정의 투명성, 기업이사회의 유용성, 소수주주 이익보호의 개선이 시급한 것으로 평가됐다. 노동시장은 노사협력, 정리해고 비용, 고용 및 해고 관행에서의 개선이 필요한 것으로 나타났으며, 금융시장의 경우 대출의 용이성, 벤처자본의 이용가능성, 은행건전성에서 개선의 여지가 큰 것으로 조사됐다. 이러한 우리 경제의 약점 부문을 요약하면 갈등구조의 해결을 통한 국가적 동원 체제의 확립으로 요약된다. 특히 정부 정책결정의 비투명성에서 기인하는 지역갈등, 대기업과 협력업체간의 기업간 갈등, 고용 및 해고 관행에서 유인되는 노사간의 갈등 구조에서 지역간, 기업간, 노사간 상생 구조로의 전환이 요구된다. 품질한국의 건설은 이러한 갈등구조를 해원 상생 구조로의 전환을 통해서 국가의 핵심역량을 집중하지 않고는 불가능하기 때문이다.

(2) 국가적 갈등 구조의 해결 없이 품질한국의 미래는 없다

동아시아 연구원과 중앙일보(2005년 10월 13일자)는 "2005년 한국인의 정체성" 설문 조사를 바탕으로 한국인의 의식을 재구성한 설문 결과를 발표했다. 여기에 의하면 14개 갈등 그룹을 설정해 그룹마다 대칭되는 두 집단 간의 체감 거리감을 물어 봤다. 측정

〈도표 10-2〉 갈등그룹간의 체감거리

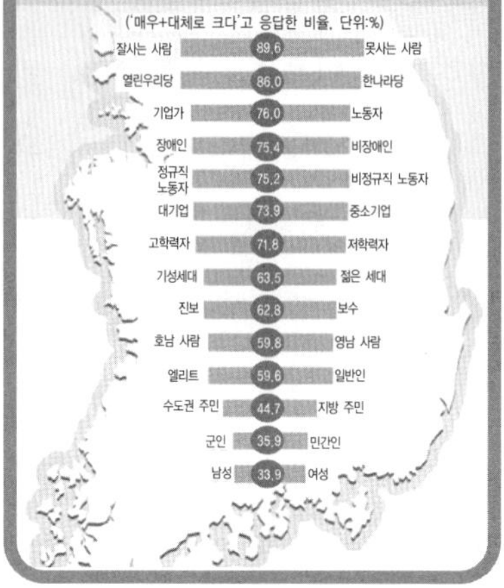

결과 잘사는 사람과 못사는 사람간의 거리감이 가장 크게 나타난 것을 비롯해서 기업가와 노동자, 정규직과 비정규직, 대기업과 중소기업 간의 거리감이 크게 드러나는 등 경제적 차원에서의 거리감이 큰 것으로 나타났다.

(3) 지역 갈등해결로 품질한국 역량을 강화해야 한다

1) 지역 갈등 구조: 지역갈등은 두 가지로 나눠 설명할 수 있다. 첫째는, 님비현상(Not in my back yard: 내 뒷마당은 안 돼!)으로 자기 지역에 혐오 시설의 입지를 반대하는 현상이다. 예를 들면 쓰레기 매립장, 방사선 폐기물 처분장, 유해 물질 공장 등에 대한 무차별 거부 현상이다. 둘째는, 핌피현상(Please in my front yard: 제발 내 앞마당에!)인데 편리한 생활 기반 시설을 자기 지역에 유치하려는 현상이다. 예를 들면 행정 기관, 교통로, 교육, 문화 시설 등을 자기 지역으로 유치하려는 혈투이다. 최근에 백지화로 결론이

나온 동남 신공항 논란이 대구-경북-부산-경남 등 소지역주의 발호를 야기한데 이어 한국토지주택공사(LH) 본사의 경남 진주 일괄이전, 과학벨트 입지의 경우 대전 대덕이 사실상 선정되자 지역갈등의 반발기류가 일고 있다. 특히 LH본사가 진주로 이전함에 따라 경남과 유치경쟁을 벌였던 전북이 강력 반발하고 있고 과학비즈니스벨트 선정을 기대해온 대구-경북, 전남-광주 모두 반대 입장을 밝히고 있다. 금산에서 인삼 축제가 된다고 하니까 서산, 안성, 홍천뿐 아니라 파주에서도 파주 개성인삼 축제를 열고 서울의 명도에서도 인삼축제를 여는 등 전국 10여 곳에서 인삼축제를 열고 있다. 부산에서 영화제가 좀 된다고 하니

〈도표 10-3〉 인삼축제 홍보

까 서울, 대구, 전주, 광주, 부천 그리고 제천에서 마저 영화제를 개최한다. 이러한 연이은 지역갈등이 불거지는 주요한 배경은 무엇보다 개발이익에 집착하는 지역주민들과 지역 정치인간 야합인 것으로 분석된다. 정부의 합리적 의사결정이 필요한 때이며 국익은 안중에도 없는 소지역주의로는 절대로 품질한국의 미래는 없는 것이다. 기획이든 예산이든 모든 결정권은 중앙정부와 국회에 있는데 자치단체나 지방출신 정치인들이 주민들과 야합해 갈등을 빚고 '포퓰리즘'으로 나가고 있다. 목전의 이권만 노리는 얄팍한 기회주의적인 소지역주의는 국가의 분열 및 부담만 줄 것이다. 예를 들면 최근에 결론이 난 과학벨트는 오는 2029년까지 기초과학분야 91조 원에 연관비즈니스 81조 원, 시너지효과는 63조 원에 달해 생산유발효과가 무려 235조 원에 이르고 부가가치 창출은 102조 원, 고용창출도 212만 명에 이르는 만큼 각 지역은 사생결단의 각오로 유치전을 펼쳐왔다. 이 와중에 정부가 중이온가속기-기초과학연구원을 대전에 배치하고 기초과학연구원 50개 연구단 가운데 25개를 대전에 건설하고 나머지 25개를 나머지 후보지 5곳으로 분산 배치할 것으로 결론을 내리자 대구-경북-전남-광주지역 정가는 정치적 결정이라며 반발하고 있다.

2) 지역 갈등구조의 해결책: 해답은 간단하다. 바로 동아시아 연구원과 중앙일보의 설문 조사에 해답이 있다. 설문 조사에 의하면 영남과 호남의 지역 갈등은 심하지 않다는 것이다. 정치인들에 의해서 부풀려진 측면이 강하다. 왜냐하면 원천적 호남 사람도 영남 사람도 없기 때문이다. 전두환 대통령은 자신은 전라도 사람이라고 말한다. 왜냐하면 자신은 전주 곁에 있는 완산 전씨이고 다만 완산에서 살다가 할아버지 때에 합천으로 이사를 하였다고 한다. 전라도 분으로 알려진 김대중 대통령과 충청도 분으로 알려진 김종필 총재 두 분 다 경상도의 김해 김씨이다. 충청도가 고향이라고 알려진 이회창 총재도 본관은 전주 이씨이고 북한의 김정일 국방 위원장도 본간은 전주 김씨로 전주에 시조묘가 있다.

이상에서 본 바와 같이 원초적 영남 사람도 원초적 호남 사람도 없는 우리 민족은 단일 민족일 뿐이다. 그런데 최근에 이르러 정치적으로 편파적인 의사결정이 지역 갈등을 부추겼다는 것을 인식해야 한다. 이를 위해서 정책 결정의 투명성이라고 하는 품질정치를 실현하는 길이 요구된다. 또 다른 해법으로는 님비와 핌피를 바터하는 것이다. 예를 들면 원자력 폐기장을 유치하는 지역에 과학벨트를 허락하는 것이다. 그러나 원천적인 해법은 중앙정부의 개입을 최소화하는 것이다. 기업도시의 원천이라고 할 수 있는 도요타시와 도요타자동차의 상생협력에서 그 해답을 찾을 수 있다. 원래 도요타자동차 본사가 있는 일본 아이치현의 도요타시는 고로모시(挙母市)였으나 도요타자동차의 이름을 따 도요타시로 개칭했다. 도요타시의 시청사 광장에는 동상 두 개가 나란히 서 있는데 동상 속 주인공들은 다름 아닌 도요타자동차 창업자 도요타 기이치로와 도요타시의 옛 이름 고모로의 읍장인 나카무라 슈이치이다. 이는 창립 75주년을 맞은 도요타자동차가 세계 제일의 자동차메이커로 성장하고, 도요타시 역시 일본에서 제일가는 '부자도시'로 손꼽히게 되기까지 도요타 기이치로와 나카무라 슈이치, 도요타자동차와 도요타시의 만남을 상징적으로 보여주는 대목이다. 도요타자동차와 도요타시의 첫 인연은 도요타 기이치로가 1937년 자동차회사를 설립하면서 시작된다. 당시 도요타자동직기를 운영하고 있던 도요타 기이치로는 세계 최초로 개발한 자동직기 특허권을 영국업체에 양도하고 받은 100만 엔으로 도요타자동공업을 설립한다. 그 이듬해 공장 부지를 물색하던 도요타 기이치로는 뽕밭으로 뒤덮인 고모로를 선택했고, 당시 고모로읍과 의회는 810명의 땅 주인을 설득해 토지를 사들일 수 있도록 도왔다. 이에 도요타자동차는 도요타기념병원과 호텔, 수영장 등의 시설을 갖춘 '포레스트 힐즈'도 직접 운영하여 도요타 시민들의 후생복지에 기여한다. 국가가 개입하지 않은 상태에서 이루어진 지방자치 단체와 기업이 맺은 상생 노력의 과실은 도요타에게는 세계 최고의 기업 경쟁력을 도요타 시에는 일본 제일의 부자도시를 선물하게 된 것이다.

3) 지방특성화 전략: 저마다 타고난 소질을 개발하는 지역특성화 전략을 구축하는 산업 구조 개편의 실마리를 프랑스나 독일과 같은 큰 나라에 의존해서 살고 있는 유럽의 주변국들의 산업 구조에서 찾을 수 있다. 그 대표적인 나라가 룩셈부르크, 네덜란드, 스위스, 이탈리아 등이다. 이들 나라 중 세계에서 1인당 GNP가 1위가 룩셈부르크, 2위가 네덜란드, 3위가 스위스이며, 3개의 나라가 모두 조선흥미 산업 즉, 네덜란드나 룩셈부르크가 꽃 가꾸기, 스위스가 시계 등 패션 산업과 관광 사업 등 조선흥미 산업이라는 사실이다.

이러한 조선흥미의 화두로서 어떻게 지방화 시대를 열어갈 것인가를 살펴본다. 결론부터 말하면 조선흥미의 화두로서 각 지방의 산업을 차별화해야 한다. 우리나라의 망국적인 지방색의 근본적인 원인은 제로섬의 경제 논리가 적용되는 우리나라의 산업 구조에 있다. 제로섬 경제란 호남이 이익을 보면 영남이 손해를 보고 영남이 이익을 보면 호남이 손해를 보는 산업 구조이다. 그 간단한 예가 바로 최근에 일어난 동남공항 문제나 LH공사

〈도표 10-4〉 지방 특성화 클러스터(제안)

문제, 또는 과학단지 등 일련의 갈등 문제인 것이다. 여기서 대두되는 것이 바로 지방의 특성화 산업을 구축하는 것이다. 부산 경제를 살리려면 가장 대표적인 조선흥미 산업 중에서 영상정보 산업을 부산으로 유치하는 근본적인 치유법을 제안한다. 미국에서 할리우드로 로스앤젤레스가 영상 산업의 메카가 되는 것과 같이 부산으로 우리나라의 모든 영상 산업을 유치해서 21세기를 대처해야 한다. 그리고 대구에는 기존의 대구지역의 특성 산업이었던 섬유산업과 유사한 밀라노 프로젝트가 가장 현명한 선택이다. 대구의 섬유 산업은 사양 산업이지만 패션 산업은 최첨단 산업이다. 그러기 위해서는 대구의 초등학교의 교육에서부터 혁명이 일어나야 한다. 패션 산업의 인프라는 대학에서 시작되는 것이 아니라 초등학교에서부터 색에 대한 감각을 길러야 하기 때문이다. 그러기 위해서 대구의 모든 초등학생에게 60색 크레파스를 보급해서 대구 시민의 색감은 타지역 사람에 비해서 월등하게 양성

되어야 한다. 반면에 전라북도는 농업이 주된 기존 산업에 유사한 화훼산업이 가장 적당할 것이다. 중국인들도 어버이날 카네이션을 꽂을텐데 그 수가 13억이라고 생각하면 전라북도가 중점산업으로 육성하기에 충분할 것이다. 농사는 중국에서 종묘는 전북에서 그래서 전라북도에서는 종돈, 종계, 종마 등 유전공학에 생명을 걸어야 할 것이다. 또한 전북대학은 유전공학 중심대학으로 육성하고 유전공학에 모든 연구 역량을 전라북도에 집결하도록 한다. 인천은 중국과 가깝다는 지리적 여건을 감안해서 중국관광객을 부를 수 있는 카지노의 도시로 양성한다. 작년에 우리나라에 온 일본 관광객이 300만이었다. 1억 3천만의 인구에서 300만의 관광객이 왔다면 13억의 인구를 가진 중국관광객은 적어도 3,000만이 될 것이다. 그러나 만리장성을 본 중국 관광객들에게 남한산성을 보라고 해서는 관광이 되지 않을 것이다. 이제 관광에도 테마가 있어야 할텐데 그것이 바로 중국인이 가장 좋아하는 카지노가 될 것이다. 그러한 준비로 인천 초등학생들은 중국식 한자인 간체자를 배우고 중학생은 한문, 고등학생은 중국어를 배우며 인천에 소재하는 대학들은 카지노과로 특성화하는 것이 필요할 것이다. 강릉에 초당 두부가 좀 된다고 하니까 곁에 원조, 본조가 생기는 식으로 모든 지방이 첨단산업을 하겠다는 식으로 해 가지고는 절대 지방색은 없어지지 않을 것이다.

이와 같이 전 국토를 조선흥미 산업의 분업 체계로 개편한 다음 여기에 필요한 인프라를 구축하는 방안으로 최근에 교과부에서 실시하는 대학 개편을 해야 한다. 이것이 바로 핀란드가 추구하는 지방 특성화의 산업 클러스터 전략이다. 먼저 교과부의 인적자원계획은 지방의 산업클러스터전략에 맞추어 필요한 인재를 공급하는 지방 대학 특성화 전략이 나와야 하는 것이다. 구체적으로 말하면 부산 소재대학은 영상 정보분야, 대구 소재 대학에서는 패션분야를, 전주 소재 대학에서는 유전분야를, 인천 소재 대학에서는 카지노 분야를 집중 육성하는 교육개편을 하는 것이다. 이러한 전 국토 산업클러스터 전략에서 자녀 교육의 패러다임을 바꿔야 한다. 무조건 서울대학에 진학시켜야 하는 것이 아니라 영상에 소질이 있다면 부산의 특성화 대학에, 패션에 소질이 있다면 대구의 특성화 대학에, 유전공학에 소질이 있다면 전라북도의 특성화 대학에 카지노에 소질이 있다면 인천의 특성화 대학에 진학하는 식으로 사고의 전환을 통해서 지방화 시대를 열어 간다면 지역갈등이 저절로 사라질 것이다. 또한 공기업의 배치에 있어서도 농어촌 진흥공사는 유전공학 클러스터 지역인 전주로, 섬유산업 진흥협회는 패션 산업 클러스터의 대구로, 영상산업 진흥협회는 영상산업의 클러스터인 부산으로 이전해야 한다. 그래서 각각의 산업 클러스터에 대학, 연구소, 공공기관,

산업체 등 연관 산업의 핵심역량을 집중하여 품질한국의 미래를 여는 것이다. 이러한 지방 특성화 클러스터를 통해서 전주 사람들이 대구 사람을 만나서 "우리는 유전공학해서 먹고 살테니 당신들은 패션산업으로 먹고 사시오"라고 웃으면서 이야기하는 전국토를 네가 죽어야 내가 산다는 식의 제로섬 사회의 이전투구 구조가 아니라 상생상화의 산업클러스터로 차별화함으로써 망국적인 지방색을 타파하고 그 힘을 모으는 것이 새로운 품질한국을 완성하는 지름길이 될 것이다.

(4) 기업간 상생 경영으로 품질한국의 역량을 강화해야 한다

1) 기업간 갈등구조: 시장경제원리가 작용하는 사회의 테두리 안에서 '함께 성장한다'는게 그리 쉽지만은 않아 보인다. 양극화 해소를 위한 대·중소기업 동반성장 정책을 추진하기 위해서 정부 차원에서 동반성장위원회라는 전담조직이 출범했고 '상생협력 종합대책'도 제시됐다. 그러나 아직까지 가시적인 성과는 없고 동반성장 정책을 만드는 위원회와 이를 뒷받침해야 하는 정부 수장이 서로 기싸움만 벌이는 등 논란만 이어졌다. 또 중소기업 쪽에서는 동반성장이 피부로 느껴지지 않는다는 하소연이 끊

〈도표 10-5〉 기업 영업이익률 추이

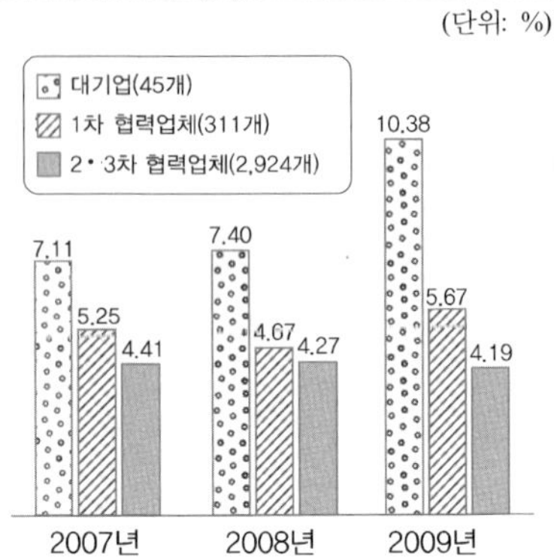

〈자료: IBK경제연구소〉

이지 않았다. 또한 공정거래위원회(공정위)가 지난 7월 20일 발표한 2009년 2월부터 총 116개 대기업이 1만 1,838개 협력사와 맺은 동반성장 협약에 대한 평가에 따르면 이 중 3개사가 최우수, 37개사가 우수, 26개사가 양호 등급을 받아 총 66개사(56.9%)가 긍정적 평가를 받았다. 그러나 50개사(43.1%)는 공정위의 기대보다 미흡한 수준을 보였다. 동반성장을 체결한 대기업 10곳 중 4곳이 '무늬만 협약'이라는 평가를 받은 것이다. 최근에 기업은행 경제연구소가 대기업 45개 1차 협력업체 311개사 2.3차 협력업체 2,924개를 대상으로 조사한 기업의 영업 이익률 조사에서 계속해서 기업간 격차가 심해지는 것으로 보고하고 있다. 다시 말하면 완성 업체의 이익이 협력업체로 전이되고 있지 않다는 것을 의미한다. 2007년 대기업의 이익률은 7.11%에서 2009년에 10.38%로 증가되었는데 반해서 2007년 4.41%에 달하던 2, 3차 협력업체 이익률이 2009년에는 도리어 4.19%로 줄었다는 것이다. 그런데 이러한 불균형 구조로는 품질한국의 영속성을 유지하기는 어렵다. 자동차산업전문가 존 고스만은 "21세기 자동차 시장은 완성차 업체 대 완성차 업체의 경쟁이 아니라 이들이 가지고 있는 공급사슬 대 공급사슬의 경쟁"이라고 선언하고 있다. 바꾸어 말하면 협력업체의 질적 성장 없이 완성차 업체만의 경쟁력으로는 세계 최고의 경쟁력을 이루기는 어렵다는 것을 의미한다.

2) 일본의 상생경영 사례: 치열한 국제 경쟁에서 생존의 기로에 있는 일본 기업의 상생은 협력업체의 상생경영을 넘어서 원수와의 동침도 서슴지 않는 경지에 이르고 있다. 삼성경제 연구소 조사에 의하면 과거에는 수직 계열경쟁에서 수평적 경쟁으로 치열한 경쟁 체제에서 현재는 부분적 계열화에서 수평적 협력체제로 변화하고 있다. 경쟁회사끼리 부품 소재나 연구개발 등의 수평 협력을 서슴지 않는다는 것이다. 그 중에서도 도요타사의 상생 협력관계는 타의 추종을 불허한다. 도요타사의 상생협력은 공존공영, 장기거래가 기본이다. 도요타사의 성장 원천은 협력사와의 오랜 세월에 걸친 원만한 관계가 있었기 때문이다. 부품의 구입 가격을 단지 내리는 것이 아니라 협력사와 하나가 되어 제조원가를 내리는 방식을 선택한다. 가격을 내렸다고 하기보다 원가가 왜 내렸는가에 대한 Logic을 소중히 한다. 이 충실한 활동으

〈도표 10-6〉 일본의 기업간 관계 패러다임의 변화

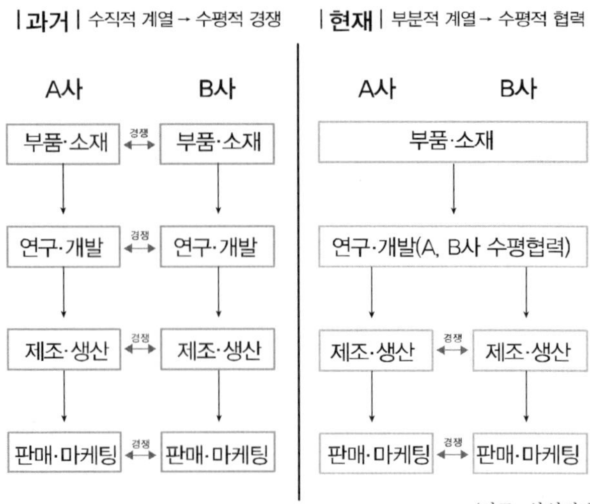

〈자료: 삼성경제연구소〉

로 인해 도요타사 내부의 부품 기술을 수중에 확보하고 축적하여 코스트 구조를 파악해 통제하기 쉽게 한다. 도요타의 기본적인 이념은 도요타가 부품을 제조하지 않더라도 기술만은 갖고자 하며, 만일 기술을 가지고 있지 않다면 Cost를 모르게 된다. 언제라도 사내에서 만들 수 있도록 하고 협력사에 발주한다. 즉 도요타형의 상생 협력 모델을 바꾸어 말하면 기술중작화, 부품 제조의 외작화라고 말해도 좋다. 반면 같은 자동차회사이지만 닛산자동차회사는 협력업체 관리에서 도요타와 전혀 다른 측면

〈도표 10-7〉 계열별 부품 Maker의 연결경상이익 추이

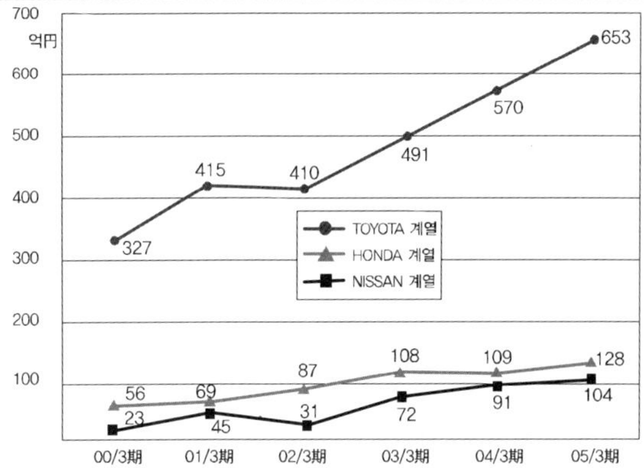

을 갖고 있다. 그 결과는 협력업체 계열이 붕괴하고 많은 협력업체를 경쟁시켜 네고에 의한 가격 절감을 목표로 한다. 닛산의 요구에 응할 수 없을 경우 퇴출을 한다. 1999년 발표된 닛산 리바이벌 플랜에 대해서는 3년간에 20%(2000년도 8%, 2001년도 7%, 2002년도 6.5%)라고 하는 코스트 삭감 목표를 나타냈다. 2002년 2월, 거래처 부품 회사에 있어서 3년간에 평균 15%의 추가 코스트 삭감을 제시하여 일경 신문의 조사에서는 주요 거래처 14사에서 삭감 목표로 「응하는」 기업은 제로였다. 닛산은 부품 기업과 신계열 「기술로 선별, 장기거래」로 인해 2005년부터 3년 동안 6,000억 엔 삭감한 것으로 보고되고 있다.

그런데 그 결과는 계열별 부품 메이커의 연결경상이익 추이에서 알 수 있다. 도요타 계열사가 2005년 650억 엔 대의 경상이익을 실현한데 반해서 혼다 계열이나 닛산 계열은 100억 엔 대에 머물고 있는 실정이다.

3) **상생협력의 체계구축**: 대기업과 협력업체들과의 협력 관계를 보다 긴밀히 함으로써, 서로 강점이 있는 기술과 노하우를 접목하고 제품개발 마케팅 등에서 시너지 효과를 극대화하는 시스템을 구축해야 한다. 단기간에 효율적으로 경쟁력을 제고할 수 있는 기업 간 협력 및 제휴는 당분간 국내 산업계의 화두가 될 것이다. 상생협력 발전 모델을 통해서 21세기를 설계해야 한다. 멀리보는 상생경영을 통해서 글로벌 경쟁력을 강화하고 건강하고 생산적인 기업 생태계를 조성해야 한다. 그러기 위해서는 협력업체들과 양 방향 협력관계를 강화해야 한다. 전경련 하도급 실태 조사에 나타난 대기업과 중소기업간 상호 요망사항은 대기업이 기술 및 품질상 제조기술 미흡을 거론하는데 반해서 중소기업은 지나친 납품단가 인하요구 지양을 요구하고 있다. 이러한 두 마리의 토끼를 잡는 방법은 협력업체의 품질 역량강화를 위해서 협력업체 임직원 교육, 연구개발지원 등 과감하게 중소기업을 지원해서 기술과 품질을 높이고 그리고 자연스럽게 제값을

〈도표 10-8〉 대기업과 중소기업간 상호 요망사항

(단위: %)

순위	대기업 입장	점유율	중소기업 입장	점유율
1	기술 및 품질상 제조기술 미흡 보완	35	지나친 납품단가 인하요구 지양	56
2	원가절감 노력 강화	21	대금지급방법의 개선	16
3	납기의 신속, 확실성	19	거래관계의 일방적 변경지양	12
4	적정수준을 넘어서는 지나친 수익요구 지양	12	지나치게 까다로운 요구조건 지양	8
5	윤리경영 시스템 도입 등 직원교육강화	8	설비대여 및 자금지원	5
6	기타	5	기타	3

〈출처: 전경련 하도급실태 설문조사〉

받게 된다면 해결될 일이기 때문이다.

(5) 노사 갈등 해결을 통해서 품질한국 역량을 강화해야 한다

한국의 노사관계 경쟁력 및 노사협력 수준은 세계 최하위 수준이다. 세계경제포럼(WEF)은 한국의 노사협력 부문이 조사대상국 133개국 가운데 131위라고 발표했다. 노사문제의 심각성은 국내 여론조사에서도 입증된다. 단국대 분쟁해결연구센터가 지난해 12월 발표한 국민의식 설문조사(2008~2009년)에서 '노사갈등이 있다'고 생각하는 국민이 10명중 8명꼴이었다. 구체적으로는

〈도표 10-9〉 노사분규 현황

단위: (건)

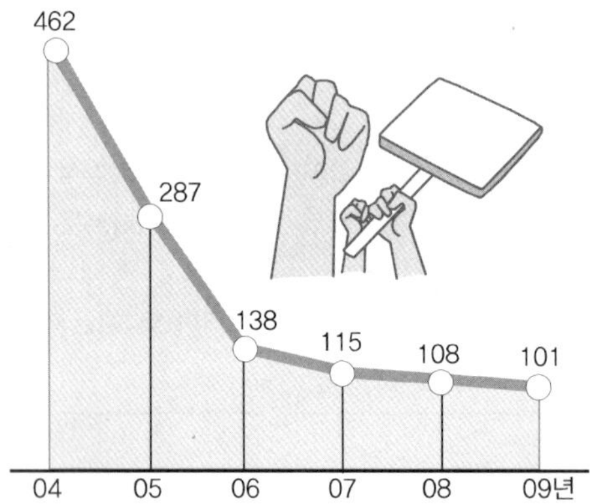

※ 2009년은 10월 26일 현재

〈자료: 노동부〉

'약간 갈등이 있다'(50.4%)와 '매우 갈등이 심했다'(31.0%)고 응답한 사람이 전체의 80%를 넘었다. 반면 '별로 갈등이 없다'와 '전혀 갈등이 없다'는 각각 13.2%와 1.2%에 그쳤다. 그러나 노동부가 발표한 2009년 10월 26일 현재의 한국의 노사분규의 현황에서 보면 계속 감소되는 추세에 있다. 특히 우리나라의 노사분규의 원조라고 하는 울산지역에 현재까지 2011년에 한 건의 노사분규도 보고되지 않고 있다. 울산에서 노사분규가 한 건도 발생하지 않은 해는 울산고용노동지청이 분규 통계를 내기 시작한 이후 올해가 처음인 것으로 알려졌다. 지난 5년 동안 연도별 노사분규는 2010년 7건, 2009년 5건, 2008년 7건, 2007년 8건, 2006년 8건이 발생한 것으로 집계됐다. 8월 24일 새벽 현대자동차 노사 임금단체협상이 타결됐다. 기아차 임금협상 타결에 이어 현대차까지 무사히 협상이 마무리되면서 현대차그룹의 올해 유일한 걸림돌이었던 노사분규 문제가 사라졌다. 올해로 현대차는 3년 연속, 기아차는 2년 연속 무분규를 이어 갔다. 현대, 기아차 모두 노사가 공생하는 선진적인 노사관계를 이룩해나가고 있다고 평가한다. 물론 현대, 기아차의 노사관계가 선진적 노사관계로 발전된 측면도 있고 '성숙하고 어른스러운 대화', '객관적 사실에 근거한 합리적인 토론', '노사가 함께 손잡고 더 나은 미래를 향해 나아가는 공생 관계'에서 연유된 측면도 강하다. '무분규 → 정상경영 → 더 높은 실적 → 더 높은 임금과 혜택'의 선순환을 그리는 '선진적 노사관계'는 품질경영을 통한 현대, 기아차의 회사의 빼어난 실적의 밑바탕에서 연유됨을 부정할 수 없

〈도표 10-10〉 국내 노사관계 혁신과제

	현 재	지향점
철 학	CEO 방침에 좌우	직원존중 핵심가치 내재화
시 스 템	마음 및 정서 위주 관리	현장 위주 관리시스템으로 제도화
문 화	위기시 일시적 협력	경쟁력 우선의 상시 협력
	국내 중심	세계적 다양성 존중

〈자료: 삼성경제연구소〉

다. 품질경영을 통한 현대, 기아차의 올해 상반기 실적은 눈부시다. 영업이익만 6조가 넘는 '어닝 서프라이즈'에 상반기 판매대수는 도요타를 넘어 세계 4위까지 올라섰다. 차가 없어서 못 파는 상황에 장기파업으로 공장을 놀리는 것은 '엄청난 손해'라는 인식을 노사가 자연스럽게 공유하게 된다. "사소한 일로 싸우기보다 더 열심히 일해 회사를 발전시키면 더 큰 보상을 받을 수 있다"는 생각이 자리잡으면, 자연히 협상도 순조로워진다. 일반적으로 기업의 수명은 30년을 넘기기 힘든 것이 현실이다. 2005년 말 기준 국내 유가증권시장 상장기업의 평균 수명은 32.9년, 코스닥 등록기업은 16.7년으로 전체 평균은 23.8년에 불과하다. 또한 포천 500대 기업의 평균 수명도 약 40년 정도인데, 205년(듀폰), 170년(P&G), 139년(코닝), 70년(도요타), 68년(HP) 등의 주요 글로벌 장수기업들은 60년 이상 장수하면서도 업계 최고의 지위를 유지하고 있다는 점에서 타의 추종을 불허한다. 이들 기업의 장수비결은 삼성경제연구소에 의하면 안정된 노사상생 관계에 주목한다. 글로벌 장수기업들은 인적자원에 대한 투자를 아끼지 않고 노사상생의 문화를 일관되게 구축한다는 공통점을 보유하고 있다. 또한 노사관계가 안정적일수록 더 높은 성과를 실현한다. 글로벌 장수기업의 노사정책은 몇 가지 공통점을 지닌다. 우선, 직원존중을 기업의 핵심가치로 내세우고 제도화했다는 것이다. 최장수 기업인 듀폰은 “위대한 세계적 회사는 인재를 소중히 함으로써 만들 수 있다”는 점을 경영이념으로 명문화하고 있다. P&G는 1880년부터 주5일 근무제를, 1887년부터 직원 이익분배제를 도입했으며, 지금은 모든 직원을 대상으로 스톡옵션제를 실시하고 있다. 둘째, 노사신뢰를 바탕으로 위기를 극복한 경험을 공유하고 있다. HP는 1970년께 경기침체로 10% 인력감축이 불가피한 상황에서, 인원감축 대신 업무시간 단축(2주당 1일 감소)과 급여삭감으로 위기를 극복했다. 코닝은 1982년 일본업체들이 시장을 잠식하면서 대규모 적자를 기록하자, 노조의 동참 아래 노사 자율작업팀과 전사적 이익분배제도 등을 도입해 위기를 헤쳐나갔다. 도요타 역시 1950년 직원 1,500명을 대량 해고할 당시, 경영진이 고용안정 약속을 지키지 못했다는 이유로 전원 사퇴하면서 ‘노사=동반자’ 인식을 확립했다. 셋째, 현장 위주의 조직관리 체계다. 노사갈등의 대부분은 노동자와 회사의 갈등이 아니라 노동자와 현장 관리자의 갈등이기 때문에, 불만이나 문제점을 현장에서 해결하는 것이 무엇보다 중요하다는 것이다. 도요타, 코닝, HP 등은 현장관리자를 선발하는 기준요건을 까다롭게 하는 동시에 지속적인 교육을 통해 현장관리자 자질을 높이는 정책을 취하고 있다. 마지막으로 이들 기업은 ‘다양성’의 가치를 소중히 여긴다. 여성이나 흑인 등 취약계층이 일하기 좋은 여건을 조성한다는 의미다. 코닝은 국적, 인종, 성 측면에서 다양성을 존중하는 것이 회사 경쟁력의 원천이라고 강조한다. 이 회사는 잡지 〈워킹엔지니어〉가 선정한 '여성엔지니어들이 일하기 원하는 최고의 기업'으로, 잡지 〈블랙컬리지안〉이 선정한 '흑인을 위한 최고기업'으로 뽑혔다. 우리 기업도 품질한국을 위해서 국내에도 동남아 노동자와 여성 노동자의 비중이 갈수록 커지는 상황에서, 다양성 보장을 위한 이들 기업의 노력을 주목할 필요가 있다.

(6) 품질한국 건설에 상생경영을 통한 단결 외에 다른 길이 없다

우리나라보다 100배에 이르는 국토, 25배에 이르는 국민 수, 5배에 이르는 GDP를 갖는 중국, 우리나라보다 4배의 국토, 2.5배에 이르는 국민 수, 5배에 이르는 GDP의 일본과 대결해야 하는 우리나라로서는 상생경영을 통한 단결 이외에 품질한국 건설에 다른 길이 없다. 영남과 호남이 갈라지고, TK와 PK가 갈라지고 대기업과 중소기업이 갈라지고 노와 사가 갈라지고 정규직과 비정규직이 갈라지는 분열 속에서 품질한국 건설은 요원하다. 그런데 여기서 우리가 주목해야 할 것은 역사상 그 어느 나라도 외침에 의해서 망한 나라는 없다는 것이다. 고구려는 수나라, 당나라의 100만 대군에 의해서 망한 것이 아니라 연개소문이 사망한 후에 그 아들 남생, 남건, 남산이 분열하고 그 삼촌 연정토가 분열하였기 때문이다.

우리가 일체화된다면 품질한국 건설이 요원하지 않다는 것을 입증하는 사례로서 인구, 국토, 경제의 열세에서도 승리를 쟁취한 이스라엘의 3차 중동 전쟁을 들어 본다. 1967년 6월 4일 이스라엘은 PLO의 테러에 대한 응징과 아랍 국가의 공격 기도에 대한 자위를 명분으로 항공기에 의한 공중기습공격과 시나이 반도에 대한 대공세를 전개했다. 개전 4일 만에 시나이 반도 · 요르단 강 서안지구(West Bank) · 골란고원 등을 점령하였다. 6월 6일 국제연합 안전보장이사회의 정전결의안을 양측이 수락함으로써 동월 9일 정전이 성립되었다.

여기서 전황을 살펴보면 지금의 이스라엘 인구는 전쟁 당시는 270만 명에 불과하였다. 이에 반해서 이집트, 시리아 요르단으로 구성된 아랍 연합국은 인구가 40배에 달하는 1억 1,000만 명이었다. 군대의 수에서도 2배, 탱크 7배, 비행기 4.5배 등 객관적인 전력면에서 절대 우위에 있었던 아랍연합군은 전쟁 발발 6일 만에 완전한 패배를 인정하고 항복하기에 이른 것이다. 그것은 이스라엘 군이 전사자 679명에 불과한 반면에 아랍 연합군은 그

〈도표 10-11〉 이스라엘과 아랍연합군 비교

		이스라엘	아랍연합군	비율
인구(전쟁 당시)		270만명	1억 1,000만명	40배
군사력	현 역	7만명	17.5만명	
	예비역	23만명	43만명	
	총 계	30만명	60만명	2배
탱 크		800대	5,404대	7배
비 행 기		200대	900대	4.5배
전 사 자		679명	이집트군 15,000명 요르단군 1,000명 시리아군 2,500명 합계 18,500명	25배

25배에 이르는 18,500명의 전사자를 내고 패퇴했기 때문이다. 그 직접적인 원인은 나중에 밝혀진 것이지만 전사자의 면면에서 밝혀졌다고 한다. 이스라엘의 전사자 679명은 대부분 장교임에 비해서 아랍연합군의 전사자 18,500명은 대부분 사병이었다는 사실이다. 이스라엘 군대는 장교가 앞에 서서 진두지휘하고 아랍 연합군 지휘관들은 사병들은 전장에 나서게 하고 자기들은 안전한 벙커에서 지휘를 했다는 사실이 밝혀진 것이다. 그러나 이스라엘의 승리를 이러한 단순한 군사적인 측면에서만 보는 사람은 드물다. 이스라엘이 전 세계의 유대인을 동원한 총력전의 승리라고 보는 편이 타당하다.

히브리(Hebrew) 민족, 유대인으로 불리우는 이스라엘 민족은 영토는 우리나라의 경상남북도 또는 경기도, 강원도 크기로 인구는 세계인구의 0.2% 정도인 약 1,500만 명에 불과하다. 그러나 유대인은 세계를 지배하는 5가지 무기를 손에 쥐고 있다. ① 세계통화인 달러를 지배하고 있다. 세계 최대의 정치력, 군사력을 가지고 있는 미국을 완전히 컨트롤하고 있다. ② 세계의 에너지 시장을 지배하고 있다(세계 7대 석유회사 엑슨, 걸프, 스탠다드, 모빌, 택사크 등) ③ 세계 3대 금융을 지배하고 있다. 시티 은행, 체이스 맨하탄, 모르간 은행 ④ 세계 5대 곡물 컨티넨탈 그레인, 루이 드래픽스, 붕게, 앙드레, 키키르를 지배하고 있다. 마지막으로 ⑤ 정보통신계통으로는 뉴욕 타임즈, 워싱턴 포스트, ABC, NBC방송과 IBM을 중심으로 정보통신망을 장악하고 있다. 구체적으로 보면 유대인 중 미국에는 약 700만 명의 유대인이 살고 있는데, 미국의 70만 명의 변호사 중 20%, 재벌 중 23%를 차지하고 하버드대와 UCLA교수의 50%가 유대인이다. 이런 상황으로 볼 때 세계의 두뇌, 곧 지적 엘리트 중에서 차지하는 유대인의 비율이 얼마나 큰가를 알 수 있다. 미국 대법원 9명의 대법관 중 두 명이 유대인(스티븐 브레이어, 루스베니더 긴스버그)이며 미국 각 대학 로스쿨에 30%가 유대인이며, 미국 전체 법대교수 중 26%가 유대인, 미국 100만 명 변호사 중 1/3이 유대인이다. 유대인이 미국의 권위 있는 33개 신문과 12개 잡지 7개 라디오 방송, 3개의 출판사를 소유하고 있다. 뉴욕 타임즈, 타임지, 뉴스위크, 로이터통신, AP, UPI, CNN의 래리 킹, 미국의 3대 공중파 방송 – ABC, CBS, NBC, 의학 미국의 의대 교수 80% 이상이 유대인, A, B, AB, O혈액형을 구분하여 1930년 노벨상 받은 칼 란트슈타이너, 페니실린을 개발한 에른스트, 보리스 체인, 미국 400명 재벌 중 23%가 유대인이며 노벨 경제학상 65%가 유대인이다. 애덤 스미스, 데이비드 리카도, 칼 막스, 세계 무역센터 래리 실버스타인, 연방은행 총재였던 엘런 그린스펀, 2002 한국월드컵 경제지원 윌버 로스 전 세계 노벨수상자의 1/3 정도를 차지하고 있는데 의학, 물리학, 화학, 문학 등 골고루 분포되어 있다.

이러한 유대인의 성공에는 교육이 있다. 그들의 사고의 기저에는 지혜는 칼보다 강하다는 믿음과 지혜는 교육에서 온다는 믿음이 있다. 그래서 옷을 팔아서 책을 산다. 그것은 교육은 민족을 해방시킨다는 믿음에서 출발한다. 그래서 죽음에 처한 아비보다 선생을 먼저 구하는 것이 여호와의 뜻이라고 전한다. 그리고 저마다 타고난 재능을 키우는 천재교육을 시킨다. 다른 아이나 사람과 비교하지 않으며, 자신의 장점은 강조해주며 모든 사물을 긍정적으로 보는 눈과 마음을 키워준다. 인류학자 요하킴 린드버그의 말과 같이 "우리가 세상에 살아남기 위해서 가르치고 배우는 것이다". 유대인은 "성전 건립을 위해 자녀 교육을 미루어서는 안 된다(할라카 12:119b)"는 가르침에 따라 모든 것에 우선하여 교육에 힘써 왔던 것이다. 이와 같이 우리 민족과 유태인은 교육에 목숨을 건다는 측면에서 유사점이 있다. 유대인과 우리민족은 교육열 이외에도 많은 공통점이 있다. 식습관에서 마늘을 좋아한다는 공통점이 있다(드라큐라 백작에서 마늘을 사용). 또한 세상에 있는 많은 종교마다 신(神)의 이름들이 있는데 "여호와 하나님"이라는 말의 뜻이 일치되는 것도 그들과 우리이다. 유대인의 어머니 못지않게 헌신적이며 열정적인 어머니가 있다는 것도 비슷하다. 그런데 근본적인 차이점을 미국의 슈퍼마켓의 예에서 찾아볼 수 있다. 미국에서 슈퍼마켓은 거의 전부 유대인이 점령하고 있다. 왜냐하면 슈퍼마켓은 대개 현금 장사이고 이재에 밝은 유대인들에게 유리한 업종이라고 평가되었다. 그런데 어느 날 한국인 한 사람이 유대인의 슈퍼에 도전하였다. 그러자 6개월이 못되어 유대인이 경영하는 슈퍼가 문을 닫게 되었다. 왜냐면 24시간 눈을 부릅뜨고 장사하는 한국인의 근면성에 유대인이 손을 들고 만 것이다. 이 사실을 안 미국인들은 한국인들을 두려워하기 시작한 것이다. 세계에서 유대인을 이길 수 있는 민족은 없었기 때문이다. 그런데 문제는 얼마 안 되어 한국인 슈퍼가 늘기 시작하더니 얼마 지나지 않아서 그 한국인 슈퍼들이 모두 문을 닫더라는 것이다. 왜냐하면 한국인 슈퍼들끼리 눈을 부릅뜨고 싸워서 서로 망하더라는 것이다. 유대인과 한국인의 차이는 유대인들은 이웃하면서 상생을 하는데 한국인들은 서로 지나치게 경쟁을 해서 결국은 서로 망한다는 것이다. 그 이후 미국인들은 한국인을 두려워하지 않게 되었다는 것이다. 한국인은 하나하나는 강한데 단체가 되면 약해진다는 것이고 유대인은 하나하나는 약한데 뭉치면 강해진다는 것이다. 여기서 우리가 품질한국의 동북아의 중심 국가가 되는 길은 바로 유대인과 같이 전 민족의 상생하고자 하는 동원체제가 필요한 것이다.

11. 품질한국 문화의 정착을 위해서 기본으로 돌아가자

시스템은 문화를 이길 수 없다. 아무리 훌륭한 품질시스템이 구축되었다고 해도 그것이 품질문화로서 체질화되지 못하면 그 결과는 참담하다. 그 좋은 예가 자동차에 부착하는 ABS브레이크 문제이다. 선진국에서 ABS브레이크 시스템이 처음 도입되었을 때는 차량 보험료를 할인해 주었다고 한다. 이는 아무래도 ABS브레이크 시스템을 부착한 자동차의 사고율이 적을 것이라는 생각에서였다. 그런데 최근에는 할인해 주지 않는다고 한다. 그것은 ABS브레이크 시스템을 부착한 자동차의 사고율이 더 높기 때문이다. 왜냐하면 이것은 ABS브레이크 시스템의 결함이 아니고 ABS브레이크 시스템을 장착한 자동차의 운전자들이 ABS브레이크를 장착했다고 그것을 과신한 나머지 코너링을 할 때, 속도를 낮추지 않고 과속을 하기에 사고는 필연적이기 때문이다. 이와 같은 이치는 품질경영에서도 마찬가지로서, 품질은 시스템이 만드는 것이 아니라 사람이 만드는 것이다. 품질시스템을 이루고자 하는 두 집단의 의지를 필요로 한다. 그 하나는 상층부를 이루는 최고경영자의 품질에 대한 의지의 표현이고 또 하나는 품질경영의 하층부를 이루고 있는 종업원의 실천의지인 것이다. 최고 경영자가 품질에 대한 의지를 표현할 때 품질 전략이라고 하고 종업원들이 품질에 대한 실천력을 보일 때 품질문화 시대가 도래했다고 한다. 여기서 말하는 품질문화가 바로 작업원의 장인 정신의 또 다른 표현으로 우리가 품질경영을 말할 때 장인 정신을 강조하는 이유가 여기에 있는 것이다.

(1) 품질한국의 기초 질서 문제

조주스님에게 어느 날 중이 묻기를 "제가 처음 총림에 왔습니다. 잘 지도해 주시오."하니 조주스님의 말이 "죽(밥)을 먹었느냐, 아직 안 먹었느냐?" 중이 대답하기를 "죽을 먹었습니다." "그러면 발우(그릇)를 씻었을 테지." 라고 말했다. 이에 그 중이 깨우침을 얻었다.

조주세발(趙州洗鉢)은 당대의 승려 조주(趙州)의 일화에서 유래한 화두이다. 도란 특별한 것이 아니라 가장 기본이 되는 일을 제대로 하라는 것이다. 품질경영도 이 조주세발과 상통하는 면이 있다. 자기 밥그릇 하나 제대로 닦는 기초 질서가 바로 품질경영의 시작이다. 기업에서는 표준을 제대로 지키고 공장의 설비를 제대로 청소하는 것부터가 품질경영의 시작인 것이다. 이와 같이 품질경영의 시작이 바로 기초질서 운동이고 품질한국의 건설도 이러한 기초 질서의 확립에서부터 시작된다.

중국에 어떤 어리석지만 부유한 사람이 있었다. 이 사람이 어느 곳에 가서 웅장하고 수려한 3층 누각을 보고서는 목수를 불러서 똑같은 3층 누각을 지어달라고 부탁했다. 목수는 땅을 측량하고 다진 후 벽돌을 쌓아가며 누각을 짓기 시작했다. 그런데 목수가 누각 짓는 것을 보던 어리석지만 부유한 사람이 아래 두

층은 필요 없다고 짓지 말고 3층 누각만 지어달라고 떼를 썼다고 한다. 이제 우리 기업의 과제는 '기본으로 돌아가는 것', 즉 BTB(Back To the Basic)라고 할 수 있다. 도면대로 공사를 하고, 도면대로 공사를 하지 못했다면 공사한 그대로 도면을 바꾸어 적당주의를 버리고 기본부터 제대로 할 필요성이 있는 것이다. 우리도 성공을 위해서 기초를 다지지 않고 그 열매만 바라보면서 다그치기만 하고 있지만은 아닌지 되돌아보아야 한다. 교육 분야에서도 과학기술이 발달하면서 기초학문을 중심으로 가르치기보다는 응용학문에만 치중하여 기본이 되어야 하는 기초교육을 소홀히 하는 경우가 많다. 어디서든 자기개혁을 하고 원칙을 지키는 것, BTB(Back To the Basic)가 바로 품질한국을 건설하는 열쇠인 것이다.

(2) 사고공화국 뒤에는 기초질서 문제가 있다

우리사회는 안전 불감증에 걸려있다. 대형 참사가 터지면 나라에 온통 비상이 걸리지만 적색등이 꺼지면 고질적인 안전 불감증은 이내 재현된다. 아현동에서 가스관이 폭발하고 성수대교가 내려앉았을 때 국민들은 나의 일처럼 분노에 떨었다. 재해위험이 있는 현장을 긴급 점검한다고 부산을 떨고 나서 정부 종합

대책이 발표되자 다시는 어처구니없는 참사가 재발되지 않을 것으로 믿었다. 그러나 몇 달도 채 안 돼 우리 사회는 다시 원점으로 되돌아왔다. 거리에서 자동차는 제한속도를 어기며 질주하고 공사현장에서는 설마 이 정도쯤이야, '시간이 돈이다'라는 구호가 안전수칙을 대신했다. 스스로 만든 규율도 지키지 않았던 것이다.

그러다가 1995년 4월에는 대구 지하철공사장의 참화가 발생하였다. 대구 지하철공사장 가스폭발사고는 가스관이 파손, 가스가 누출된 뒤라도 기본적인 수칙에 따라 조그만 신속한 조치를 취했다면 등교길 학생과 출근길 시민 등 고귀한 생명 2백 50여 명이 숨지거나 크게 다치는 대형사고로 연결되지는 않았을 것이다. 그러나 안전수칙은 굴착 과정에서 가스관을 부수고 지하철 현장에 고인 가스가 폭발할 때까지 무시되어 있었다. 안전수칙을 지키는 습관이 현장의 근로자들에게 배어 있지 않았던 것이다. 이에 대한 대책으로 김영삼 대통령은 지하배설물 도면 전산화를 선언하였다. 수시로 거리 도로를 파헤치면서 가스폭발 등 안전사고를 내거나 교통 혼잡을 유발하는 일이 줄어들게 하기 위해서였다. 그래서 행정자치부는 2006년까지 전국 모든 도로의 지하 매설물을 비롯해 각종 도로 부속시설물, 도로대장상의 설계도면 등을 전산화하기로 했다. 그러나 그 이후에도 지하시설물 관련 사고는 계속 되었다. 대구 도시가스폭발 사고에 이어 지난 1997년에는 실제 위치와 1m 이상 차이가 나는 잘못 작성된 지하매설물 도면을 따라 지하철공사를 하던 굴착기가 도시가스관을 건드려 폭발하는 사고가 발생했었다. 마포구 공덕동 로터리 지하철 6호선 공사장에서 하수관 교체작업을 벌이던 굴착기가 지하 4m 지점에 매설된 지름 3백 50m 도시가스관을 깨뜨리면서 누출된 가스에 불꽃이 옮아 붙어 폭발하는 사고가 발생한 것이다. 이 사고로 불길이 지하철 공사장 위로 30여 m 이상 치솟으며 작업 중이던 굴착기 1대가 전소됐고 통신회선 등 지하매설물 일부가 불탔다. 아이러니하게도, 이러한 일련의 사건들을 보면 지하매설물의 공사도면을 보고 굴착을 하면 안 된다는 것이다. 왜냐하면 지하매설물의 공사를 하는 사람들이 도면대로 공사를 하지 않기 때문이다. 그래서 도면을 보고 뚫는 것보다는 안 보고 살살 조심하는 편이 안전하다.

1) 삼각대 하나만 설치했어도 막을 수 있었던 인천대교 버스추락 참사: 2010년 7월 3일 인천대교에서 일어난 고속버스 추락 사고는 고장차 운전자가 안전표지 삼각대만 제대로 설치했어도 막을 수 있었던 참사였다. 인천대교 요금소를 500m 가량 지난 지점에서 24명을 태운 고속버스가 가드레일을 받고 도로 아래로 추락했

〈도표 11-1〉 인천대교 버스 추락사고 상황

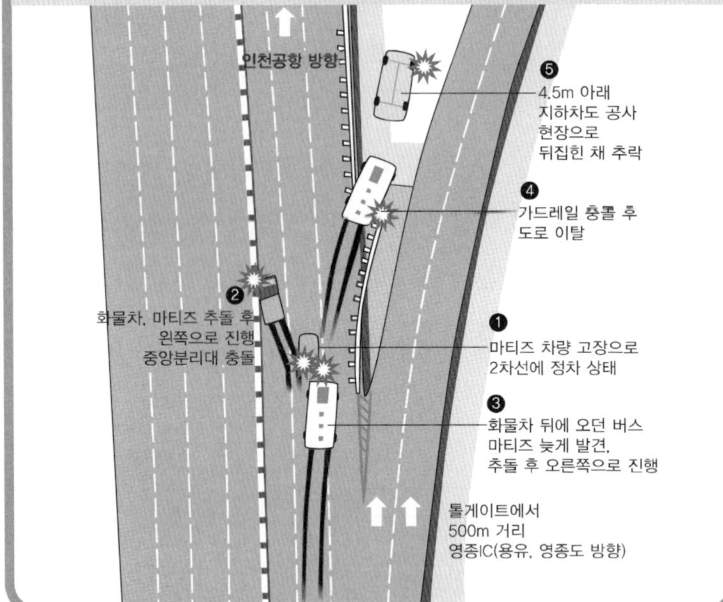

다. 이 사고로 12명이 사망하고 12명이 부상당했다. 당시 고속버스가 달리고 있던 2차선에는 고장 난 마티스가 정차해 있었다. 고속버스를 앞서 달리던 1톤 화물차량이 이를 뒤늦게 발견하고 마티스와 추돌한 후 왼쪽으로 튕겨나갔다. 화물차량과 안전거리를 확보하지 않은 고속버스는 마티스와 추돌 후 오른쪽으로 튕겨 가드레일을 받고 4.5m 높이의 도로 아래로 추락했다. 사고 당시 마티스는 비상등을 켜둔 상태였다. 그러나 후방에 의무적으로 세워두게 돼 있는 안전표지 삼각대는 설치해 놓지 않았다. 도로교통법상 차량이 고장나 도로에 정차할 경우 주간에는 100m 후방, 야간에는 200m 후방에 삼각대를 세우게 돼 있다. 이에 고장 차량 운전자가 삼각대만 제대로 세웠어도 참사를 막았을 것이란 여론이 일고 있다. 또 앞차와의 안전거리를 미확보한 고속버스 운전자도 교통사고 원인을 제공했다는 의견과 버스가 받은 가드레일의 높이가 더 높았거나 철제가 아닌 콘크리트 재질이었다면 참사를 막았을 것이란 지적이 나오고 있다.

2) 영광원전 5호기 고장 사고: 지난 2011년 2월 4일 발생한 영광원전 5호기의 발전 정지 원인을 추적한 결과 전동기(모터)안에 들어 있던 드라이버로 잠정 밝혀졌다. 원자로 냉각재 펌프(ICP) 구동용 모터 안에서 약 30cm 길이의 '일(一)자' 드라이버가 발견됐다. 영광원자력본부와 영광원전 환경안전감시센터에 따르면, 이 드라이버는 모터의 고정자와 회전자 코일 사이에서 발견됐으며 원전 측은 이 드라이버 끝부분이 회전자쪽 코일에 닿으면서 쇼크가 발생해 발전이 중단된 것으로 보고 있다. ICP 구동용 모터는 한번 설치하면 원전 수명(40년)이 다할 때까지 사용할 수 있는 고가의 정밀 기계로, 원전 측은 모터 안에 드라이버가 나오자 당혹감을 감추지 못하면서 어떻게 드라이버가 들어갔는지 경위

를 파악 중이다. 원전 측은 모터를 분해하는 일은 거의 없지만, 2002년 5호기 시운전 당시 제조사의 하자, 보증기간에 작업자 실수로 드라이버가 들어갔을 가능성이 큰 것으로 보고 있다. 당시 회전자 오일이 고정자로 새는 문제가 발생해 모터를 분해했던 것으로 알려졌다. 한편, 영광원전 5호기는 상업운전(2002년 5월) 이후 현재까지 총 16건의 고장이 발생하는 등 다른 5개 기에 비해 고장 횟수가 가장 많다. 5호기는 지난달 20일에도 증기발생기 수위 편차를 점검하던 중 원자로와 터빈발전기가 정지돼 하루만에 복구됐다.

3) 코레일 탈선 사고: 한국철도공사(코레일) 직원들은 수리를 잘

〈도표 11-2〉 선로전환기 작동 원리

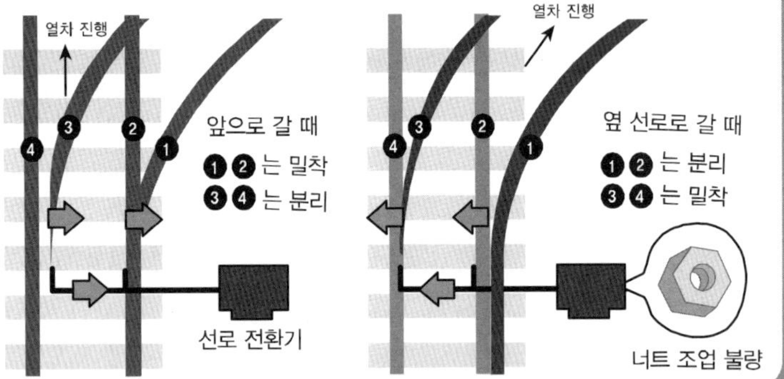

못했을 뿐 아니라 수리결과를 관제센터에 신고하지도 않았다. 용역업체와 코레일 직원들, 철도관제센터 등에서 동시 다발적으로 크고 작은 실수를 했고 이로 인해 고속열차인 KTX의 선로 이탈사고가 난 것으로 정부는 파악하고 있다. 이런 어이없는 실수들이 복합적으로 작용하면서 자칫 대형 참사로 이어질 뻔한 것이다. 코레일 관계자들이 서울역 근처 철로에서 선로전환기(오른쪽 아래 동그라미) 등을 점검하고 돌아가고 있다. 레일을 밀거나 당겨 열차가 선로를 바꾸도록 해주는 장치인 선로전환기 조작 실수가 이번 광명역 KTX 탈선 사고의 원인으로 파악됐다고 국토부는 밝혔다. 먼저 11일 새벽 1시 30분에서 4시 30분 사이 선로전환기 정비 용역업체 관계자들은 광명역 선로전환기 컨트롤 박스에 있는 노후 케이블 등을 교체하는 작업을 했다. 이 업체 관계자는 수리 중 너트를 하나 채우면서 꽉 조이지 않은 것으로 나타났다고 국토부 관계자는 말했다. 지름 약 7mm의 너트가 사고의 단초를 제공한 것이다. 이 너트를 헐렁하게 끼우면서 선로전환기를 작동할 때마다 경고 신호가 계속 떴다. 관제센터로부터 에러(잘못) 신호가 잦다는 연락을 받은 코레일 관계자들은 아침 7시 30분쯤 광명역 현장에서 선로전환기를 뜯어 점검했지만 원인이 무엇인지를 찾아내지 못했다. 선로전환기 안에는 여러 가지 장치들이 복잡하게 설치돼 단시간에 이유를 찾지 못했다는 것이다. 그러면서 코레일 관계자들은 선로전환기를 나중에 고치기로 하고, 우선 직진(直進)만 가능하도록 장치를 조정해 놓았다. 국토부 관계자는 "광명역에 들어오는 대부분의 KTX 열차가 직진하기 때문에 그렇게 해도 문제가 없다고 판단한 것 같다"고 말했다. 그러나 사고가 난 KTX 열차는 부산에서 광명역까지 왔다가 곧 다시 승객을 싣고 다시 부산으로 가기 위해 선로를 왼쪽에서 오른쪽으로 바꾸려 했다. 그러나 선로전환기가 '직진'으로 조정돼 있는 상황에서 오른쪽 선로로 올라타려고 방향을 틀었다가 탈선을 하게 됐다고 국토부 관계자는 말했다. 직원들이 직진만 가능하도록 조작해놓은 다음 관제센터에 이 같은 사실을 통보했으면 사고를 예방할 수 있었다. 그러나 직원들은 관제센터에 아무런 연락을 하지 않았다. 관제센터는 이 같은 사실을 모르고 선로를 바꾸도록 관제를 해서 사고가 났다는 것이다.

(3) 우리나라의 기초질서 의식 문제

한국개발연구원(KDI)이 2007년 발표한 보고서에 따르면 미국 정치위기관리그룹(Political Risk Services Group)의 조사 결과 우리나라의 준법 수준은 6점 만점에 4.4점으로 OECD 평균(5.5)보다 훨씬 낮아 27위이다. 우리보다 낮은 국가는 터키와 멕시코뿐이다.

〈도표 11-3〉 법질서지수

순위	국가	점수
1	호주 · 덴마크 · 핀란드 · 스웨덴 등 11개국	6.0
12	영국 · 미국	5.9
14	스위스	5.8
15	아일랜드	5.7
16	독일 · 일본	5.6
23	헝가리	5.1
26	폴란드	4.8
27	한국 · 그리스	4.3
29	터키	3.9
30	멕시코	2.6

〈자료: KD(1991~2003년 평균)〉

〈도표 11-4〉 성 격차지수

순위	국가
1	노르웨이
2	핀란드
3	스웨덴
4	아이슬란드
5	뉴질랜드
6	필리핀
7	덴마크
8	아일랜드
9	네덜란드
10	라트비아
⋮	⋮
98	일본
108	한국

〈자료: WEF(2008년)〉

KDI는 "법질서 지수와 경제성장률 및 1인당 GDP는 비례하는 것으로 나타났다"며 "특히 법질서 지수가 1점 오를 때마다 경제 성장률이 1%포인트 상승한다"고 밝혔다.

또한 산업정책연구원이 법무부 의뢰로 진행 중인 보고서 '법질서 경쟁력 평가지표'에서도 우리의 수준은 낮게 나온다. 전체 66개 조사 대상국 가운데 우리의 법질서 경쟁력은 36위(100점 만점에 49.91점)에 머물렀다. 전체적으로는 중위권이지만 OECD 국가 중에서는 22위로 최하위권이다. 특히 공공 부문 중 법질서 경쟁력이 가장 떨어지는 부문은 정치인이었다. 정치인은 정부(47.24점 · 35위), 기업(45.85점 · 42위), 시민 부문(70.47점 · 20위)보다 낮은 36.09점(49위)을 받았다. 최근 대검에서는 이러한 법질서 '확립지수(일명 떼법지수)'를 개발하여 불법파업 · 시위 건수, 참가인원, 근로손실일수, 국민인식 등을 수치화하고자 하는 움직임이 있다.

(4) I – BEST 기초질서 운동

상기한 이유로 품질에서 절대적으로 필요한 것은 BTB(Back To The Basic: 기본으로 돌아가자) 운동이다. 이것은 표준(도면)대로 공사하고 표준(도면)대로 공사를 못했다면 공사한대로 도면을 바꾸는 것

〈도표 11-5〉 I – BEST

I	나부터
Basic	기본부터
Easy	쉬운 것부터
Small	작은 것부터
Today	오늘부터

이 바로 기본으로 돌아가는 운동이다. 이를 바꾸어 말하면 바로 법치주의를 의미한다. 이를 기반으로 I - BEST운동을 제안한다. I - BEST운동은 내가 최고가 되기 위해서는 I - BEST의 조목을 실천해야 하는데 이를 설명하면 다음과 같다.

I 나부터: 우리가 경영 혁신에서 실패하는 것은 경영혁신을 자기는 빼고 남부터 하자는데 있다. 그러므로 경영혁신에서 가장 중요한 것은 나부터라고 하는 것이 가장 중요한 과제이다.

Basic 기본부터: 이미 언급한 바와 같이 기본부터가 가장 중요하다.

Easy 쉬운 것부터: 경영혁신에서 가장 중요한 것은 성공 경험이다. 너무 어렵게 시작하면 처음부터 실패를 하게 되며 혁신할 의욕마저 상실할 위험이 있는 것이다.

Small 작은 것부터: 이 역시 쉬운 것부터와 마찬가지로 경영혁신은 '티끌 모아 태산'이라는 것이다. 일본의 도요타사의 예를 들면 경영혁신의 원천은 대박나는 연구가 아니라 9만여 종업원이 일년에 10여 건씩 쏟아내는 작은 개선에서 이루어진 것이다. 그래서 도요타사의 렉서스에는 첨단 기술이 하나도 없지만 세계 최고 품질 차의 명성을 유지하고 있는 것이다.

Today 오늘부터: 경영혁신에서 가장 중요한 것은 오늘 할 일을 내일로 미루지 말라는 것이다. 이것이 바로 오늘부터 강령이다.

(5) 품질문화시대의 도래

여기서 우리는 품질한국 건설에 근본적인 과제를 제기한다. 품질한국 건설에 가장 중요한 것이 품질시스템의 구축이지만 그것을 실현하는 품질문화의 중요성은 아무리 강조해도 지나침이 없을 것이다. 품질경영에 있어서 제조업의 품질 경쟁력을 결정하는 것은 품질 이론이 아니라 작업원의 장인 정신에 의한 실천력이라는 것이다. 품질경영에서 실천이 얼마나 중요한가를 증명하는 이야기로서 일본에서 경영의 귀재로 꼽히는 마쓰시다 고노스께의 이야기가 있다. '대학교수의 강의를 들어보면 자기보다 10배는 잘 아는 것 같은데 어째서 대학교수는 자기보다 부자가 되지 못했을까'라는 소박한 의문을 가졌었다는 것이다. 그의 결론은 교수들은 100을 알지만 제대로 실천하지 않는데 반해서 자신은 그 1/10에 불과한 지식을 갖고 있지만 모든 것을 아는 대로 실천했다는 것이었다. 또한 우리나라에서도 경영의 귀재라고 하는 현대그룹의 정주영 명예회장이 한국 제일의 재벌이 된 것도 한 번 한다면 하는 실천력이라는데 이의를 제기하는 사람은 없을 것이다. 더구나 이들의 학력을 보면 고 정주영 현대 그룹 회장은 초등학교 5년 졸업이고, 마쓰시다는 4학년 중퇴이다. 어떻게 보면 품질경영에는 초등학교 졸업이면 된다는 것이 한일 양국에서 증명된 셈이다. 여기에 GE사의 창업자인 에디슨의 초등학교 중퇴학력을 더한다면 이것은 한・미・일에서 입증된 셈이다. 이와 같이 우리 기업에서 진정으로 품질을 위해서 필요한 것은 고도의 품질경영의 이론으로 무장된 품질시스템이 아니라 한 가지라도 묵묵히 제대로 실천하는 품질문화인 것이다. 1970년에서 1990년까지 21년 동안 미국에서 교육을 받은 경제학 박사학위 소지자는 일본이 30명인데 반해서 우리나라는 131명으로 압도적으로 많다. 인구 10만 명당 학사 배출수도 한국은 70.3명으로 일본의 62.0명, 미국의 28.7명보다 월등히 높으며, 박사 배출수도 1.0명으로 일본의 0.7명에 비해서 30%나 높다. 그런데도 제조업의 경쟁력은 일본의 1/3에 불과한 이유가 여기에 있는 것이다. 경제학자치고 돈 번 사람이 없다는 것도 이와 같은 맥락에서 해석할 수 있다.

국가의 제조업 경쟁력에 대한 연구가 프랑스 국립 통계원에 의해서 프랑스 상원의 독일과 프랑스 경쟁력 청문회에 제출된 적이 있었다. 여기서 한 국가의 제조업 경쟁력은 품질문화를 실천하는 숙련공에 의해서 좌우된다는 것이었다. 프랑스와 독일을 비교할 때, 프랑스는 종업원의 학력면에서는 훨씬 우세를 보인 반면에 기능면에서 열세로 독일보다 제조업의 경쟁력에서 열세를 면하지 못한다는 것이었다. 종업원의 대졸비율은 독일이

6.7%인데 반해서 프랑스는 7%로 높고, 고졸 이상 비율도 독일의 24.6%에 비해서 25.9%로 높게 나타나고 있으나 전문 기능 자격자의 수에서 독일이 전종업원의 53.2%인데 반해서 프랑스는 그 절반에도 미치지 않는다는 것이었다. 이는 국가 경쟁력을 좌우하는 것은 백 가지 이론보다도 한 가지 실천적인 기능력에 있다는 것을 보인 것이었으며, 진정 품질경영은 어떠한 품질이론보다 종업원의 정성과 실천에 있다는 것을 입증한 것이었다.

완전 품질을 만들기 위해서는 〈도표 11-6〉에서 보는 바와 같이 기업은 몇 가지 단계를 거쳐야 한다. 그 첫 단계가 품질 기법 시대이다. 통계적 방법을 동원하여 검사를 철저히 하면 불량률 0.1%(1,000ppm)까지는 달성할 수 있다. 그러나 통계적 기법만으로는 0.01%(100ppm)를 달성하기는 어렵다. 통계적 샘플링으로 0.01%를 달성하려면 검사 샘플 수는 적어도 10,000개 이상은 되어야 하는데 이것이 바로 샘플링검사의 한계이다. 100ppm 이상의 품질을 보장하기 위해서는 설계, 생산를 포함하는 전 제조 단계에 걸쳐 이를 체계적으로 연결한 품질시스템을 구축해야 한다. 최근에 회자되는 ISO9000S 인증 시스템이 그 대표적인 예이다. 품질시스템으로 품질 수준을 높일 수는 있으나 싱글 PPM대의 품질은 만들 수 없다. 왜냐하면 품질시스템이 구축되었다고 곧바로 품질시스템이 물건을 만든 것이 아니라 물건은 사람이 만드는 것이기 때문이다. 그래서 필요한 것이 바로 품질문화 시대라는 것이다. 이는 자동차에 ABS브레이크 시스템을 장착하면 어느 정도 교통사고 예방에는 기여하지만 그렇다고 완벽하게 사고를 예방할 수 있지는 않는 것과도 같은 이치이다. 참고로 선진국에서 ABS브레이크 시스템이 처음 도입되었을 때는 상해 보험료를 할인해 주었다고 한다. 이는 아무래도 ABS브레이크 시스템을 부착한 자동차의 사고율이 적을 것이라는 생각에서였다. 그런데 최근에는 할인해 주지 않는다고 한다. 그것은 ABS브레이

〈도표 11-6〉 품질한국의 발전 방향

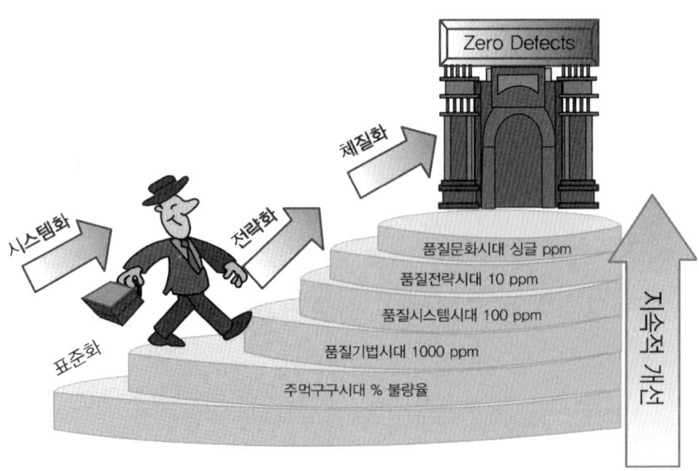

크 시스템을 부착한 자동차의 사고율이 더 높기 때문이다. 왜냐하면 이것은 ABS브레이크 시스템의 결함이 아니고 ABS브레이크 시스템을 장착한 자동차의 운전자들이 ABS브레이크를 장착했다고 그것을 과신한 나머지 코너링을 할 때, 속도를 낮추지 않고 과속을 한다면 사고는 필연적이기 때문이다.

이와 같은 이치는 품질경영에서도 마찬가지로서, 품질은 시스템이 만드는 것이 아니라 사람이 만드는 것으로 두 집단의 사람들의 의지를 필요로 한다. 그 하나는 상층부를 이루는 최고경영자의 품질에 대한 의지의 표현이고 또 하나는 품질경영의 하층부를 이루고 있는 종업원의 실천의지인 것이다. 최고경영자가 품질에 대한 의지를 표현할 때 품질 전략 시대라고 하고 종업원들이 품질에 대한 실천력을 보일 때 품질문화 시대가 도래했다고 한다. 여기서 말하는 품질문화가 바로 작업원의 장인 정신의 또 다른 표현으로 우리가 품질경영을 말할 때 장인 정신을 강조하는 이유가 여기에 있는 것이다.

(6) 팔만대장경에서 찾는 일자삼배 운동

전 장에서 언급한 8만대장경은 정확히 81,340경의 방대한 불사로서 고려 고종 때인 1236년부터 1251년까지 16년간 연 인원

2만여 명을 동원하여 5,200만여 자에 달하는 글자를 목판에 새긴 대불사인 것이다. 그런데 우리를 경탄하게 하는 것은 1,000여 명의 각수들이 16년간 목각한 5,200만여 자의 글씨에 오자와 탈자가 거의 없다는 사실이다. 최근에 고려대장경연구소(소장 종림스님)는 전산화한 고려대장경과 신수대장경의 글자 하나하나를 직접 비교 대조하는 일자대조 작업을 통해 고려대장경 원문 자체에서 130여자(字)의 오자가 있다고 밝히고 있다. 그런데 문제는 5,200만여 자에서 130자의 오자는 이를 환산하면 2.5ppm으로서 적어도 700여년 전에 우리 민족은 6시그마 품질 수준을 달성하였다는 것을 의미한다. 그러면 이러한 현대 과학으로도 풀 수 없는 불가사의가 어디서 연유하는 것일까? 그것은 일자삼배의 정성, 즉 글자 한 자를 새기고 세 번 절하면서 부처님의 법력으로 몽고의 병란으로부터 조국을 구하겠다는 정성의 산물이라는 것이다. 고려인이 6시그마를 성취한 방법은 바로 "글씨 한자를 쓰고 절을 세 번 한 정성의 산물"이라는 것이다. 그래서 일자삼배의 정성은 우리의 품질문화를 구축하는 문화운동으로 "한번 작업하고 3번 확인하는 정성"으로 물건을 만들어 완전 품질을 이룩하여 세계에서 가장 좋은 품질의 물건을 만들자는 운동이다. 일자 삼배 운동은 구체적으로는 기획부서는 3중 설계(Triple Design)로 설계오류를 방지하며, 제조부서는 3중 정성(Triple Devotion)으로 물건을 만들고 관리부서는 3중 점검(Triple Check)을 실시하고 판매부서는 3중 서비스(Triple Service)로서 완벽 품질을 만들자는 것이다. 3중정성 운동은 “이제 우리 전 종업원은 설비가 없어서, 기술이 없어서, 품질을 만들지 못한다는 핑계를 대지는 않겠다. 다만 일자삼배의 정성으로 팔만대장경이라고 하는 세계 최초로 완전 품질을 이룩하였던 조상들의 장인 정신을 받들어 업무 하나를 3번 확인해 가면서 완전품질을 이룩하겠다.”는 강령에서 시작한다. 전종업원은 매사 업무를 대할 때마다 3번의 정성어린 확인을 거쳐 완전 품질을 이룩하겠다는 확고한 신념을 필요로 한다. 그 첫 번째 정성은, 업무의 품질이 국가 경쟁력의 원천이라는 생각으로 확인한다. 그 두 번째 정성은, 업무의 품질이 기업 경쟁력의 초석이 된다는 생각으로 확인한다. 그리고 마지막 정성은, 업무의 품질이 자기 경쟁력 완성의 정도라는 생각으로 확인한다는 신념을 필요로 한다. ‘3중 정성이 완전품질을 만든다.’는 것은 우리가 법원에서 삼심 제도를 채용하는 이유도 여기에 있다. 3번만 체크하면 거의 완벽한 품질을 만들 수 있음을 의미하기 때문이다. 한 번 만들 때 1/100 오류를 범할 확률을 갖고 있다고 하면 한 번 더 검토하면 그 확률은 그 제곱인 1/10,000로 줄어들게 되고 한 번 더 즉, 3번만 주의를 기울이면 그 세제곱인 1/1,000,000이 되어 품질 전문 용어로는 1PPM의 불량률을 갖게 되는 것이다.

그런데 특히 우리나라에는 3이라는 숫자는 더 많은 의미를 갖고 있다. 일본은 4면이 바다인 관계로 1, 4, 7을 좋아한다. 즉 국기는 일장기이며 숫자는 럭키 7을 좋아한다. 히라가나는 한 음절이 한 글자이다. 일본의 음악은 기본적으로 4박 음악이다. 중국은 2면이 바다인 연고로 2, 5, 8을 좋아한다. 2는 음양을 의미하며 국기는 5성기 숫자는 올림픽을 2008년 8월 8일 8시에 개막식을 할 정도로 8에 집착한다. 그래서 언어가 성모와 운모의 2음절로 되어 있다. 또한 음악도 2박자 음악이 기본이다. 그런데 우리나라는 삼면이 바다인 관계로 3, 6, 9를 좋아한다. 우리나라 태극기는 원래 파랑, 빨강, 검정의 3색으로 이루어져 있는데 이는 각각 음, 양, 중성의 의미를 나타낸다. 언어를 보면 다른 나라에는 없는 초성, 중성, 종성의 3음절 구성을 갖는다. 특히 모음은

〈도표 11-7〉 한·중·일 선호하는 숫자

	중 국	한 국	일 본
바 다 면	대륙	반도	섬
바 다 면 수	2	3	4
좋아하는 수	2, 5, 8	3, 6, 9	1, 4, 7
태 극			
음 악	2박자	3박자	4박자
문자와 발음	聲母 韻母	초, 중, 종성	음절문자

천, 지, 인의 3종으로 구성되어 있다. 또한 음악도 3박자가 기본이다. 이런 의미에서 한국에게 3은 행운을 의미한다. 그래서 셋째 딸은 물어 보지도 말고 며느리로 맞으라고 권고한다. 우리나라에서 가장 큰 회사가 삼성이 되고 있는 것도 의미가 있다. 3은 완벽을 의미한다. 예로부터 우리는 3세판 승부로서 승부를 가려왔으며 참을 인자 3번이면 살인을 면한다는 말도 있다. 또한 3은 기초를 의미한다. 점이 3개 이상 모여야 평면을 이룰 수 있기 때문이다. 3은 인간의 숫자이다. 1은 하늘의 숫자이고 2는 땅의 숫자이고 3은 하늘과 땅의 기운이 만나서 만드는 인간의 숫자를 나타낸다. 하늘과 땅의 기운이 만나서 만드는 것은 인간만 아니라 지구상의 모든 것일 것이다. 3은 인간뿐만 아니라 지구상에 있는 모든 것을 말한다. 그래서 그것들의 구조와 생리는 3가지의 마디가 있다. 이렇듯 생명의 기운이 가득한 양수(陽數) 3은 봄을 알리는 삼월 삼짇날, 삼신사상, 삼태극, 그리고 태양의 새 삼족오(三足烏)에서 볼 수 있다.

3중 정성 운동의 실천 전략은 3번 질문하기, 3번 점검하기, 3번 다지기, 3번 인사하기로 구성된다. 3번 질문하기 운동은 3번의 왜 즉, WHYS(왜? 왜? 왜?)에 의한 불량원인의 설비의 원류관리 즉, 설비 고장 원인을 3번 추적하기로 시작한다. 그 다음에 역지사지는 고객의 입장에서 3번 생각하기로 구성된다. 여기서 가장 중요한 것은 수평적 사고이다. 이는 국가, 회사, 자기의 관점에서 3번 사고하기와 3번 점검하기 운동으로 구성된다. 3번 점검하기는 작업 전에 안전 점검, 작업 중엔 오류 점검, 작업 후에 끝마무리 점검으로 구성된다. 그다음 3번 다지기 운동은 아는 절차도 규정 찾아보기, 아는 업무도 전문가 자문 듣기, 아는 내용도 당사자 의견 듣기가 중요하다. 3번 먼저 인사하기 운동은 고객이 찾아 왔을 때, 요구할 때, 돌아갈 때 먼저 인사하기, 상사에게, 부하에게, 동료에게 먼저 인사하기, 전화를 걸 때, 받았을 때, 끊을 때 먼저 인사하기로 구성된다.

12. 품질한국에 걸맞는 품질 지식공여로 남남협력을 완성하자

2009년 11월 25일 우리나라는 경제협력개발기구(OECD) 개발원조위원회(DAC)의 24번째 회원국으로 가입했다. 원조를 받는 나라에서 원조를 하는 나라가 된 것이다. 원조수혜국에서 원조 공여국으로 전환한 국가는 한국이 유일하다. 한국의 공적개발원조(ODA)는 2000년 2억 1천만 달러에서 2010년 8억 2천만 달러로 크게 불어났다. 그러나 이 수치는 우리나라보다 경제규모가 작은 네덜란드(64억 2500만 달러)와 스위스(23억 500만 달러)보다도 훨씬 적다. 2009년도 우리나라 국민총소득(GNI) 대비 ODA 지출 비율은 DAC 회원국의 평균 0.31%에 3분의 1도 못 미치는 0.10%에 불과하다. 우리나라 ODA/GNI 비율은 DAC 가입국 23개 가운데 꼴찌이다. 그래서 우리 정부는 우리나라의 위상에 맞게 이 비율을 2012년까지 0.15%, 2015년까지 0.25%로 올릴 계획이다. 그러나 이러한 ODA보다 중요한 것이 지식공여 사업이다. 품질한국 건설의 노하우를 개발도상국에 지식공여함으로써 실질적인 남남 협력을 완성하고 국가 이미지 제고에 일조할 때이다. 일본을 2차 세계 대전의 피해에서 구제한 것이 미국이 일본에 제공한 무상공여가 아니라 데밍이나 쥬란이라고 하는 품질경영의 대가를 일본에 파견하여 일본 제품의 품질을 획기적으로 개선한 지식공여 사업이며, 이러한 일본의 경제부흥에 일조한 성공사례에서 우리는 그 성공을 예감할 수 있는 것이다.

(1) 남남협력에 지식공여가 필요한 이유

남남협력에서 지식공여 사업이 필요한 것은 첫째는 남남협력을 개발도상국들이 원하기 때문이다. 2010년 11월 22일 동아일보와 KDI 국제정책대학원(KDI 대학원)이 최근 개도국 출신의 KDI 대학원 재학생 142명과 졸업생 58명 등 총 200명을 대상으로 한국의 경제발전 경험 전수 및 주요 20개국(G20)에 대한 인식 조사를 진행한 결과에 따르면 이들은 '고국에 가장 도입하고 싶은 한국의 발전경험(3개까지 선택 가능)'으로 수출 주도형 경제정책(20.8%)과 과학기술 정책(18.1%)을 선택했다. 이번 설문조사는 한국이

〈도표 12-1〉 한국의 발전경험

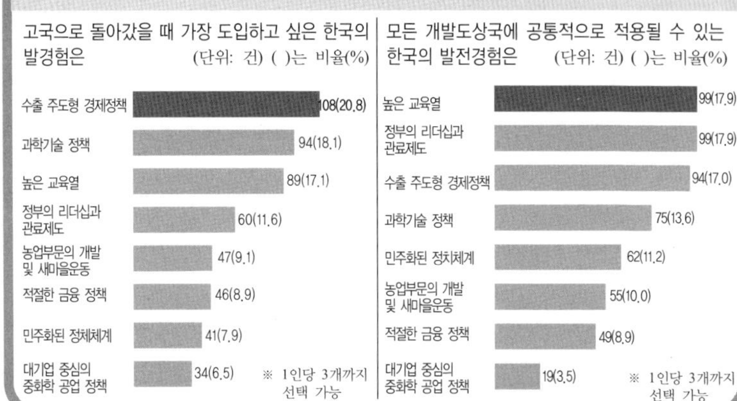

2010년 11월 25일 선진국 클럽 중의 클럽으로 꼽히는 경제협력개발기구(OECD) 개발원조위원회(DAC) 가입 1주년을 맞이하는 것을 계기로 진행된 것이다.

둘째는 물고기 한 마리를 주면 하루를 살지만 물고기 잡는 법을 주면 일생을 살기 때문이다. 우리나라가 원조를 받은 나라 중에서 성공한 사례가 되는 것은 미국의 원조 계획이 물고기 잡는 법을 가르쳐 주었기 때문이다. 미국의 대한 원조는 1950년 6월 25일 6 · 25사변이 발발한 이후에 우유가루, 밀가루, 옥수수가루 식량 원조로부터 시작한다. 그 후 미국은 3천백만 달러의 외자를 공여하여 비료공장을 지어준다. 1955년에 충주 비료공장이 착공돼 1959년 시운전 단계에 들어갔고 1961년부터 본격 가동됐다. 그리고 기술 개발을 위해서 박정희 - 존슨 협약에 의해서 1966년 2월 4일 한국과학기술연구소(KIST)가 정식으로 발족(초대소장 최형섭)된다. 8만 3천 평의 부지를 확보하고 1969년 10월에 본관, 연구동, 공작공장, 아파트, 귀빈실 등 약 1만 1,400평의 건물이 준공된 것이다. 여기서 소요비용은 미국 원조 841만 달러가 포함된 약 26억 원이 소요된다. 곧이어 1971년 2월 한국과학원(KAIS)이 정식 발족된다. 33,000평의 대지, 건평 15,000평의 건물, AID차관 600만 달러와 미 수출입은행 1,160만 달러의 차관이 소요되었다. 이와 같이 미국은 처음에는 식량을 두 번째는 식량을 생산할 수 있는 비료공장을, 세 번째는 비료공장의 기술 개발을 위한 기술 연구소를 네 번째는 기술 연구소를 운영할 과학기술자를 양성하는 과학원을 원조하였던 것이다.

(2) 원조 받는 나라에서 주는 나라로 전환한 세계 유일한 나라 대한민국

우리나라가 1945년 해방 이후 1990년대 후반까지 국제사회로부터 받은 원조액수는 모두 127억 달러에 달한다. 현재 가치로 환산하면 대략 600억 달러(약 70조 원)에 달할 것으로 추산된다. 한국전쟁 후 우리나라는 1995년 세계은행의 원조대상국 명단에서 탈피하여 원조를 하는 나라가 되었다. 6 · 25전쟁에 7,500명을 파병한 필리핀은 1960년대 초까지 아시아에서 손꼽히는 경제 강국이었다. 1963년 한국 최초의 실내체육관인 장충체육관을 지을 때 국내 기술로는 감당하기 힘들어 필리핀 엔지니어의 도움을 받았을 정도였다. 서울 세종로에 있는 주한 미국대사관과 문화체육관광부 건물도 설계는 미국 회사가 맡았지만 시공은 필리핀 전문 인력의 손을 거쳤다. 1960년 필리핀의 1인당 국민소득은 254달러로 한국(79달러)의 3배가 넘었다. 하지만 1960년대를 지나면서 국력이 역전됐다. 한국은 경제개발 5개년 계획으로 성장의

〈도표 12-2〉 1인당 국민소득 변화 추이

(단위: 달러)

국 가	1970년	2008년
아르헨티나	1,099	8,027
콜롬비아	441	5,306
태국	192	4,046
필리핀	180	2,063
브룬디	68	134
라이베리아	191	167
한국	**255**	**1만 9,296**

※ 국민총소득(GNI) 기준, 한국은 한국은행, 다른 나라는 유엔 자료

〈자료: 한국은행, 유엔〉

기반을 닦았다. 반면 필리핀은 부패하고 무능한 특권층이 부(富)를 독점하는 바람에 경제발전의 동력을 상실했다. 2008년 한국의 1인당 국민총소득(GNI)은 1만 9,296달러로 필리핀(2,063달러)의 9배를 넘는다. 6·25전쟁에 파병한 16개국은 당시만 해도 한국보다 경제력이 앞섰지만 지금은 처지가 뒤바뀐 곳이 적지 않다. 남미의 유일한 참전국인 콜롬비아는 1970년 1인당 국민소득이 441달러로 한국(255달러)보다 높았다. 하지만 마약조직과 무장반군에 시달리다 보니 2008년에는 1인당 국민소득이 5,306달러로 한국의 4분의 1에 불과하다.

1950년, 북한의 6·25 남침으로 빚어진 한국전쟁 3년 동안 나라는 초토화되었고 군인 250만 명, 민간인 350만 명의 사상자가 났으며 공산 측의 민간인 학살 및 납치 20여만 명, 전쟁고아 10

만 명, 전쟁 중 북한서 넘어온 피난민 60만 명에 이산가족 천만 명이 생겨났다. 미국 영국 캐나다 터키 등 16개국서 195만 명이 유엔군으로 참전, 3만 7천여 명의 전사자를 내는 등 2차 세계대전 후 최대의 전쟁을 치른 것이다.

외국원조에 전적으로 의존했던 당시 2천만 국민의 살림은 너무나 비참했다. 1952년 1인당 국민소득이 미화 71달러, 1952년 수출액이 2,770만 달러였으니까 지금에 견주면 '상전벽해'의 변화다. 지금 세계 속의 한국은 너무나 당당하다. 미국, 일본, 중국, 독일, 프랑스, 영국, 이탈리아, 러시아, 캐나다, 브라질, 인도, 멕시코에 이어 세계 13위의 경제규모를 갖춘 나라가 됐다. 전 세계 229개 국가 가운데 땅넓이 102위, 인구 59위로 한참 처지는 축에 드는 우리가 국내총생산(GDP), 즉 시장규모 1조 880억 달러의 멕시코에 이어 9,290억 달러(2008년 기준)로 몇 년째 11위서 13위 사이를 맴돈다. 국부(wealth of nations)를 1970년의 국민 1인당 GDP와 2008년 것을 비교했다. 한국의 1인당 GDP가 295달러에서 19,296달러로 38년 동안 무려 65.3배나 늘어난데 비해 중국은 114달러에서 3,292달러로 28.8배, 아시아 전체가 240달러에서 4,106달러로 17.1배, 남미와 카리브해 연안 국가는 650달러에서 7,672달러로 11.8배, 아프리카는 236달러서 1,545달러로 겨우 6.5배 불어난 것으로 밝혀졌다. 한국의 경제성장이 가장 두드러진다. 개발도상국들은 자기들의 아픔을 가장 잘 아는 한국 같은 나라에 도움을 청한다. 그 과정을 체험했으면서 나라와 국민 모두 잘 살지 않느냐는 것이다. 국제사회에 대한 우리나라의 체계적인 원조 제공은 1987년 한국수출입은행에 300억 원 규모의 대외경제협력기금(EDCF)이 만들어지고 1991년 외무부 산하로 한국국제협력단(KOICA)을 설립하면서 본격화되었다. 대외경제협력기금은 유상원조를 위한 것이고, 한국국제협력단은 무상원조를 전담하는 기관이다. 우리나라의 선구적인 몇몇 민간단체들도 1980년대 후반에서 1990년대 초반 사이 해외원조를 시작하였다. 1999년에는 세계 여러 분쟁지역과 기근지역에서 긴급구호와 개발원조 사업을 하는 한국 개발 NGO 26개 단체가 모여 한국해외원조단체협의회를 설립하였다. 2009년 12월 현재 한국해외원조단체협의회에는 66개 단체가 가입되어 있다. 한국해외원조단체협의회 소속 45개 단체의 2006년도 해외원조 사업 실적은 현금 702억 7,830만 원과 물자 302억 8,280만 원으로 합계 1,005억 6,110만 원이었다. 한국희망재단은 2006년 1월 법인이 되어 국제협력 활동을 시작하였으며, 2007년에 한국해외원조단체협의회에 회원 단체로 가입하였다. 한국희망재단의 국제협력은 제3세계 소외계층(여성, 어린이, 원주민 등) 사람들이 가난과 차별을 극복할 수 있도록 그들의 자조개발 사업을 지원하는데 중점을 두고 있다. 이를 위해 현지 공동체와의 진정한 협력관계 형성과 현지 협력단체의 역량강화를 지향하고 있다. 그래서 한국희망재단은 국제협력 사업이 이루어지는 현지에 한국인을 파견하여 사업을 주도하는 것이 아니라 현지 상황을 잘 알고 있는 단체가 주도적으로 현지의 자조개발 사업을 이끌어 갈 수 있도록 협력을 하고 있다. 이는 가난하고 배고픈 이들에게 먹을 물고기를 주는 것에서 더 나아가 그들이 스스로 물고기를 잡을 수 있는 역량을 갖출 수 있도록 협력하려는 정신에 따른 것이다. 한국희망재단의 국제협력은 단순히 해외의 가난하고 차별 받는 이들에게 물질적 도움을 주는 것에서 그치지 않는다. 우리의 국제협력은 왜 그들이 가난하며 차별 받고 있는가를 알려는 노력이며, 이 가난과 차별의 문제를 해결하기 위해 어떻게 그들과 함께 일할 수 있으며 내가 무엇을 할 수 있는가에 대한 지속적인 모색이다.

(3) 국가 코리아 브랜드 인지도를 높여야 하는 까닭

지식경제부가 국가브랜드위원회, KOTRA 등과 함께 33개국 8,230명을 대상으로 한국과 한국기업에 대한 설문 조사를 한 결과 한국제품에 대한 인지도는 많이 좋아진 것으로 나타났다. 지난해 미국, 독일, 일본 등 선진국의 제품·서비스의 가격을 100

〈도표 12-3〉 선진국 대비 한·중 제품 및 서비스 가격 평가

〈단위: 달러, ( )는 전년대비 증감〉

<table>
<tr><th>연도</th><th>미·독·일</th><th colspan="2">한국</th><th colspan="2">중국</th></tr>
<tr><td>2009</td><td rowspan="4">100.0</td><td colspan="2">71.5(+3.3)</td><td colspan="2">53.7(+4.7)</td></tr>
<tr><td>2008</td><td>68.2(+0.5)</td><td rowspan="3">+1.90</td><td>49.0(+0.6)</td><td rowspan="3">+1.80</td></tr>
<tr><td>2007</td><td>67.7(+1.4)</td><td>48.4(+1.2)</td></tr>
<tr><td>2006</td><td>66.3</td><td>47.2</td></tr>
</table>

※ (주) 미국, 독일, 일본의 가격을 100달러로 환산 〈자료: KOTRA〉

달러로 봤을 때 같은 수준의 한국 제품 가격은 평균 71.5달러였다고 밝혔다. 참고로 중국제품은 53.7달러에 머문다. 이를 바꾸어 말하면 국가브랜드 때문에 한국 제품은 선진국 제품에 비하여 28.5달러를 낮게 받고 중국 제품은 46.3달러 낮게 받는다는 것을 의미한다. 이것이 바로 국가브랜드 가치를 높여야 하는 이유를 설명하는 것이다. 동 조사에서 특히 미국, 캐나다, 멕시코, 브라질, 칠레 등 미주 지역 응답자의 42.0%가 삼성을 일본 기업이라고 답했다. 영국, 프랑스, 독일, 러시아, 네덜란드 등 유럽에선 27.2%, 중동・아프리카에서는 32.5%였다. 반면 '소니가 일본 브랜드'라는 답은 83.9%에 달했다.

(4) 한국의 국가 브랜드 가치 향상을 위해서도 남남협력은 필요하다.

최근에 삼성경제연구소와 대통령 직속 국가브랜드위원회와 공동으로 26개국의 오피니언 리더 1만 3,500명을 대상으로 이루어진 '국가브랜드지수' 조사에서 한국의 국가브랜드가 조사 대상 50개국 가운데 '실체'는 18위, '이미지'는 19위로 집계됐다고 밝혔다. 조사 결과에 따르면 실체 기준의 국가브랜드에서 1위는 미

〈도표 12-4〉 국가브랜드지수 조사결과

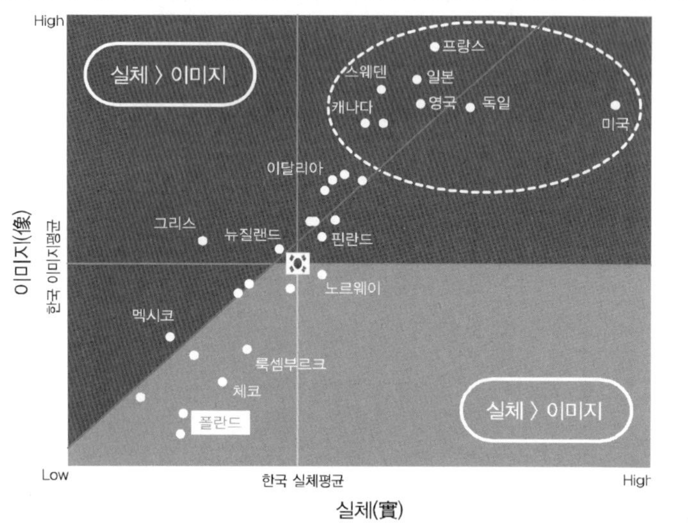

국이 차지했으며 독일, 영국, 프랑스, 일본 순이었다. 이미지 기준의 국가브랜드는 독일이 1위였고 캐나다, 일본, 미국, 영국 순이었다. 한국은 지난해 실체 기준 19위, 이미지 기준 20위였지만 올해 한 단계씩 올랐다. 세부항목별로는 한국은 실체 순위에서 과학·기술(4위), 현대문화(9위), 유명인(9위) 등 3개 부문에서 10위권에 들었다. 반면 전통문화·자연(35위), 국민(30위), 인프라(25위), 정책·제도(24위) 등은 중하위권에 머물렀다. 이미지 순위에서는 과학·기

〈도표 12-5〉 국가브랜드지수 측정결과

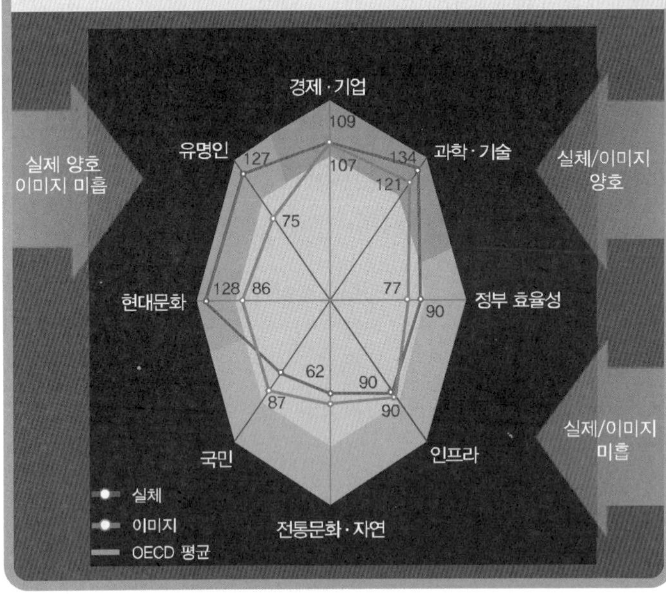

술이 9위로 유일하게 10위권에 들었고 경제 · 기업이 13위에 올랐으며 대다수 항목이 20~30위권에 머물렀다. 두 기관이 공동으로 개발한 국가브랜드지수(NBDO: Nation Brand Dual Octagon)는 125개 통계수치를 반영한 '실체'와 26개국 오피니언 리더 1만 3천 500명 대상으로 한 설문 조사 결과인 '이미지'로 나뉜다. 조사항목은 경제 · 기업, 과학 · 기술, 인프라, 정부효율성, 전통문화 · 자연, 현대문화, 국민, 유명인 등 8개 부문이다. 한국의 국가브랜드는 OECD국 평균과 비교시 실체기준으로는 97%로 근접했으나, 이미지 기준으로는 89%에 머물렀다. 이는 대외 이미지가 통계로 나타난 실적에 못 미친다는 의미로 풀이된다. OECD국 평균에 도달하지 못한 부문인 인프라, 정부효율성, 국민, 전통문화 · 자연의 실체를 개선해야 한다. 실체는 높지만 이미지가 낮은 유명인, 현대문화에 대해서는 적극적인 해외홍보가 요구된다. 특히 실체를 갖추고 있고 이미지도 좋지만 국내 평가가 낮은 과학 · 기술, 경제 · 기업 부문은 국내 홍보를 통해 자부심을 고취할 필요가 있다. 이를 위해서 절대적으로 필요한 것은 남남협력을 통한 국가 이미지 개선이다. 바꾸어 말하면 품질한국 건설의 끝마무리는 남남협력일 수밖에 없는 것이다. 이에 따라 한국은 신흥 개도국과 자원 · 에너지개발, 녹색협력, 산업협력 등 5대 분야에 대한 경협모델뿐 아니라 품질경영 모델협력을 통한 남남협력 강화에 적극 나서야 한다.

(5) 남남협력의 대표적 성공 사례

1) 일본을 부흥시킨 데밍의 재능 공여 성공 사례: 2차 대전 직후 연합군 최고사령관 겸 일본 총독으로 도쿄에 부임한 맥아더는 기업인들을 모아놓고 이런 말을 했다고 한다. "이제부터 당신들의 '쇼군'(절대 통치자)은 내가 아니라 바로 이 사람이다." 그가 지목한 인물은 예일대학 박사 출신의 W. 에드워즈 데밍이다. 맥아더의 특별보좌관으로 채용돼 일본에 온 데밍은 품질 분야에선 거의 독보적인 존재였다. 데밍은 전국의 기업을 돌며 품질, 품질, 또 품질을 강조했다. 당시 일본기업엔 품질이란 개념이 없었다. 전쟁 중엔 군수물자를 생산해 납품만 하면 돼 '퀄리티'(Quality)란 단어 자체가 생소했다. 데밍은 품질이 지금은 중요하지 않게 보일지 모르나 훗날 세계 소비시장을 뒤바꿀 요인이라고 설득했다. 품질개선은 원가절감을 가져오고 궁극적으로는 시장 점유율을 높여줘 기업은 부를 일구게 된다고 설파하였다. 이것만이 패전국 일본이 살 길이라니 일본인들은 데밍의 말을 무조건 받아들였다. 한국전쟁 발발 직후인 1950년 여름 도쿄. 생산촉진 세미나 참석자들이 귀를 의심했다. 중년의

〈사진 12-1〉 에드워즈 데밍

강사가 '선진국 제품을 베낀 데 불과하다는 일본 상품의 이미지를 5년 안에 바꿀 수 있다'고 장담했기 때문이다. 비법은 '통계적 품질관리'. 따라 했더니 2년 만에 효과가 나타났다. 일제 상품이 통하기 시작한 것이다. 1950년 그의 이름을 딴 '데밍 상'(Deming Prize)이 제정됐다. 일본에선 노벨상 다음가는 최고의 영예로 꼽힌다. 도요타가 이 상을 받은 건 1965년, 일제차가 전 세계를 휩쓸기 시작할 무렵이다. 이후 데밍 상은 자동차 관련 기업이 독점하다시피 했다. 따지고 보면 미국이 일본을 자동차 최강국으로 만들어 준 것이다.

데밍의 품질론은 한반도에서도 성공을 거둔다. 6・25가 터지자 일본은 미군에 각종 장비를 공급했다. 질이 미제 못지않아 미국은 일본제품을 대량 구입해 전쟁터로 보냈다. 미국에선 데밍이 누구지 하며 고개를 갸우뚱하지만 일본에선 맥아더와 함께 거의 신격화되다시피 한 인물이다. 데밍의 위력을 처음으로 실감한 기업은 포드다. 1970년대 말 포드는 트랜스미션을 값이 싸다는 이유로 절반가량은 일본에서 들여와 장착했다.

2) 새마을 운동을 통한 남남협력 성공사례: "갈라토마(고마워요) 꼬레아…." 에티오피아와 탄자니아, 르완다 등 아프리카 3개국에서는 요즘 한국인들을 만나면 모두들 이같이 인사한다. 이들 국가

〈사진 12-2〉 새마을운동 현장

농촌 곳곳에는 과거 한국에서도 쉽게 볼 수 있었던 푸른색의 새마을 옷을 입고 곡괭이와 삽을 든 채 구슬땀을 흘리는 현지인을 쉽게 볼 수 있다. 이는 새마을 운동의 발상지인 경북도가 2010년 8월부터 KOICA(한국국제협력단)와 손잡고 지역의 청년들을 에티오피아와 르완다, 탄자니아 등 아프리카 3개국에 새마을 봉사단으로 파견한 뒤 벌어지는 현상들이다. 에티오피아 오로미아주 한도대 마을에서 주민들이 저수지를 준설하고 있다. 7일 경북도에 따르면 봉사단원들은 도가 새마을 운동의 성공 경험을 빈곤국가들이 많은 아프리카에 보급하기 위해 벌이는 역점사업의 하나로 파견돼 '인류의 공존과 번영을 위한 아름다운 동행'이란 슬

로건 아래 새마을 운동 세계화 사업을 벌이고 있다. 경북도는 지난해 새마을 리더 해외봉사단 30명을 이들 국가에 파견한 데 이어 올해는 대폭 늘어난 54명을 추가로 보낼 계획이다. 서류전형과 면접, 신체검사 등 엄격하고 공정한 절차를 거쳐 선발된 새마을 봉사단은 한 달 동안 국내에서 현지 언어와 문화, 자세 등을 교육받은 뒤 7월 아프리카에 파견되며, 현지 KOICA 사무소에서 실시하는 한 달 동안의 현지 적응훈련을 다시 받게 된다. 이어 해당 지역에 파견돼 마을별로 부엌 개량과 화장실 개보수, 마을 안길 포장 등 환경개선 사업과 저수지 준설과 농업기술 전수, 가축 분양 등 소득 증대 사업을 벌이게 된다. 경북도는 특히 봉사단의 새마을 연수 기간 중에 아프리카 현지 지도자와 지방공무원을 초청해 봉사단원과 함께 교육받도록 해 아프리카 현지에서 '봉사단, 활동 계획, 재원 확보 계획' 등을 함께 묶은 경북형 새마을 모델을 전수할 계획이다. 이밖에 경북도는 올해 새마을 운동 세계화를 위해 외국인 지도자와 공무원 등 국내에 유학 중인 저개발국가 유학생 150명을 대상으로 새마을 연수를 실시하며, 여름방학 동안 대학생 새마을 봉사단 100명을 아프리카에 파견할 계획이다. 경북도는 유엔(UN)과 함께 2009년부터 2013년까지 5년 동안 탄자니아와 우간다의 4개 마을에 한국형 밀레니엄 빌리지 조성 사업을 벌이고 있다. 경북도의 새마을 운동 보급에 대해 지난해 11월 G20 정상회의에 참석했던 에티오피아 멜레스 지나위 총리는 당시 "한국의 새마을 운동은 희망이 없는 아프리카에 희망을 주고 있다"고 말한 바 있으며, 지난 1월 한국을 방문한 불교 국가인 스리랑카 국민의 정신적 지주인 라나타 스님은 스리랑카에도 새마을 운동을 전수해 달라며 경북도를 방문하기도 했다.

3) 해외농업기술지원센터(KOPIA)의 남남협력: 아프리카에서 남미까지 '농업 한국' 바람이 거세다. 우리 농업기술을 전수하고, 각

〈도표 12-6〉 해외농업기술개발센터(KOPIA) 설치 국가와 주요 지원 내용

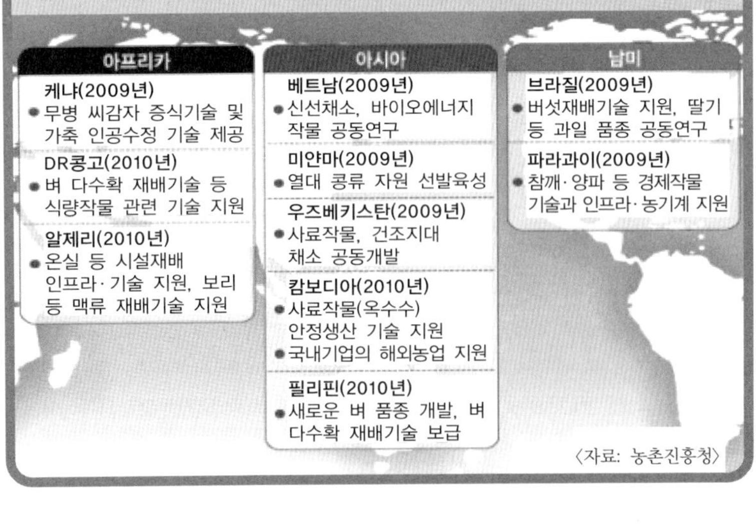

종 인프라를 지원하면서 각국에서 폭발적 반응을 얻고 있다. KOPIA 사업은 농업 무상원조(ODA)로 불린다. 기술과 농업자원 분야에서 협력체계를 구축하고, 우리 청년 농업인재를 파견하기도 한다. 기획재정부와 농림수산식품부에 따르면 2009년 시작한 KOPIA 사업은 불과 2년 만에 케냐, 미얀마, 필리핀, 캄보디아, 브라질 등 10개국으로 확대됐다. KOPIA 사업의 출발은 파라과이였다. 2008년 6월 1일 당시 당선자 신분이던 페르난도 루고 파라과이 대통령이 한국을 찾았다. 아시아 국가를 순방하는 일정도 아니고 오직 한국에 오기 위해 왕복 50시간이 걸리는 여정을 감수했다. 5일 동안 머문 루고 대통령은 이례적으로 경기도 수원에 있는 농진청을 콕 찍어 방문했다. 이 자리에서 농업기술 전수, 농업분야 협력을 강력하게 요청했다.

이듬해 3월 파라과이에 첫 KOPIA가 세워졌다. 파라과이 산간 지방에서 자라는 스테비아(천연 감미료 원료로 쓰이는 식물)를 대량 재배 · 생산하는 기술을 공동개발하면서 성과를 거뒀다. 최근에는 참깨, 감자, 양파 등 경제작물 재배기술을 전수하고 있다. 정부는 단기간에 엄청난 호응을 얻는 이유로 베트남 사례를 든다. 베트남은 KOPIA 사업의 우등생이다. 베트남 하노이와 하이즈엉에서는 사탕수수, 카사바, 단수수, 자트로파 등 바이오작물 연구가 활발하게 이뤄지고 있다. 미래 에너지로 각광받는 식물성 알코올과 바이오디젤 원료가 되는 식물자원을 공동으로 연구 · 개발하자는 취지다. 지난해 11월에는 양국 음식문화 축제를 열기도 했다. 최근에는 상추, 고추, 배추 등 11개 한국 채소품종을 키우는 시범마을까지 만들었다.

4) 경제발전경험공유사업(KSP: Knowledge Sharing Program)의 남남협력: 우리 정부의 경제발전경험공유사업(KSP: Knowledge Sharing Program)은 전 세계 23개국에 '경제발전' 전략을 전수하는 과외교사이다. 1950년대 전후 최빈국에서 초고속 성장을 이룬 나라, 국제통화기금(IMF)의 구제 금융을 받아야 할 지경까지 추락했다. 그러나 3년 만에 이를 극복하고 2010년 G20 정상회의를 개최할 정도의 위상을 회복했다. 이러한 경험을 배우고자 하는 나라를 대상으로 하는 KSP 사업에 대한 수요조사를 마친 뒤에도 각국의 지원요청이 쏟아져 추가 조사한 나라만도 30개국에 달한다. 특히 이에 따라 예산도 지난해 74억여 원에서 140억 원으로 증액됐다. 사업내용은 다양하다. 수출금융정책 · 수출입은행 설립 방안(베트남)이나 신용카드 거래 활성화 방안(알제리) 등 구체적 정책은 물론 아예 5개년 개발계획을 수립(쿠웨이트)해 준 경우도 있다. 우즈베키스탄의 나보이 경제특구도 KSP 자문의 결과물이다. 선진국에 비해 현저히 작은 공적개발원조(ODA) 규모를 보완해주

〈도표 12-7〉 KSP 주요 성과 사례

〈자료: 기획재정부〉

는 측면도 있다. 최근 쿠웨이트, 사우디 등 ODA 지원을 받지 않는 자원 부국들의 KSP 사업 요청이 늘고 있는 것도 매우 고무적이다. KSP가 이들 국가와의 에너지 협력 외교에서 유효한 수단으로 자리매김하고 있기 때문이다. 2009년 UAE 원전 수주 때도 KSP가 일정부분 역할을 한 것으로 알려졌다.

5) 국제옥수수재단의 남남협력: 국제옥수수재단은 '옥수수박사'로 유명한 김순권 박사가 주도하고 있으며 슈퍼옥수수 개발을 통한 북한과 국내·제3세계 국가의 식량문제 해소와 평화를 위해 설립됐다. 옥수수 재배가 힘든 것으로 알려졌던 몽골에서 김순권(국제옥수수재단 이사장) 박사가 옥수수 육종을 성공해 현지 식량 증산의 전환점을 가져올 수 있게 됐다. 국제옥수수재단은 최근에 "춥고 건조하며 서리가 내리지 않는 날이 100일 미만인 축산국 몽골에서 7년간 노력한 끝에 기후에 적응하는 하이브리드 옥수수 육종 개발에 성공했다"고 발표했다. 800여 년간 주산업이 축산인 몽골은 경제적인 옥수수 사료를 가축에 활용하지 못해 고기가 질겨 수출할 수 없었다. 따라서 국제옥수수재단은 2004년부터 경북대, 몽골 국제대, 몽골 국립농과대, 몽골 과학원과 공동으로 옥수수 신품종 육종연구를 시작했다. 북한의 개마고원(대홍단), 미국 몬태나 주 고산지 원주민 옥수수, 캐나다 북쪽, 소련, 몽골 재래종과 내몽골의 유전자원을 수집해 재료로 이용했다. 이번에 성공한 육종 옥수수는 두 종류다. 첫째는 농가에서 종자로 바로 사용할 수 있는 방임수분종(OPV) 집단이다. 둘째는 2008년에 안전 다수확 생산이 가능한 하이브리드 제1세대(F1) 교잡종 옥수수이다. 이 옥수수는 육종을 시작해 올해 큰 성공을 거두었다. OPV보다 30% 이상 증수됐고 농가 재배에도 성공했다. 김

박사는 "수도 울란바토르에서 북으로 250km 떨어진 다르한(Darkhan) 어느 곳이든지 몽골 옥수수가 안전하게 자라 이제 양질의 축산사료를 생산할 수 있게 됐다"며 "고기가 주식인 몽골인들은 평균수명이 65세 정도였는데 옥수수를 식용으로 사용하면 수명 연장에도 도움이 될 수 있다"고 밝혔다. 김 박사의 옥수수 육종은 현재 남북한은 물론 중국, 캄보디아, 미얀마, 네팔, 동티모르, 인도네시아 아체주와 아프리카(12개국)에서 크게 성공하고 있다.

6) 싱글PPM운동의 남남협력: 싱글PPM운동은 제품 100만 개 중 불량품을 10개 미만(한 자릿수)으로 줄이자는 것이다. 기업체 임직원 전원이 참여해 제품 불량률 '제로(0)'를 실현하자는 '무결점 운동'이라고 할 수 있다. 'PPM'은

'Parts Per Million'의 머리글자로 100만분 율을 뜻하며 '완전제품화운동(Perfect Production Movement)'으로 쓰이기도 한다. 1992년 윤덕균 교수의 제창에 의하여 100ppm 운동으로 시작된 동 혁신운동은 1995년 대한상공회의소에 '싱글PPM 품질혁신운동 추진

본부'가 설치돼 추진해 오고 있다. 중소기업청은 이 운동에 참여하는 기업에 대해 싱글PPM 품질혁신 지도·교육에 소요되는 비용 중 일부를 지원하고, 병역 지정업체 선정과 외국인 산업기술 연수생 배정 평가시 가점을 부여하는 등 혜택을 주고 있다. 15년간 모기업과 중소기업을 아우르며 지속적으로 추진해온 싱글PPM 품질혁신운동은 글로벌 경쟁 시대에 가장 어울리는 경영혁신 액션플랜이라고 할 수 있다. 싱글PPM운동을 통해 15년 동안 2,599개 중소기업이 품질시스템을 구축했으며, 1,758개 기업이 싱글PPM 품질 인증을 획득했다. 특히 2006년부터 자동차·전기·전자 중심에서 벗어나 선박·전력·화학·금속소재 부문을 비롯해 의료기기·생활용품 같은 소비재 부문과 홈쇼핑 관련 유통 부문까지 전 방위로 확산되는 추세다. 2009년에는 기계 업종에서 성장세가 두드러졌다. 전체 인증 기업 중 45.8%(107개 중 49개)를 기계 업종이 차지했다. 싱글PPM운동은 품질인증 사업뿐 아니라 시스템 구축 사업을 병행해 실시하고 있는데 지난해 304개 기업에 시스템 구축 사업을 지원했다. 그 결과 지원받은 기업 매출액은 전년 대비 평균 71.5% 늘어났으며 공정 불량률은 38.9%, 납품 불량률은 74.1%나 감소했다. 304개 지원 기업을 대상으로 싱글PPM운동 필요성과 예상 성과, 사업 필요성을 설문조사한 결과 91.1%(276개 기업)가 지속적인 지원이 필요하다고 응답했고, 80% 이상이 품질 향상과 고객 신뢰도가 높아졌다고 답했다. 대한상공회의소 산하 싱글(Single)PPM 품질혁신추진본부는 국내 품질인증 고유모델인 싱글PPM 품질혁신운동의 국제화를 추진하기 위해 중소기업청, 삼성SDI 등 기업관계자와 함께 중국 텐진에서 품질혁신 추진발대식을 개최했다. 텐진 발대식을 계기로 중국에서도 싱글PPM 품질혁신운동을 적극 보급하고 있으며, 내년에는 말레이시아, 베트남 등 기타 동남아국가에서도 싱글PPM 품질혁신 추진대회를 개최해 국제적 품질혁신운동으로 발전시켜 나갈 계획이다. 삼성SDI 등 국내기업들은 해외 현지 협력업체들이 납품하는 부품의 불량률을 줄이기 위해 한국에서 인증하는 싱글PPM인증을 취득하라고 독려하고 있어 외국 현지기업 가운데서도 인증업체가 곧 나올 것으로 전망된다. 국내 기업이 외국에 설립한 공장 가운데는 99년 중국의 '선광전자 배건유한공사'가 최초로 싱글PPM인증을 취득했고 이후 말레이시아, 태국 등에 진출한 공장들도 싱글PPM 품질관리기법을 속속 도입하고 있다. 이 중 해외에 소재한 인증업체 수가 13개에 이른다. 특히 인도네시아에서는 기업뿐만 아니라 정부 차원에서 싱글PPM을 배우겠다고 나섰다.

(6) 품질한국의 남남협력 지식공여를 위한 국가 시스템이 필요하다

개발도상국에 품질한국의 지식공여를 촉진하고 한국형 품질경영의 소요에 적극적으로 대처하기 위해서 국가 시스템을 한국국제협력단(KOICA) 내에 또는 별도로 신설한다. 품질 지식을 공여할 수 있는 자격을 가진 GQM(Global Quality Management)협력사(가칭) 자격을 신설해서 남남협력에 적극 대처토록 한다. GQM 협력사는 산업체의 은퇴 기술자나 품질 명장 또는 품질경영 담당 또는 은퇴 대학교수에게 기회를 부여한다. 국가 시스템에 GQM협력사를 등록시켜서 후진국의 소요에 적극 대처키 위한 남남협력 창구를 한국 표준협회 내에 신설해서 국제 협력에 능동적으로 대처토록 한다. 남남협력의 효율적 운영을 위해서 해당국의 토착화된 GQM지침서를 연구 개발하도록 정부가 적극적으로 지원한다. 이를 위해서 남남협력 기금에서 연구비를 충당토록 한다. 남남 협력을 위한 토착화 연구의 대상은 다음과 같이 한다. 국내에서 시행하고 있는 품질 대상의 영역을 국제적으로 확장해서 후진국 기업에서도 수상토록 개방한다. 이를 위해서 후진국용 품질경영상의 평가 기준과 영역 작업을 수행한다. KS의 세계화를 위한 기초 작업으로 KS의 영역 작업을 연차적으로 실시한다.

중소기업 제품의 품질의 위상을 품질 세계화 측면에서 평가할 품질 평가단을 구성하고 중소기업의 품질 세계화 자문에 응하도록 한다. 이를 통해서 중소기업의 품질 지표의 레이더 차트를 작성 지도함으로써 기업의 품질 특성의 발전 방향을 제시한다.

결언

지난 1941년 미국 타임스의 창립자인 헨리 루스는 "유럽시대는 가고 미국의 세기가 왔다"고 선언하였다. 그런데 21세기를 살아가고 있는 지금 많은 사람들은 미국의 세기는 가고 아시아의 시대가 열린다고 말하고 있다. 세계은행, 국제통화기금에 의하면 지난 70년 전 세계의 14.7%에 불과하였던 아시아의 총생산(GDP)은 오는 2020년에는 전 세계의 37.1%로서 미주의 31%와 유럽의 25.8%를 제치고 세계 제1위로 부상하리라고 본다. 아시아는 27개국 3,176만km^2의 면적과 37억 인구로서 각각 전 세계의 1/4과 2/3를 점하고 있는 거대 대륙이다. 1984년 미국 대통령 레이건은 외교연설에서 "美國은 태평양 국가이다"라고 선언하였다. 또한 OECD의 세계경제의 장기전망에서 "세계경제의 중심은 유럽과 북미에서 아시아 · 태평양 지역으로 옮겨가고 있으며, 이것은 거역할 수 없는 흐름"이라고 선언하고 있다. 미국의 타임지(誌)는 "5백년 만에 처음으로 세계경제의 중심이 동아시아로 돌아가게 됐다"고 쓰고 있으며, 미국의 크리스토퍼 국무장관도 "정책 입안자들은 유럽 중심적 태도를 버려라! 유럽은 더 이상 세계에 군림하는 유력한 지역이 아니다"라고 선언하고 있다. 통일독일의 콜 수상은 "아시아가 21세기에는 주도적인 대륙이 될 수 있을 것"이라고 선언하고 있고 유럽개발은행 총재 자크 이탈리는 "21세기 세계시장의 중심지는 대서양에서 아시아로 옮겨갈 것" 이라고 예측하고 있다. 이와 같이 세계인은 아시아의 시대를 예고하고 있다.

이러한 품질한국을 설계하기 위해서는 극일이 필수적인데 극일을 위해서 지일은 더욱 필요한 일이다. 올해 초 기자와의 간담회에서 삼성 그룹의 이건희 회장은 우리 기업이 일본을 추월하고 있냐는 질문에 대해서 "아직 우리는 일본을 배워야 한다. 겉은 앞섰는데 속을 들여다보면 부품이라든지 아직도 따라가려면 연구할 시간이 필요하다"라고 말했다. 우리가 선진국 대열에 합류하기 위해서는 필히 넘어야 할 산이 있다. 그리고 또 그 산을 넘어 가기 위해서는 반드시 배워야 할 일본에 대해서 살펴보았다. 바꾸어 말하면, 극일을 위해서 지일이 필요하다는 것이다.

그러나 먼저 우리는 미국의 제조업이 왜 어려움을 자초했는지를 살펴보아야 한다. 버락 오바마 미국 대통령은 2009년 4월 14일에 워싱턴 조지타운대학에서 학생들에게 한 연설에서 "내가 보고 싶은 변화는 최고의 똑똑한 인재들이 무언가 만드는 일에 자신을 던지는 것"이라며 이런 일을 하는 직업으로 엔지니어·

과학자 · 혁신가(innovators) 등을 꼽았다. 그는 "매우 오랫동안 최고의 인재들이 숫자를 만지고 복잡한 금융계산을 하는 일에 종사했다"며 "그것도 좋은 일이고 필요한 일"이라고 말했다. 하지만 오바마 대통령은 "우리에게 정말 필요한 것은 물건을 만들어서 외국에 수출할 수 있는 좀 더 많은 과학자와 좀 더 많은 엔지니어"라고 강조했다. 미국 경제를 선도했던 금융이 부패와 방종을 초래한 만큼, 오히려 미래의 엘리트들이 미국 제조업의 경쟁력을 되찾는 일에 뛰어들기를 바란다는 희망을 피력한 것이다. 이것은 버락 오바마 미국 대통령이 미국 제조업의 문제를 정확히 지적한 것이다. 그러나 이러한 대통령의 지적만으로 돌리기에는 미국 제조업의 병은 중증에 가깝다. 월스트리트 저널(WSJ)은 올해 초 미 여론조사기관인 퓨리서치센터(앤드루 코헛(Andrew Kohut) 소장)에서 성인 1,503명을 대상으로 '미국인이 바라보는 중국'이란 주제로 한 설문조사 결과를 보도했다. '세계 최대 경제대국은 어느 나라인가'란 질문에 중국이라고 답한 사람이 47%였다. 미국을 꼽은 응답자는 31%에 불과했다. 2008년엔 미국이 41%, 중국이 30%였다. 중국은 지난해 일본을 제치고 세계 2위의 경제대국(G2)으로 올라섰다. 일부 학자들은 "Chinese consensus"라는 용어와 "Chimerica"라는 용어를 개발하였는가 하면 "G2"라고 중국을 띄운다. 그러나 중국인들은 "세계에서는 중국이 G2로 부상했다고 하지만 정확히 표현하면 부상이 아니라 귀환"이라며 "중국은 지난 수천 년간 세계의 중심에 있었다"고 말한다. 청조 말기 이후 '아주 잠깐' 중심에서 벗어나 있었을 뿐, 다시 제자리로 돌아왔다는 것이다.

그러나 중국의 실험에서 가장 독소 조항이 바로 중국 경제를 가능케 한 공산주의라는 정치 체제이다. 오늘의 중국 경제를 가능케 한 것이 정치와 경제의 철저한 분리, 즉 경제는 자본주의 및 자유무역을 추진하면서, 그 반면 정치는 공산당 1당 독재체제를 유지하는 개념이 바로 Chinese consensus이다. 하지만 인류 역사의 흐름을 보면 중국의 체제는 머지않아 그 한계에 부딪치리라는 것이 공통된 인식이다. 이와 같이 중국은 일정 시점에 이르면 정치적 자유화에 대한 국민들의 염원이 터져 나올 것이고, 이는 결국 55개 소수 민족에 의한 중국의 분해라는 비극이 시작될지도 모른다. 그러한 점에서 지금 중국정부가 하나의 통일된 국가라는 개념에 입각한 G2, 즉 미국에 버금가는 세계를 지배하는 범세계적인 지도국가로 발전할 수는 없을 것이다. 이것은 고르바초프가 페스 트로이카로 러시아가 실용주의 노선을 추구하면서부터 뼈대만 빼고 거의 자본주의화 되었는데 결과적으로 소비에트가 해체되면서 무너지는 것을 경험한 사례에서 알 수 있는 것이다. 물론 중국의 덩치의 경제적 이점을 전면 부정할 수는 없다. 그리고 빈곤의 문제를 해결하는데 독재라고 하는 공산주의적 요소가 효율을 발휘한다. 우리나라에서도 경제 개발에 박정희식 개발 독재가 효율적이었듯이 말이다. 그러나 질의 시대를 여는 데는 공산주의는 완전히 장애적 요소가 된다. 중국에 공산주의가 존재하는 한 품질로서 중국의 시대를 여는 것은 불가능하기 때문이다. 또한 올림픽을 기점으로 한 국민들의 과대한 욕구 분출은 적어도 올림픽을 치룬 후 10년 후인 2020년 전후에 중국은 우리가 경험한 바와 같은 IMF사태로 몰아갈 것이 확실하기 때문이다.

지난해 들어 일본에서는 '한국을 배우자'는 언론 보도가 잇따르고 있다. 일본 일간지 니혼게이자이(日本經濟) 신문은 지난해 3월 4일자 사설 '세계로 약진하는 한국기업에서 배우자'를 통해 한국기업의 강세를 겸허히 인정하고 배워야 한다고 보도했다. 시사주간지 '슈칸신초(週刊新潮)'는 지난 3월 11일자 발매 호에서 '올림픽에서도 경제에서도 언제 일본은 한국에 추월당했는가?'를, 경제주간지 이코노미스트는 지난 4월 5일자 발매 호에서 '최강! 한국… 일본 패배의 이유'를 보도하는 등 다른 매체들도 올해 들어 잇달아 한국 특집을 쏟아내고 있다. 한수 아래로 여겼던 한국을 배우려는 일본의 태도는 우리에게 시사하는 바가 크다. 국민 소득 2만 불까지는 기업인의 힘, 즉 품질경영으로 가능하다. 그러나 금번 강남 물바다, 광화문 수해상황에서 보는 바와 같이 전시행정, 또한 최근의 정치 일선에서 벌어지고 있는 정치 포퓰리즘으로는 국민 소득 4만 불 시대를 열기는 어렵다. 새로운 대한민국의 희망프로젝트를 성공시키기 위해서는 전 국민의 일체화된 시너지를 필요로 한다. 어느 재벌 그룹 회장이 말했던 대로 '기업인은 2류, 공무원은 3류, 정치인은 4류'로는 절대로 불가능하다. 기업인, 공무원, 정치인을 1류로 끌어 올리지 않고는 불가능하다. 정치인은 저질 정치를 타파하고 품질정치로, 공무원은 부정부패를 해소하고 품질행정으로, 기업인은 기업혁신으로 품질경영을 실현하는 품질한국을 이루어야 한다.

2003년 7월 중국을 공식 방문 중이던 고 노무현 대통령이 수행기자들과의 조찬간담회에서 "기업마다 앞다퉈 대(對)중국 투자에 나선다면 국내 산업은 공동화될 것인가?"라는 질문에 "한국은 지금부터 품질국가로 나아가야 합니다. 생산품질, 정치품질, 기업품질, 경영품질 등 전반적으로 '품질'을 업그레이드해 나가고 여러 가지 노하우를 충분히 살려 나가면 한국은 쉽게 공동화되지 않을 것입니다"라며 국내 산업공동화의 대안을 말했다. 공식적인 연설이 아닌, 간담회에서의 자연스런 표현이었음에도 한국이 나가야 할 길에 대한 선견이 돋보이는 대목이다. 문화일보가 2010년 11월 창간 19주년을 기념하는 여론조사에서 응답자들은 "국가경쟁력을 높이기 위해 가장 먼저 개선돼야 하는 분야"를 묻는 질문에 과반(50.6%)이 '정치'라고 답했다. 이어 '경제'(22.5%), '교육'(11.9%), '외교'(8.9%), '문화'(4.6%) 분야 등의 순으로 개선 분야를 지적했다. 특히 공정사회를 만드는 데 가장 걸림돌이 되는 집단에서도 '정치권'을 꼽은 응답자들이 60% 이상으로 압도적이었다. 우리가 한·중·일 경쟁에서 품질 우선전략을 선택했을 때 필연적으로 부딪치는 것이 일본과의 품질 전쟁이다. 여기서 일본을 이기기 위해서는 두 가지의 선결 과제가 있다. 그 하나는 일본에 대한 무차별 적대감을 없애는 것이고 또 하나는 일본을 절대로 이길 수 없다는 식민지배에 대한 열등감에서 벗어나는 것이다.

국제 관계란 영원한 적도 동지도 없다. 다만 이해관계에 의해서 이합집산이 있을 뿐이다. 이제 우리는 일본을 원수의 나라로 보기보다는 우리가 그들에게서 선진 문명을 받아 들일것은 빨리 받아들여서 오히려 일본을 극복해야 될 경제적 상대국으로 생각해야 한다. 우리가 진정으로 일본을 이기길 원한다면 지금과 같은 경제 전쟁 시대에는 일본을 철저히 배우고 연습해서 일본 시장을 우리 상품으로 뒤덮어야 한다. 그 전에 우리가 극복해야 할 것은 우리나라 민족이 일본에 비해서 열등하다는 사대사관에서 벗어나는 것이다. 일본하면 연상되는 것이 장인 정신인데 그 장인 정신의 기저에는 한국인의 피가 흐르고 있다는 데 유의할 필요가 있다. 뭉치면 살고 헤어지면 망한다는 것은 만고의 진리다. 그런데 여기서 우리가 주목해야 할 것은 역사상 그 어느 나라도 외침에 의해서 망한 나라는 없다는 것이다. 수나라, 당나라의 100만 대군에 의해서 고구려가 망한 것이 아니라 연개소문이 사망한 후에 그 아들 남생, 남건, 남산이 분열하고 그 삼촌 연정토가 분열하였기 때문에 망하였다. 우리나라보다 100배의 국토면적, 25배의 인구수, 5배의 GDP를 갖는 중국, 우리나라보다 4배의 국토면적, 2.5배의 인구수, 5배의 GDP의 일본과 대결해야 하는 한국으로서는 상생경영을 통한 단결 이외에 품질한국 건설에 다른 길이 없다. 영남과 호남이 갈라지고, TK와 PK가 갈라지고 대기업과 중소기업이 갈라지고 노와 사가 갈라지고 정규직과 비정규직이 갈라지는 분열 속에서 품질한국 건설은 요원하다. 이제 품질한국 건설에 전국의 핵심역량을 동원하는 국가적 체제가 필요한 시점이다.

시스템은 문화를 이길 수 없다. 아무리 훌륭한 품질시스템이 구축되었다고 해도 그것이 품질문화로서 체질화되지 못하면 그 결과는 참담하다. 그 좋은 예가 자동차에 부착하는 ABS브레이크 문제이다. 선진국에서 ABS브레이크 시스템이 처음 도입되었을 때는 차량 보험료를 할인해 주었다고 한다. 이는 아무래도

ABS브레이크 시스템을 부착한 자동차의 사고율이 적을 것이라는 생각에서였을 것이다. 그런데 최근에는 할인해 주지 않는다고 한다. 그것은 ABS브레이크 시스템을 부착한 자동차의 사고율이 더 높기 때문이라고 한다. 왜냐하면 이것은 ABS브레이크 시스템의 결함이 아니고 ABS브레이크 시스템을 장착한 자동차의 운전자들이 ABS브레이크를 장착했다고 그것을 과신한 나머지 코너링을 할 때, 속도를 낮추지 않고 과속을 하기 때문이다. 이와 같은 이치는 품질경영에서도 마찬가지로서, 품질은 시스템이 만드는 것이 아니라 사람이 만드는 것이다. 따라서 품질시스템을 이루는 두 집단의 의지를 필요로 한다. 그 하나는 상층부를 이루는 최고경영자의 품질에 대한 의지의 표현이고 또 하나는 품질경영의 하층부를 이루고 있는 종업원의 실천의지인 것이다. 최고경영자가 품질에 대한 의지를 표현할 때 품질 전략이라고 하고 종업원들이 품질에 대한 실천력을 보일 때 "품질문화 시대가 도래했다"고 한다. 여기서 말하는 품질문화가 바로 작업원의 장인 정신의 또 다른 표현으로 우리가 품질경영을 말할 때 장인 정신을 강조하는 이유가 여기에 있는 것이다.

2009년 11월 25일 우리나라는 경제협력개발기구(OECD) 개발원조위원회(DAC)의 24번째 회원국으로 가입했다. 원조를 받는 나라에서 원조를 하는 나라가 된 것이다. 원조수혜국에서 원조 공여국으로 전환한 국가는 한국이 유일하다. 한국의 공적개발원조(ODA)는 2000년 2억 1천만 달러에서 2010년 8억 2천만 달러로 크게 불어났다. 그러나 이 수치는 우리나라보다 경제규모가 작은 네덜란드(64억 2500만 달러)와 스위스(23억 500만 달러)보다도 훨씬 적다. 2009년도 우리나라 국민총소득(GNI) 대비 ODA 지출 비율은 DAC 회원국의 평균 0.31%에 3분의 1도 못 미치는 0.10%에 불과하다. 우리나라 ODA/GNI 비율은 DAC 가입국 23개 가운데 꼴찌이다. 그래서 우리 정부는 우리나라의 위상에 맞게 이 비율을 2012년까지 0.15%, 2015년까지 0.25%로 올릴 계획이다. 그러나 이러한 ODA보다 중요한 것이 지식공여 사업이다. 품질한국 건설의 노하우를 개발도상국에 지식공여함으로써 실질적인 남남협력을 완성하고 국가 이미지 제고에 일조할 때이다.

일본을 2차 세계대전의 피해에서 구제한 것이 미국이 제공한 무상공여가 아니라 데밍이나 쥬란이라고 하는 품질경영의 대가를 일본에 파견하여 일본 제품의 품질을 획기적으로 개선한 지식공여 사업이다. 이것이 일본의 경제부흥에 일조한 성공사례라는 점에서 그 성공을 예감할 수 있게 된다.

본고가 이러한 품질한국(Q-Korea)의 성공예감과 국가적 사명을 전 국민에게 인식시키는 데 일조하기를 진심으로 기원한다.